江苏第二师范学院学术著作出版资助项目

数学核心素养评价研究

陈蓓 著

南京大学出版社

图书在版编目(CIP)数据

数学核心素养评价研究 / 陈蓓著. —南京：南京大学出版社，2021.6

ISBN 978-7-305-24385-1

Ⅰ. ①数… Ⅱ. ①陈… Ⅲ. ①中学数学课—教学研究—高中 Ⅳ. ①G633.602

中国版本图书馆 CIP 数据核字(2021)第 074354 号

出版发行 南京大学出版社
社　　址 南京市汉口路 22 号　　　邮　　编 210093
出 版 人 金鑫荣

书　　名 数学核心素养评价研究
著　　者 陈　蓓
责任编辑 陆思洋

照　　排 南京开卷文化传媒有限公司
印　　刷 广东虎彩云印刷有限公司
开　　本 787×960 1/16 印张 18.25 字数 330 千
版　　次 2021 年 6 月第 1 版 2021 年 6 月第 1 次印刷
ISBN 978-7-305-24385-1
定　　价 56.00 元

网　　址：http://www.njupco.com
官方微博：http://weibo.com/njupco
官方微信：njupress
销售咨询热线：025-83594756

序

随着《普通高中课程方案(2017 年版)》以及各学科课程标准的颁布,昭示新一轮课程改革正式启动。本次课程改革的重大变化是课程目标产生了位移,由以往过分注重知识的教育转向提升学生素质的教育,把立德树人作为教育的根本任务。这个事实上呼唤了多年的教育愿景正式走上前台,去除了朦胧的面纱,露出了严肃的尊容。

实现这种教育目标转型的机制是引入了“核心素养”概念。核心素养是指学生应当具备的适应个人终身发展和社会发展需要的必备品格和关键能力,是知识、能力和态度等的综合表现。与此对应,各个学科提出了本学科的核心素养,即学科核心素养,并且以学科核心素养为主线编制本学科的课程标准和教科书。当前,普通高中课程标准制订、教科书修订已经完成,义务教育阶段的相关工作正在有序推进。接下来是课程实施,不可回避的问题是如何落实课程理念?如何贯彻课程标准?更具体的任务是如何实现教学转型?如何评价学业质量?虽然各科课程标准对这些问题都有相应的阐述,但与实践层面的操作尚存在一定距离。也就是说,我们需要搭建课程方案与教学实践之间的一座桥梁。

陈蓓研究员在攻读博士学位期间,一直在思考学科核心素养的评价问题,并将其作为博士论文选题。在查阅大量国内外文献基础上,通过理性思辨和实证研究,提出了一个既不违背数学课程标准又能体现数学学科特色的数学核心素养评价框架。取得博士学位后,她继续思考完善这个框架并用实践检验,在博士论文的基础上修订形成专著《数学核心素养评价研究》。现在,该书即将出版，当可喜亦当可贺，因为，这项工作正是在搭建课程方案与教学实践之间的一座桥梁。

综览此书，将其归纳为三个特点。

第一，内容的系统性。众所周知，数学核心素养包括6个要素：数学抽象、逻辑推理、数学建模、数学运算、直观想象和数据分析。《普通高中数学课程标准(2017年版)》对这些素养的概念有明确界定，对每一个要素都做了三级水平的划分，水平内涵描述细致。但是，从实践层面来看，课程标准的操作性尚显不足，还需要对每一个素养的评价指标做出更加精准的刻画。本书做的正是这项工作，将6个核心素养作为一个整体系统地研究，提出每个核心素养的评价指标，从而形成一个完整的数学核心素养评价体系，并且用实证验证了指标的合理性和准确性。应当说，这项工作的难度是非常大的，工作量也是庞大的，能有勇气做这件事，体现出作者一种大气的研究风格和系统的思维习惯。事实上，即使是对其中一个素养的评价建立指标体系，也不是一件容易的事情。

第二，思路的严谨性。首先，提出6个核心素养的二级评价指标，不仅仅是作者独自思辨的结果，而且是在分析大量文献的基础上，在数学课程标准的框架下初步拟定，以问卷形式征求专家意见修订而成的。通过问卷，请国内各高校的77位数学教育专家，就这些指标的完备性、合理性做出评判，从而保证了这个评价指标体系有较高的内容效度。其次，采用同样的专家咨询方法，对各个二级评价指标在一级评价指标体系中所起的作用及相应的权重做了研究，通过Yaahp层次分析，构造了数学核心素养6个一级指标、14个二级指标的评价模型。再次，采用多种方法研究问题，思辨与实证相结合，定量与定性相融通，各种方法的取长补短，使结论得到三角论证的支撑，从而有更高的外在效度。可以看到，整个研究思路清楚、严谨、流畅。

第三，结果的创新性。大概地说，本书有两点创新，一是建构了一个评价数学核心素养的理论框架与实践模型；二是提出了数学核心素养的一个三级水平划分指标。这两个创新点有别于课程标准的描述，又没有突破课程标准的边界，是基于教学实践的理论思考，也是基于理论框定的实践探索，基本宗旨是想如何把课程标准落到实处，而不是为研究而研究所建立的空中楼阁。所谓创新，不外乎其观点与别人不尽相同，但合理、合规，至于价值的体现，就得让实践来验证和随时间去评说。

总之，这是一本值得读者去读一读的书，特别是数学教师和数学教育专业的研究生们。

陈蓓是一位具备多种才能的数学教育研究者，身兼做管理和做学问双职。从硕士到博士一路走来，在数学教育研究的道路上步伐坚定，始怀初心，充满热情和执着。愿她在未来的道路上步伐依然坚定，初心始终不弃。

感慨数学教育人才崛起，我辈定当欣慰。忽然想到我在微信朋友圈发的一首打油诗：半年云中幽梦长，忽感后浪推前浪。数学教育人辈出，何怨沙滩一地凉。“半年云中”不妥(针对2020年这个特殊年份)，改此四个字为“教海行舟”。

教海行舟幽梦长，忽感后浪推前浪。数学教育人辈出，何怨沙滩一地凉。

此诗恰可表达我当下的心态。

喻　平

南京师范大学数学科学学院教授，博士生导师

2021年1月

前 言

数学核心素养是现代社会公民适应终身发展和社会发展的必备品格和关键数学能力，是新一轮基础教育数学课程改革的焦点，是国际数学教育研究的重要主题。对高中生数学核心素养现状进行评价研究，不仅符合当前国际数学教育研究的发展趋势，更是深化数学教育教学改革的现实需求，具有一定的理论意义和实践价值。

本书对高中生数学核心素养现状进行评价，主要调查两个方面的问题：一是高中生数学核心素养测评工具的研制，二是高中生数学核心素养现状探析。研究继续将第二个问题分解为三个子问题：①高中生数学核心素养的总体状况如何？在五个维度(教学内容、评价指标、水平、情境、问题类型)有何具体表现？② 不同地区、年级、性别的高中生数学核心素养是否存在差异？③ 高中生数学核心素养对数学成绩是否存在影响？

本书主要采用理论思辨与量化研究相结合的方式进行，在建立评价工具的过程中，使用自编的《数学核心素养评价二级指标咨询意见表》，通过 Yaahp 层次分析，构造了数学核心素养 6 个一级指标、14 个二级指标的评价模型。在数据搜集的过程中，使用自编的《数学核心素养测试问卷(高一～高三预测卷)》，预测问卷经过一系列严格的编制和修订程序，包括理论维度设计、项目评估、初测、复测与信效度检验。修编后的《数学核心素养测试问卷(高一～高三卷)》，主要具有以下三个特点：① 适用于不同年级高中生数学核心素养的评价研究；② 数学核心素养评价的维度较为全面；③ 数学核心素养评价的水平分析较符合学生现状。

采用问卷调查方法对研究问题进行探究，得到如下主要结论：① 高中生数学核心素养总体处于中等水平；② 高中生数学核心素养在不同教学内容维度上表现均衡；③ 高中生数学核心素养在不同评价指标上的表现相当；④ 高中生数学核心素养总体表现为问题解决水平；⑤ 高中生数学核心素养在个人情境问题上表现更佳；⑥ 高中生数学核心素养适合用开放型建构题评价；⑦ 高中生数学核心素养存在显著的地区差异；⑧ 高中生数学核心素养存在显著的年级差异，高一是数学核心素养转折期、高二是数学核心素养发展期、高三是数学核心素养高峰期；⑨ 高中生数学核心素养存在一定的性别差异；⑩ 高中生数学核心素养与数学成绩显著相关。

根据以上研究结论，提出五点建议：① 数学核心素养评价应立足于学生素养水平发展的阶段性；② 数学核心素养评价指标体系应具有学科知识的整合性；③ 数学核心素养评价测试题应源自真实生活的各类情境；④ 数学核心素养评价应关注学生的个体差异；⑤ 数学核心素养评价应指导数学学业水平测试。

在本书编写过程中，参考和借鉴了国内外许多研究成果，从中受益良多，在此谨向原作者表示诚挚的感谢。由于著者水平有限，加之时间仓促，本书难免存在不足之处，敬请读者不吝指正，提出宝贵意见。

著　者

目　录

第1章

导 论

1.1 两个案例引发的思考

1. 一句格言引发的思考

哲学家卢梭曾经说过:“误用光阴比虚掷光阴损失更大,教育错了的孩子比没有受过教育的孩子离智慧更远。”品读这句格言的同时,思考着:教育让学生智慧生长?还是阻碍学生智慧发展?基础教育改革取得一定成绩的同时,以学科知识结构为核心的课程教学仍是主流。关注学生的成绩?还是关注学生学习的快乐、个人能力的发展、终身学习的潜能?我想,更多的人可能更关注前者。在传统的教学实践中,对知识的掌握成为学校教育的首要目标①。在人们的日常观念中,教育毫无疑问是指向知识传授的②。因此,聚焦核心素养的研究,从“知识至上”转向“素养导向”,是本研究立意之缘起。

2. 一道数学问题引发的思考

另一个微观层面的思考,源自一道解析几何问题:在直角坐标系中,为什么把“直线上的一个顶点以及它的倾斜角”作为确定一条直线的几何要素,而不是沿用平面几何中“两点确定唯一一条直线”③?这个数学问题,引发了我的思考:教师如何敏锐地发现并提出这个问题?要解决这个问题,对坐标法思

---

① [美]埃贝尔.掌握知识应该是首要的教育目标[C]//瞿葆奎.教育学文集·智育.北京:人民教育出版社,1993:43.

② David Carr. Education, Knowledge and Truth: Beyond the Postmodern Impasse [M]. London:Routledge, 1998:20.

③ 章建跃.本原性问题与数学素养[J].中小学数学(高中版),2015(5):1.

想是如何理解的？在对直角坐标系的认识中，直观想象、数学抽象等素养又是如何体现的？等等。正如章建跃先生对该问题的评价所说："解析几何教学中培养学生的数学素养，就是使他们树立自觉应用坐标法解决问题的意识。数学素养不是空洞的，而是与数学内容紧密相关的。"与章先生的评价有同感，我想，我们需要发现的，正是蕴含在数学知识当中的，对学生终身发展具有核心价值的数学学科素养。

以上两个案例背后的思考，正是引发本研究的一个因素！数学核心素养的形成是数学教学的目的之一，核心素养犹如一粒种子，需要适当的培养环境，才能生根、发芽、开花、结果，教师要为学生创造适合学生核心素养生成的环境。

1.2 数学核心素养评价研究背景

1.2.1 现代社会公民适应社会和终身发展的需要

随着现代社会生活和科技高速发展，数学在现实生活中的应用日益广泛，数学的作用也逐步凸显。那些懂得且能运用数学的人们，大大拓宽了规划他们未来的机会和选择，对数学的精通打开了通向美好未来之门；相反，这美好之门对缺乏数学能力之人是关闭的①。所以，数学对人的可持续发展具有重要的意义，而这样一种意义的体现，依赖于在数学知识学习过程中数学素养的生成。

数学素养作为一种社会现象，是同社会发展与人的发展紧密联系在一起的，是时代变迁的产物②。数学素养是现代社会公民的基本素质，是解决工作、学习和生活中各类问题的工具。在信息时代，关于数学教育的任何议程，都要关注当前和将来对数学素养的要求③。如何发展学生的数学素养，不但是国内外数学教育研究的热点，而且是国际教育评价的焦点。《美国学校数学

① [日] 佐藤学.课程与教师[M].钟启泉，译.北京：教育科学出版社，2003：206.

② 刘喆，高凌飚.西方数学教育中数学素养概念之辨析[J].中国教育学刊，2011(7)：40－43.

③ Jeremy Kilpatrick. Understanding Mathematical Literacy: The Contribution of Research[J]. Educational Studies in Mathematics, 2001(47):101－116.

教育的原则和标准》指出，数学教育的目标应当是培养有数学素养的社会成员①。这些都表明数学素养的理论价值和现实意义，随着时代的发展，进入21世纪，我们逐步走向数学核心素养。

核心素养的提出，旨在为了培养“全面发展的人”。《教育部关于全面深化课程改革 落实立德树人根本任务的意见》于2014年3月30日正式印发，这份文件中有个词引人关注：核心素养体系——研究提出各学段学生发展核心素养体系，明确学生应具备的适应终身发展和社会发展需要的必备品格和关键能力，突出强调个人修养、社会关爱、家国情怀，更加注重自主发展、合作参与、创新实践②。核心素养的价值何在？未来中国教育，需要核心素养这个新的支点，撬动质量体系的重构；需要掌握核心素养这把钥匙，解开困扰基础教育多年的枷锁③。教育是培养全面、和谐、完整的人，指向的是人的核心素养，引导学生追求完整的生活和人生，构建核心素养体系正是为了实现这些目标。

为了实现核心素养与学科课程教学的有机结合，教育部正在组织构建小学、初中、高中和大学四个学段学生的核心素养体系。就数学学科而言，数学核心素养是人为了适应终身发展和社会发展，而必备的品格和关键数学能力，是学生学习数学后形成的关键成就，是数学育人价值的集中体现；也是学生进行数学学习所必须具备的基本专业素质，它以内隐、稳定的方式存在于学生之中，是数学基础知识、基本技能、基本经验、基本思维品质的有机融合。简言之，数学核心素养是在数学学习过程中，学生形成的最关键、最必要的共同素养。

1.2.2 新一轮基础教育数学课程改革的趋势

数学核心素养不仅是一种基本素养，也是新一轮数学课程改革的推动力。许多国家与地区、国际组织都把核心素养视为课程设计的DNA，努力研制基于核心素养的教育或课程标准，期望在核心素养统领下以教育或课程标准为抓手发动教育改革④。

---

① [美]全美数学教师理事会.美国学校数学教育的原则和标准[M].蔡金法，吴放，李建华，等译.北京：人民教育出版社，2004：8.

② 施久铭.核心素养：为了培养“全面发展的人”[J].人民教育，2014(10)：13－15.

③ 编辑部.走向核心素养[J].人民教育，2015(7)：14.

④ 邵朝友，周文叶，崔允漷.基于核心素养的课程标准研制：国际经验与启示[J].全球教育展望，2015，44(8)：14－22.

2000 年，我国第一次以国家文件的形式提出数学素养的概念，在《九年义务教育全日制初级中学数学教学大纲(试用修订版)》中提出："使学生受到必要的数学教育，具有一定的数学素养，对于提高全民族素质，为培养社会主义建设人才奠定基础是十分必要的。"①在《全日制普通高级中学数学教学大纲(试用修订版)》中也提出："使学生在高中阶段继续受到数学教育，提高数学素养，对于提高全民族素质，为培养社会主义现代化建设所需要的人才打好基础是十分必要的。"②

2003 年，我国颁布了《普通高中数学课程标准(实验稿)》，提出："在义务教育阶段之后，为学生适应现代生活和未来发展提供更高水平的数学基础，使他们获得更高的数学素养。"③2012 年，在《义务教育数学课程标准(2011 年版)》中提出："数学是人类文化的重要组成部分，数学素养是现代社会每一个公民所必备的基本素养。"④因此，在我国现行课程标准中，学生全面、和谐的发展是基础教育课程改革所倡导的目标，同时也为指向学生核心素养培养的新一轮数学课程改革提供了理论和实践基础。

当前，核心素养跃升为我国基础教育课程改革的新热点，成为深化基础教育课程改革的核心要素。以学生核心素养推进教育改革与发展也是当今教育领域的趋势，受国际教育潮流的影响，也出于本土现实的需要，我国已着手研究学生核心素养⑤。2014 年，教育部启动高中课程标准修订工作，其中，数学素养是新一轮数学课程改革的目标，高中数学核心素养体系的构建也是重点工作之一。

1.2.3 国际数学教育研究的重要主题

自 20 世纪 50 年代以来，数学素养引起学者的广泛关注，虽然不同国家对

---

① 中华人民共和国教育部.九年义务教育全日制初级中学数学教学大纲(试用修订版)[M].北京：人民教育出版社，2000：1.

② 中华人民共和国教育部.全日制普通高级中学数学教学大纲(试用修订版)[M].北京：人民教育出版社，2000：1.

③ 中华人民共和国教育部.普通高中数学课程标准(实验稿)[S].北京：人民教育出版社，2003：1－2.

④ 中华人民共和国教育部.义务教育数学课程标准(2011 年版)[S].北京：北京师范大学出版社，2012：1.

⑤ 学生核心素养研究课题组."学生核心素养研究"工作进展报告[R].北京：中华人民共和国教育部，2014.

数学素养的表述存在差异，但是随着研究的深入，其内涵都已从某种特定的指代，转向该素养在现实生活中的应用，例如：数学素养是一种综合概念，反映了个体、社会和数学三者之间的联系等。

美国教学督导委员会（NCSM）在《面向 21 世纪的基础数学》报告中指出：数学素养是除性别、种族以外影响公民就业和收入的又一重要因素①。英国数学教育的权威性文件《Cockcroft 报告（1982）》，是 20 世纪 80 年代以后英国进行数学基础教育改革的出发点，报告指出培养学生的数学素养，才是良好的数学教学应达到的教育目标②。欧美国家对青少年数学素养的培养已逐步落实到学校教育中，包括制定国家战略、数学课程标准和评价标准，并通过教师培训改变教师教学理念和教学方式，以更好地在教学中发展学生的数学素养③。

在课程改革中，学生终身发展得到持续关注，学生核心能力的培养更是教学改革主要关注的焦点，学生核心素养体系的构建受到重视。核心素养作为一个统帅各国教育改革的上位概念，引领并拉动着课程教材改革、教学方式变革、教师专业发展、教学质量评价等关键教育活动④。自 20 世纪 90 年代以来，许多国家、地区，乃至国际组织机构等，都陆续构建了学生核心素养的框架，并将核心素养定位于教育改革的关键要素。

首先，研究三个国际组织所构建的学生核心素养框架。1997 年 12 月，经济合作与发展组织（OECD）启动了“素养的界定与遴选：理论和概念基础”项目（简称 DeSeCo），确定了三个维度、九项素养，项目的核心素养分为人与自己、人与工具、人与社会三个方面⑤。2006 年 12 月，欧盟（EU）将核心素养分为八个领域，每个领域由知识、技能和态度三个维度构成；其核心理念是使全体欧盟公民具备终身学习能力，从而在全球化浪潮和知识经济的挑战中能够实现个人成功与社会经济发展的理想⑥。2013 年 2 月，联合国教科文组织

① 潘小明.关于数学素养及其培养的若干认识[J].数学教育学报，2009，18(5)：23 - 26.

② Cockcroft Committee. Mathematics Counts: A Report into the Teaching of Mathematics in Schools[M]. London: HMSO, 1982：13 - 15.

③ 黄友初.欧美数学素养教育研究[J].比较教育研究，2014(6)：47 - 50.

④ 褚宏启，张咏梅，田一.我国学生的核心素养及其培育[J].中小学管理，2015(9)：4 - 7.

⑤ 辛涛，姜宇.以社会主义核心价值观为中心 构建我国学生核心素养体系[J].人民教育，2015(7)：26 - 30.

⑥ 李艺，钟柏昌.谈“核心素养”[J].教育研究，2015(9)：17 - 23.

(UNESCO)提出基于人本主义思想的核心素养，指出在基础教育阶段，要重视七个维度的核心素养。

其次，研究几个有代表性的国家所开发的核心素养框架。2002 年，美国制订了《“21 世纪素养”框架》并在 2007 年进行完善，它以核心学科为载体，确立了三项技能领域，每项技能领域下包含若干素养要求①。2010 年 3 月，新加坡教育部颁布了“21 世纪素养”框架，它以核心价值观为核心，发展与完善自我相关的能力素养和未来社会所需要的素养，共三个维度。在日本，其“21 世纪型能力”的核心素养结构是发散型：内核是基础能力，中层为思维能力，最外层是实践能力②；该结构采用同心圆的外在表征方式，旨在体现素养之间的关系。

在国内，核心素养的研究正在进行，许多学者提出学生核心素养的发展要在各个学科教学中实现。数学核心素养必然是下一步研究的重点，数学核心素养的提出是对数学教育的意义和价值进行深度探索的需要，也是数学教育界主流研究热点；更是由“数学素质”向“数学素养”，再到“数学核心素养”的自然发展。在近期启动的高中数学课程标准修订工作中，数学核心素养成为当下研究的热点和难点。

综上所述，数学核心素养研究是社会发展过程中应运而生的时代课题，是党的教育方针(培养全面发展的人)的具化与细化，具有民族性；也是新一轮数学基础教育课程改革的发展趋势，是我国素质教育(以提高人的基本素质为根本目的)的新阶段，具有延续性；更是国际数学教育研究中值得关注的焦点问题，是当前国际上兴起的潮流，具有时代性。

1.3 数学核心素养评价研究意义

随着核心素养成为世界各国教育领域越来越关注的热门话题，许多国家从对“核心素养”的需求逐渐聚焦到对“学科核心素养”的需求。因此，本研究选取数学学科，探讨数学核心素养的基本要素，对数学核心素养的评价进行研究。其主要目的在于：其一，构建数学核心素养评价指标体系，对数学核心素

---

① 张义兵.美国的“21 世纪技能”内涵解读——兼析对我国基础教育改革的启示[J].比较教育研究，2012(5)：86 - 90.

② 辛涛，姜宇.全球视域下学生核心素养模型的构建[J].人民教育，2015(9)：54 - 58.

养基本要素进行界定；其二，对高中生数学核心素养进行水平划分和测评分析，探讨数学知识学习与核心素养发展的关系。具体而言，研究数学核心素养具有以下理论和实践意义：

1.3.1　厘清数学核心素养的内涵与构成要素

在国内，数学核心素养的研究尚处于发展阶段，对于数学核心素养的内涵是什么，由哪些要素构成？还需要进一步的明确。本研究从检视国内外对数学核心素养的内涵、外延研究入手，在理论分析基础上，明确数学核心素养的内涵，初步建立数学核心素养评价的指标体系，对数学核心素养的研究具有一定的理论和实践意义。

1.3.2　探究高中生数学核心素养的水平

对数学核心素养进行水平划分是当前学界研究的难点，也是热点问题。本研究以高中生为研究对象，结合对数学核心素养现状的调查，对学生核心素养水平进行划分，具有一定的理论和实践意义。

1.3.3　建立数学核心素养的评价体系

参考国内外各种评价理论并结合我国高中生的具体情况，在数学核心素养水平划分的基础上，建立一套操作性强的评价指标体系。并通过对高中生的实际测评，验证、修订和完善评价体系。所以，本研究对数学核心素养的评价具有一定的理论和实践意义。

1.4　数学核心素养评价研究问题

核心素养是学生发展中最关键、最必要的素养，也是每一位学生在社会生活中，获得终身发展、成功体验等，所必备的关键素养；它是一个综合的概念，它指向学生的关键能力和必备品格，涉及知识、能力、情感态度、价值观等层面。因此，本书主要进行数学核心素养的评价研究，以期实现如下目标：

一方面，通过量化描述、质性分析，探析数学核心素养的构成要素，对数学核心素养进行水平划分，分析评价指标的内涵，确定数学核心素养评价指标权重。

另一方面，建立数学核心素养评价模型，依托测试问卷，对高中生数学核心素养进行评价，并将其运用于数学教学中，建立与发展学生数学核心素养相适配的教学评价方法、手段。

借此,应在理论上建立数学核心素养水平划分及其评价模型,在实践上为数学核心素养的评价提供具有可操作性的方法和策略,为促进学生数学核心素养的发展做基础性工作。

具体而言,本书拟解决以下几个具体问题:

1. 数学核心素养的内涵是什么?

在对国内外文献进行全面梳理的基础上,对数学核心素养的内涵进行分析,研究数学核心素养构成要素,为数学核心素养的评价研究建立理论基础。

2. 如何设计数学核心素养的评价指标?

参考国内外各种数学核心素养评价方法,并结合我国学生的具体情况,对数学核心素养评价指标进行内涵探析,分析数学核心素养评价中不同二级指标的内部权重,为高中生数学核心素养评价研究做准备。

在数学核心素养水平划分的基础上,建立一套科学合理、操作性强的评价指标体系。具体解决以下问题:如何确定数学核心素养的评价指标?数学核心素养评价指标内涵是什么?如何确定数学核心素养二级指标及其评价权重?

3. 如何对数学核心素养进行水平划分?

在国家关于核心素养体系的建构和高中数学课程标准修订组前期研究工作的基础上,从不同社会需求(高中毕业、高考、高校自主招生等)的视角,对数学核心素养的发展水平进行划分。

具体解决以下问题:数学核心素养水平划分的依据是什么?学生数学核心素养的水平如何划分?如何编制测量不同数学核心素养水平的试题?

4. 如何评价高中生数学核心素养?

通过编制高中生数学核心素养评价的测试问卷,对其数学核心素养进行测评,研究高中生数学核心素养现状以及不同阶段数学核心素养的发展特征。

选取一定样本的高中生,进行定量评价研究,并对于一些个案进行定性分析,具体解决以下问题:如何构建数学核心素养的评价体系?数学核心素养评价模型是否科学有效?数学核心素养评价方式有哪些?在测试试题的编制中,如何有效评价数学核心素养?

5. 高中生数学核心素养的发展现状?

高中生数学核心素养在不同评价维度的具体表现如何?存在哪些问题?不同地区之间,高中生数学核心素养是否存在差异?如果存在差异,是否显著？高中生特征变量（地区、性别、年级等）对数学核心素养发展是否存在影响？如果存在影响，是否显著？等等。

1.5 数学核心素养评价研究结构

本书共包括八章内容，第 1 章是导论，阐述研究的缘由、研究背景、研究意义，介绍研究问题和研究结构。第 2 章是数学核心素养研究的历史考察，主要对素养、核心素养、数学素养、数学核心素养的相关研究，进行国内外文献的述评。第 3 章介绍研究设计，阐述研究的理论依据、研究技术路线、研究对象、研究工具以及数据的处理和分析方法。第 4 章进行数学核心素养评价的理论分析，主要从分析数学素养的基本要素入手，探究数学核心素养评价指标，划分数学核心素养的水平。第 5 章构建数学核心素养的评价模型，确定数学核心素养评价二级指标权重。第 6 章阐述数学核心素养评价问卷的建立过程。第 7 章主要是高中生数学核心素养评价的结果，对其现状进行分析，探究各类特征变量对数学核心素养的影响等。第 8 章是评价框架的实践思考。本书结构如图 1－1 所示。

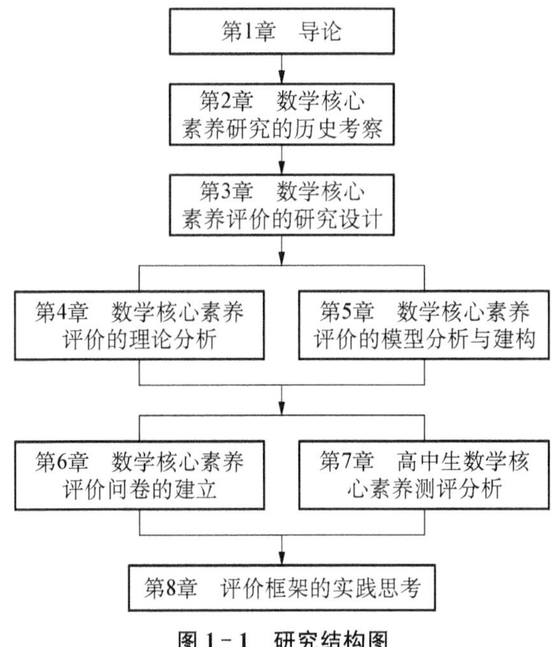

图 1－1　研究结构图

第 2 章

数学核心素养研究的历史考察

2.1 核心概念研究

2.1.1 素养:与素质概念的辨析

1. 素质

我们可以从生理、心理、教育三个层面理解素质。

在生理学领域,素质是指有机体与生俱来的某些解剖生理上的特点,如身体的构造、形态、感觉器官和神经系统的特点,尤其是大脑的结构和机能的特点①。

在心理学领域,素质是指人的先天的解剖生理特点,主要是神经系统、脑的特性以及感觉器官和运动器官的特点②。

在教育学领域,素质是指人的先天遗传特质和后天形成的能力,包括修养、精神、气质、审美、爱好、志趣、习惯、思维、知识技能、实践能力、生存能力等③。这种认识,实际上将素质理解为先天素质和后天素质,强调通过教育实践而获得的能力培养。有学者认为,现代素质观有三个共同点:一是素质包括先天和后天两方面的素质,二是素质的形成和发展受环境和教育的影响,三是强调了素质形成过程中的“内化”机制;并把素质的主要特征概括为:基础性、

---

① 张焕庭.教育辞典[M].南京:江苏教育出版社,1989:671.

② 孙喜亭.民族素质与教育[J].北京师范大学学报(哲社版),1987(6):34-40.

③ 黄书光.中国基础教育改革的历史反思与前瞻[M].天津:天津教育出版社,2006:185-186.

内在性、社会性、稳定性、发展性、差异性和整体效应性①。

2. 素养

素养一词，一般用英文“literacy”“competencies”表示，指受过教育，有文化、有知识、有修养。

素养是个人与外界(人、事、物)做合理而有效的沟通或互动所需具备的条件(认知、技能、情意条件)。联合国教科文组织对于素养的定义：素养是能够识别、理解、解释、创造、交流、计算并使用和各种情境相关的文字材料的能力②。素养更多地体现为个体通过学习，能够达到目标，得到知识的增长和能力的发展，并能够适应社会需求。

一方面，素养与素质的差异，体现在词义上。《古代汉语大词典(辞海版)》把“素质”解释为“本质”，而把“素养”解释为：① 经常修习涵养；② 平素所供养；③ 素质与教养；④ 平时所养成的良好习惯③。另一方面，素养与素质的差异，还体现在形成过程上。素质往往保持相对稳定的结构；素养是在学习实践活动中习得的，在各种因素的影响下不断发展变化。

素质的内涵是事物主要成分或本质性质，而素养的内涵是由训练和实践获得的技巧和能力；素质的外延包括：修养、精神、气质、审美、习惯、思维等，而素养的外延包括：数学、文化、科学、信息、阅读、技术素养等。

素养，其基本含义可概括为：人为获得(养成)一定的道德、知识技能、态度、行为能力等基本素质所进行的自觉、持续的修习涵养。本研究所指的素养，更多的是指个体通过学校学习，在文化、科学、人文等方面的表现，包括知识、能力、品格等。

2.1.2　核心素养：从素养走向核心素养

“素养”是一种构念，也是一种根据学理建构的理论构念或理念，是指个人为了发展成为一个健全个体，必须通过教育而学习获得的应社会之复杂生活

---

①　阳凌云.数学素质教育导论[M].长沙：湖南科学技术出版社，2005：2.

②　UNESCO Education Sector. The Plurality of Literacy and its Implications for Policies and Programs: Position Paper[M]. Paris: United National Educational, Scientific and Cultural Organization, Citing an International Expert Meeting in June 2003 at UNESCO, 2004:13.

③　徐复，等.古代汉语大词典(辞海版)[M].上海：上海辞书出版社，2007：1497－1498.

情境需求所不可欠缺的“知识”“能力”与“态度”①。随着社会知识经济多元化发展的需求，传统的“知识＋技能”素养型教育目标，无法与社会发展相匹配，也无法实现教育的目标。教育追求的是培养全面、和谐、完整的人，它指向人的核心素养，引导学生追求完整的人生、完整的生活。核心素养的提出，也正是从知识核心走向素养核心的时代发展之必然。

国际上长达20多年的研究表明，只有找到人发展的“核心素养体系”，才能解决好有限与无限的矛盾；只有找到对学生终生发展有益的DNA，才能在给学生打下坚实知识技能基础的同时，又为未来发展预留足够的空间②。那么，核心素养是什么？所谓“核心”，指向事物本质，对事物全局起支撑性、引领性和持续促进发展的作用；核心素养就是基础性素养，是起着奠基作用的品格和能力③。

核心素养是指学生借助学校教育所形成的解决问题的素养与能力，它是作为客体侧面的教育内容与作为主体侧面的学习者关键能力的统一体而表现出来的④。核心素养生于当下，指向未来。核心素养不是各种素养的大杂烩，核心素养必须是核心的素养，是最为关键的素养，是各种素养中带有优先选项⑤。

褚宏启认为，要理解核心素养这一概念，把握核心素养的本质，需要关注以下几点：第一，核心素养是“关键素养”，不是“全面素养”；第二，核心素养要反映“个体需求”，更要反映“社会需要”；第三，核心素养是“高级素养”，不是“低级素养”，甚至也不是“基础素养”；第四，核心素养要反映“全球化”的要求，更要体现“本土性”的要求⑥。

核心素养不是一成不变的，它是一个不断发展的概念；核心素养不但是共同的素养，而且是必要、关键、重要、核心的素养。核心素养是一个动态发展的概念，是知识、技能、态度情感和价值观等元素的集合体。

---

① 陈伯璋，张新仁，蔡清田，等.全方位的国民核心素养之教育研究（“行政院国家科学委员会”专题研究计划成果报告）[R].台南市：致理管理学院教育研究院，2007：16.

② 编辑部.核心素养：重构未来教育图景[J].人民教育，2015(7)：1.

③ 成尚荣.基础性：学生核心素养之“核心”[J].人民教育，2015(7)：24－25.

④ 钟启泉.核心素养的“核心”在哪里——核心素养研究的构图[N].中国教育报，2015－4－1(7).

⑤ 褚宏启.以核心素养引领教育教学改革[J].中国德育，2016(1)：1.

⑥ 褚宏启.核心素养的概念与本质[J].华东师范大学学报(教育科学版)，2016(1)：1－3.

核心素养的提出，就像一枚楔子，首先打破的就是我们习以为常的人才观与评价观，核心素养有很大一部分是在关注那些传统考试无法知道的东西，核心素养重视的是那些网络上找不到答案的东西①。

因此，本研究在“素养”和“核心素养”两个上位概念的牵引下，聚焦于学科层面的素养、核心素养研究，对数学素养、数学核心素养进行探析。

2.2 数学素养研究

素养与核心素养的研究紧密相关，数学核心素养的研究尚处于理论探索与建构阶段，所以，在对其进行教育实践探索之前，可以进一步梳理国内外学者对数学素养进行了哪些研究，有哪些成熟与薄弱之处，有哪些借鉴与不足之处，即本研究的逻辑起点。

2.2.1 数学素养研究的历程

早在1956年，《数学通报》刊登的一篇苏联译稿中就出现了数学素养一词，但并未引起人们重视；1992年，我国首次在官方文件《初级中学数学教学大纲》中提出“数学素养”。21世纪以来，国内外数学素养的研究大致可以分为以下三个阶段。

1. 初步探索阶段

2001—2005年，数学素养研究关注的课题集中在三个方面：其一，数学素养构成要素的初步研究。例如，数学能力、数学思想方法和数学素养的关系，数学素养构成要素探析等。其二，基于学生和教师的数学素养研究。例如，提高中小学生数学素养、中小学教师数学素养的认识等。其三，数学素养培养途径的研究。例如，从课程资源、教学方法、数学实验等方面，提高学生数学素养。

这个阶段对数学素养的研究是初步的，研究文献数量少，研究的面比较窄，对问题的探究不够深入，没有形成系统的研究局面。

2. 逐步发展阶段

2006—2010年，数学素养问题引起广泛关注，其研究主要表现为以下几个特征：① 有关数学素养研究的论文逐渐增多；② 进一步关注数学素养的内

---

① 李帆.核心素养，一枚改变教育内涵的“楔子”[J].人民教育，2015(24)：18-20.

涵、影响因素及其评价;③ 特殊地区、学生素养的培养;④ 注重国际数学素养研究的交流与合作。

3. 深化研究阶段

2011 年至今,数学素养的研究逐步系统化。论文中关于数学素养论题的覆盖面有了较大扩展,认识也在不断加深。概言之,以下问题讨论得较多:数学素养内涵的界定、构成要素研究、层次与行为表现、评价、生成策略等。这一阶段文献数量剧增,研究水平也在不断提高,呈现出数学素养研究的一个高潮期。

2.2.2 国内数学素养研究现状述评

1. 数学素养的内涵

研究者们对数学素养内涵的界定一直没有统一,随着研究的深入,其内涵也逐步扩大,已经从一维转向多维,即数学素养是个体、数学、社会生活三者的综合体。分析国内具有代表性的数学素养内涵的界定,大致可以分为以下三种类型。

(1) 一维数学素养观

把数学素养理解为一种知识或素质(修养),将其作为数学素养的核心内容,较少考虑其他因素。

王子兴认为数学素养是指数学科学方面的素质,它是数学科学所固有的内蕴特性,是在人的先天生理基础上通过后天严格的数学学习活动获得的、融于身心中的一种比较稳定的状态,只有通过数学教育的培养才能赋予人们的一种特殊的心理品质①。

郑强认为数学素养是在数学课程学习过程中,学生通过数学学习,加深对数学知识的理解,内化数学文化的成果,最终在学习者身上体现一种时代价值或自己达到的新水平,同时能够主动将数学理论应用于生产、生活实践②。

这些观点表明,数学素养核心主要体现在数学知识或数学能力的某个方面。

(2) 二维数学素养观

把数学素养理解为“能力＋能力”或“知识＋能力”的组合,不考虑情感、态

① 王子兴.论数学素养[J].数学通报,2002(1):6－9.

② 郑强.数学素养与数学教学[J].山东教育学院学报,2006(5):1－3.

度、价值观等其他因素。

刘俊先认为数学素养是指人们灵活运用数学的理论与方法，观察、分析、解决问题的能力①。

苏洪雨认为数学素养指对数学知识的理解以及在进行数学活动过程中所展现的数学思想方法和数学能力②。

这些观点充分表明，运用数学素养解决现实生活中的问题意识，已经成为数学素养概念界定的核心。

（3）多维数学素养观

把数学素养理解为知识、能力、情感和其他因素的统一体，持该观点的学者较多；我们可以通过表 2－1 来说明研究者们有代表性的观点。

表 2－1　国内“多维数学素养观”的代表性描述（2000 年—　）

研究者	年　份	数学素养的内涵
朱德江	2004 年	数学素养即数学知识、数学技能、数学能力、数学观念和数学思维品质等方面的素质与修养③
张建良 王名扬	2005 年	数学素养，是指在个人的先天素质的基础上，受后天教育与环境的影响，通过个体自身的学习、认识和实践活动等所获得的数学知识、数学能力和数学思想观念等的一种综合修养，也称之为数学品质④
桂德怀 徐斌艳 康世刚	2008 年 2009 年	数学素养是数学情感态度价值观、数学知识、数学能力的综合体现⑤ 数学素养指主体在已有数学经验的基础上，在数学活动中通过对数学的体验、感悟和反思，在真实情境中表现出来的一种综合性特征⑥
刘喆 高凌飚	2011 年	数学素养是通过数学知识、数学能力和数学情感表现出来的一种整体性思想和行为特征⑦

① 刘俊先.论数学史对提高数学素养的重要作用[J].教育与职业，2009(24)：175－176.

② 苏洪雨.学生几何素养的内涵与评价研究[D].上海：华东师范大学，2009：1－7.

③ 朱德江.小学生数学素养的构成要素与培养策略[J].学科教育，2004(7)：27－31.

④ 张建良，王名扬.“高中数学新课标”对数学教师的数学素养提出了高要求[J].数学教育学报，2005，14(3)：87－89.

⑤ 桂德怀，徐斌艳.数学素养内涵之探析[J].数学教育学报，2008，17(5)：22－24.

⑥ 康世刚.数学素养生成的教学研究[D].重庆：西南大学，2009：1－7.

⑦ 刘喆，高凌飚.西方数学教育中数学素养概念之辨析[J].中国教育学刊，2011(7)：40－51.

从以上观点的比较中可以看出，国内多维数学素养观超越了数学知识本身，注重素养在个体内在心理系统的融合。

数学素养强调的不是数学知识和数学技能，而是获取数学知识的能力。所以，应该用多维的视角去理解数学素养的内涵，它首先是学生的一种隐性思维品质，是为了服务社会和个人发展而必备的一种技能，更是集数学知识、能力、情感态度价值观于一体的综合特征。

数学素养以数学的知识、能力为基础，注重对学生数学思想方法、人文精神和应用意识等的渗透与养成。数学素养是人的一种思维习惯，能够主动、自然、娴熟地用数学进行交流、建立模型解决问题；能够帮助人们拥有积极的数学情感，做一个会表述、有思想、和谐的人。

2. 数学素养的构成要素

数学素养构成要素的研究是对其内涵理解的深化，能较好地说明数学素养各个要素的组合规律以及要素间的内在联系，对数学素养构成要素的研究主要采取以下两种结构展开。

(1) “经”与“纬”要素结构

国内对数学素养要素采用“经纬”结构开展的研究很多，最具代表性的是刘喆等提出的数学师范生数学素养的要素结构(见表 2-2)[①]。若以表格的“列”为“经”，“行”为“纬”，那么可以将其他类似研究思路学者的观点概括为：“经”和“纬”的子集、交集或补集，或者是“经纬”结构网络某些点的集合。

表 2-2　数学素养的要素结构表

数学素养要素	数学素养子要素	
数学知识	数学学科知识	数学内容知识
		数学思想方法
		数学结构知识
		数学观知识
	数学教学知识	

① 刘喆，高凌飚，黄淦. 数学师范生数学素养现状的调查研究[J]. 数学教育学报，2012，10(5)：23-28.

（续表）

数学素养要素	数学素养子要素	
数学能力	数学思维能力	运算求解能力
		空间想象能力
		演绎推理能力
		抽象概括能力
		数据处理能力
		数学直觉能力
	数学应用能力	数学地提出、分析和解决问题的能力
		数学交流能力
		数学表达能力
		数学建模能力
		数学实验能力
数学情意	数学信念	数学观
	数学价值观	数学美、理性精神、数学的价值

刘喆、高凌飚将西方学者对数学素养要素的研究归纳为四种观念类型：①“特定区域和背景”说。特定区域指人们发挥数学素养的场所，包括家庭、工作、社会等；背景涉及人们应用数学素养的具体问题、情境或人物。②“数学内容”说。强调数学知识对于数学素养形成的重要性，包括数、测量、代数、几何以及统计等。③“数学过程”说。将能力、态度作为数学素养定义的核心内容。④“综合”说。即数学素养的要素包含前三者的有机结合①。

张亚静认为数学素养包括基本的数学知识、基本的数学技能、数学思想方法、数学应用意识和数学美学价值的欣赏②。

叶金标、陈文胜等认为数学素养包括数学知识和技能、数学语言、数学思想方法、数学情感、数学应用③。

---

① 刘喆，高凌飚．西方数学教育中数学素养概念之辨析[J]．中国教育学刊，2011(7)：40－51．

② 张亚静．数学素养：学生的一种重要素质——基于数学文化价值的思考[J]．中国教育学刊，2006(3)：65－67．

③ 叶金标，陈文胜．立足课堂教学 发展数学素养[J]．内蒙古师范大学学报（教育科学版），2014，4(4)：128－130．

(2)"模"与"块"要素结构

此外,还有一些研究是从数学学科、思维模块出发,研究数学素养的构成要素。

孔企平指出,数学素养是一个广泛的具有时代内涵的概念,它包括逻辑思维、常规方法(符号系统)和数学应用三方面的基本内涵①。

朱德全认为数学素养的构成要素有:数学"思维块"、数学方法、数学思想以及数学人文精神②。

王子兴提出数学素养应涵盖创新意识、数学思维、数学意识、用数学的意识、理解和欣赏数学的美学价值等五个要素③。

苏洪雨等针对几何内容,提出其素养主要包括:几何知识、几何能力、几何应用和几何背景以及几何学习态度和几何文化④。

桂德怀针对代数内容,提出其素养主要集中在五个维度:代数基础知识、基本技能、基本思想方法、基本能力和初步应用意识⑤。桂德怀、徐斌艳提出数学素养三维结构图(如图 2-1),将数学素养看作数学知识、能力、情感态度价值观的综合体现,并提出了各个维度的二级指标⑥。

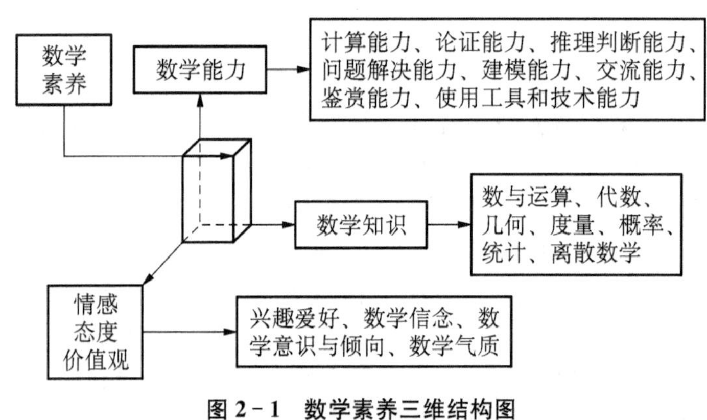

图 2-1　数学素养三维结构图

---

① 孔企平.小学儿童如何学数学[M].上海:华东师范大学出版社,2001:26.

② 朱德全.数学素养构成要素探析[J].中国教育学刊,2002(5):49-51.

③ 王子兴.论数学素养[J].数学通报,2002(1):6-9.

④ 苏洪雨,江雪萍,桂鹏.基于几何问题情境的高中教师的数学素养研究[J].数学教育学报,2010,19(1):81-84.

⑤ 桂德怀.中学生代数素养内涵与评价研究[D].上海:华东师范大学,2011:16-20.

⑥ 桂德怀,徐斌艳.数学素养内涵之探析[J].数学教育学报,2008,17(5):22-24.

吴晓红、郑毓信认为学生的数学素养应包括数学的知识素养(问题、方法、语言、理论等)和观念素养,同时,应将它们看作一个综合体,并从辩证的角度理解这些要素①。

数学素养作为一个整体性概念,需要充分考虑要素与要素之间、要素与整体之间的关系。并且,每一个数学素养成分,都是人才培养需求的体现,更是数学本质认识的反映。

3. 数学素养层次与行为表现

数学素养研究对象主要有三类:其一是学生数学素养,其二是学校培养现代公民所需数学素养,其三是数学教师数学素养。本研究主要对象是学生数学素养,那么不同学阶学生、不同年龄段的学生、不同认知特点的学生,必然表现出数学素养的个体差异性。

吴晓红、郑毓信认为处于不同认知发展阶段的学生有不同的心理特点,他们通过数学学习所获得的知识、能力、情感等,都存在一定差异,即数学素养在学生个体身上体现出一定的层次性②。

何小亚提出数学素养可以由低到高,分成数学知识和技能、数学过程和方法、数学情感态度价值观这三个层次;数学素养的行为表现是理解基本的数学概念和原理,具备一定的抽象推理能力,能运用数学解决问题,会用数学语言来表达和交流,最终形成良好的数学情感态度价值观③。数学素养层次的研究不但能说明学生获得数学素养的先后顺序和难易程度,而且为数学素养的评价提供依据。

4. 数学素养评价研究

国内对数学素养评价的研究主要以两种形式展开:

其一是参加由国际组织发起并实施的评价研究项目,例如,2009年,上海部分学生参加了由经合组织发起的国际学生评价项目PISA关于阅读、数学和科学的测试,其中就有数学素养的测试。测试结果表明,我们注重的是数学素养的形成途径与载体,即数学知识和技能的掌握程度,关注科学背景而忽视现实问题。

---

① 吴晓红,郑毓信.新课程背景下学生数学素养问题探析[J].中国教育学刊,2012(4):53.

② 吴晓红,郑毓信.新课程背景下学生数学素养问题探析[J].中国教育学刊,2012(4):54.

③ 何小亚.学生“数学素养”指标的理论分析[J].数学教育学报,2015,24(1):13－19.

其二是一些学者的个体研究，如：黄华对比了上海数学中考和PISA数学素养的测试，建议数学中考参照PISA的测试，对其稳定性、一致性进行分析和研究，诊断数学教学的问题，改善数学课程教学[①]。又如：马云鹏认为数学素养的评价是为了提高学生的数学学习，改善其学习方式；从课程目标、学生学习角度，提出数学素养的评价要有利于促进数学教学，全面落实课程标准的三维目标，了解学生数学素养的整体水平[②]。

5. 数学素养生成的教学策略研究

数学素养作为一种内隐的思维品质，它的生成没有外显的操作策略，所以对数学素养生成策略的教学探索显得尤为重要。国内对于数学素养生成教学策略的研究，主要分为两类：

(1) 数学教育研究者从数学素养理性分析出发，提出数学素养生成的教学策略

潘小明从数学活动的视角进行分析，提出落实学生知识成分、观念成分、精神成分数学素养的教学策略；从全球教育的视角进行分析，提出对国外数学素养培养积极经验的借鉴内化、消极做法的防范克服等[③]。

胡典顺对国外研究者数学素养发展策略进行了述评，从数学教材、数学交流表征、问题情境、标准化数学评估、计算机技术、交叉课程项目6个方面，论述了数学素养生成的多元视角[④]。

吴晓红、郑毓信从哲学角度出发，思辨数学的善与恶，提出数学素养的培养策略：一方面应明确肯定数学的善，充分利用数学科学在发展人方面的优势，努力提高学生的数学素养；另一方面，应清楚地认识到一味强调数学素养可能带来的弊端，理性开展培养学生数学素养的实践，真正促进学生的全面发展[⑤]。

康世刚从数学素养的两个性质、两个过程出发，提出数学素养生成的建议：① 从数学素养的综合性来看，注重数学知识的教学；② 从数学素养的境域性来看，注重数学知识与技能的常规应用；③ 从数学素养的生成过程看，注

---

① 黄华.从PISA数学素养测试对国内数学教学的启示[J].上海教育科研，2010(5)：8-11.

② 马云鹏.新课程理念下学科素养评价研究[M].长春：东北师范大学出版社，2007:37.

③ 潘小明.关于数学素养及其培养的若干认识[J].数学教育学报，2009，18(5)：23-27.

④ 胡典顺.数学素养研究综述[J].课程·教材·教法，2010，30(12)：50-54.

⑤ 吴晓红，郑毓信.新课程背景下学生数学素养问题探析[J].中国教育学刊，2012(4)：52-55.

重数学问题的解决；④ 从数学素养生成的课程资源来看，注重课堂教学①。

（2）一线数学教师从数学教学实践出发，提出数学素养生成的教学策略

周健明提出，在教学中应高度重视，精心设计数学思想方法的教学，并以教材为依据，将其与数学知识的教学有机结合起来，并落实到学生认知的展开过程中，通过数学思想方法的教学，从根本上提高学生的数学素养②。

朱德江提出，为了培养学生的数学素养，应当注意：① 联系生活实际，利用丰富的数学课程资源引领学生走进数学世界；② 关注学习过程，引导学生在积极参与知识的“再创造”过程中理解数学；③ 重视实践应用，引导学生在“做数学、用数学”中感悟数学③。

韩秀鹏提出，在提高学生数学素养的过程中，教师需要更新观念，不断提高自身修养，注重教学改革，正确处理好抓“双基”、培养三大能力和加强应用教学的关系，充分发挥教师的主导作用④。

陈敏、吴宝莹从教学过程的维度，提出数学素养的培养策略：教学设计要体现“数学文化背景下的思维活动”的价值趋向，课堂教学要追求思维与能力的提升，教学评价要立足维度、梯度和相关度进行最优化设计⑤。

关于如何提高数学素养培养策略的研究还有很多，主要是一线数学教师在实践中的教学策略。一方面说明更多的数学教师关注学生数学素养的生成；另一方面，也表明学生数学素养的生成是数学教育改革的目标。

6. 研究反思

（1）从研究的内容上看，并没有覆盖数学素养研究领域的全野

一方面，数学素养是在教学的过程中逐渐形成的，那么它必然和教学的其他因素有关，然而，对数学素养影响因素的研究较少，仅有吴桂翎等比较了学校教育资源对学生数学素养的影响⑥。其他诸如数学素养与课程设计、教科

---

① 康世刚.中国西部地区中学生数学素养现状调查研究[J].数学教育学报，2014，23(5)：36－40.

② 周健明.重视数学思想方法的教学，提高学生数学素养[J].辽宁教育研究，2001(5)：41－42.

③ 朱德江.小学生数学素养的构成要素与培养策略[J].学科教育，2004(7)：27－31.

④ 韩秀鹏.提高学生数学素养探析[J].黄冈师范学院学报，2007(6)：62－63.

⑤ 陈敏，吴宝莹.数学核心素养的培养——从数学过程的维度[J].教育研究与评论·中学教育教学，2015(4)：44－49.

⑥ 吴桂翎，辛涛，张文静.学校教育资源对学生数学素养预测效应的跨文化比较[J].心理科学，2012，35(2)：352－357.

书、教学方式、学业评价的关系,数学素养与学生个体认识信念、认知风格、非智力因素的关系等研究有待开展。而且,数学素养自身内部构成要素之间的关系也要进行深入探索,譬如,数学知识与数学应用意识之间的关系,数学能力与数学思想方法之间的关系,等等。

另一方面,数学素养评价体系的构建,符合我国数学教学实际的数学素养测试题的编制,测评题型(多重选择题、封闭式解答题、开放式建构题)的设置等,都是亟待研究的课题。

(2) 从研究方法上看,理论思辨研究多,调查实证研究少

其一是干预性研究太少,主要表现在关于数学素养的培养研究方面。目前仅有少数研究者采用实验方法,绝大多数研究者采用经验总结或理性思辨法,缺乏实证性研究。

其二是研究方法比较单一,仅有少量的实证研究,例如,康世刚对中国西部地区中学生数学素养现状调查研究等①。此外还需要结合定性和定量分析研究,使数学素养的研究更加科学、合理。

(3) 从研究思路上看,缺乏"理论"与"实践"的互通

已有的研究主要关注的是数学素养的内涵及构成要素等,并没有将理论研究成果融入课堂教学实践,在培养学生形成数学素养的生成机制上,并没有形成理论研究成果的实践转化;一线教师提出的数学素养培养策略,多为一种经验性研究,由于缺乏理论提升,使得数学素养生成的实践成果也没有反哺其理论的发展。

2.2.3 国外数学素养研究现状述评

对于数学素养,西方国家的习惯表述有所不同。英国、澳大利亚和新西兰等常用 Numeracy,美国常用 Quantitative Literacy、Mathematical Literacy、Mathematical Proficiency。四种表述,分别偏重于数字、数量化、数学知识、数学能力,强调的重点不同。

1. 数学素养的内涵

国外数学素养内涵的研究主要来源于两个层面:一是数学教育研究者的研究,二是相关国家数学教育团体的研究。并且,国外对数学素养内涵的界定多为数学知识取向、实际生活应用取向、数学过程取向和多维综合取向四类。例如:

---

① 康世刚.中国西部地区中学生数学素养现状调查研究[J].数学教育学报,2014,23(5):36-40.

Jesse L.M.Wilkins 认为数学素养是对代数和几何知识的全面理解①。

John A.Paulos 认为数学素养是更好地理解个人情境中的有关数量知识②。

Lynn Arthur Steen 和 Ross Turner 等认为数学素养就是在每天的生活挑战中有效使用数学知识、理解数学的能力③。

除了以上学者对数学素养内涵的界定之外，更多的是国外(境外)数学教育研究团体对数学素养内涵的描述(见表 2-3)。

表 2-3　国外(境外)相关机构对数学素养内涵的代表性描述

国家(地区)/年份	报告/机构	数学素养的内涵
英国/1982 年	考克罗夫特报告(Cockcroft)/学校数学调查委员会	数学素养包含两个内涵：第一，是指个人在日常生活中具有运用数学技能的能力，能够满足个人每天生活中的实际数学需求；第二，是指能正确理解含有数学术语的信息(如阅读图标和表格等)，一个有数学素养的人应该能正确理解一些数学的沟通方式④
美国/1989 年	中小学数学课程与评估标准/全美数学教师协会(NCTM)	数学素养的基本内涵是懂得数学的价值，对自己的数学能力有信心，有解决数学问题的能力，学会数学交流，掌握数学的思想方法⑤
澳大利亚/2000 年	国际生活技能调查报告(ILSS)/政策研究委员会	数学素养是人们用来处理生活与工作过程中出现的数量问题所需要的技能、知识、信念、气质、思维习惯、交流能力、问题解决能力的聚合⑥

---

① Jesse L.M.Wilkins. Preparing for the 21st Century: The Status of Quantitative Literacy in the United States[J]. School Science and Mathematics, 2000, 100(8): 405-418.

② Eva Jablonka. Mathematical Literacy. In Alan J. Bishop. Second International Mathematics Education[M]. Dordrecht: Kluwer Academic Publisher, 2003: 75-77.

③ Werner Blum, Peter L, Galbraith, etc.Modeling and Applications in Mathematics Education[R]. The 14th ICMI Study Springer Science and Business Media, LLC, 2007: 26.

④ Cockcroft Committee. Mathematics Counts: A Report into the Teaching of Mathematics in Schools[M]. London: HMSO, 1982: 32-33.

⑤ Paulo Abrantes. Mathematical Competence For All: Options, Implications and Obstacles[J].Educational Studies in Mathematics, 2001(47): 125-143.

⑥ International Life Skills Survey(ILSS). Policy Research Initiative[S]. Statistics Canada, 2000: 16.

（续表）

国家（地区）/年份	报告/机构	数学素养的内涵
美国/2001年	数学学习研究会报告（MLSC）/美国国家研究委员会（NRC）	数学素养是对能够理解、计算、解答和推理的超越，还包括个人对数学的价值倾向①
南非/2003	国家数学素养课程报告/教育部	数学素养为学习者提供了数学在现代世界中扮演角色的认识和理解，数学素养与生活中的应用息息相关。它可以让学习者发展数字和空间思考能力，学会解释和以批判的观点去分析日常生活，提高解决问题的能力和自信心②
中国台湾/2010年	教育部提升国民素养专案计划报告/台湾相关机构	数学素养指个人的数学能力与态度，使其在学习、生活、社会与职业生涯的情境脉络中面临问题时，能辨认问题与数学的关系，从而根据数学知识，运用数学技能，并借由适当工具与资讯，去描述、模拟、解释与预测各种现象，发挥数学思维方式的特长，做出理性反思与判断，并在解决问题的历程中，能有效地与他人沟通观点③
全球/2013年	学生基础能力国际研究计划（PISA）/经济合作与发展组织（OECD）	数学素养是个体能在各种情况下形成、使用和解释数学的能力；它能帮助作为一个创新、积极和善于反思的公民认识数学在世界中所扮演的角色，并能做出良好的判断和决定④

从以上观点的比较可以看出，国外（境外）数学素养观多着眼于合格公民的培养，更多地体现了数学在自然、社会和文化环境中的多元价值。

2. 数学素养的构成要素

国外对数学素养要素的分类主要表现为实际应用的价值取向，与本国数学教育状况和社会经济发展情况密切相关，大致分为以下三种类型：

① 廖运章.美国 NRC 数学素养观及其影响[J].外国中小学教育，2015(2)：59－65.

② Department of Education(DOE). National Curriculum Statement Grades 10－12 (General) Mathematical Literacy[J]. Pretoria：Department of Education，2003：20－22.

③ 张维忠，陆幸意.台湾《数学素养向度建议文》评介[J].浙江师范大学学报(自然科学版)，2014，37(4)：416－420.

④ OECD. PISA 2012 Assessment and Analytical Framework：Mathematics，Reading，Science，Problem Solving and Financial Literacy[M]. Paris：OECD Publishing，2013：38.

（1）基于数学知识、能力和情感态度价值观的分类

美国数学督导委员会(NCSM)在《面向 21 世纪的基础数学》报告中指出，现代数学素养包含数学知识、数学思维、数学方法、数学思想、数学技能、数学能力、个性品质 7 个方面的内容①。

美国国家教育与科学委员（NCED）提出数学素养构成要素：对数学的自信、文化欣赏、解释数据、逻辑思考、决策、情境中的数学、数感、实践技能、必备的知识、符号感②。

美国国家研究会（NRC）在 2001 年，提出数学素养的 5 个主要要素（如图 2-2）：合适推理、策略能力、概念理解、价值倾向、过程流畅，并强调要素之间相互交织、互为依存的关系，着眼于各个要素协调、综合、均衡的发展③。

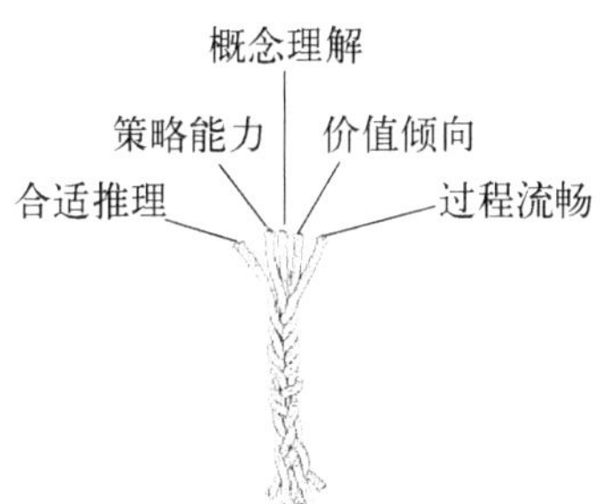

图 2-2　数学素养成分交织图

在国际数学研究手册中，指出数学素养的主要构成要素为：数据推理、概率、代数思维、数学建模、可视化、问题解决和构成、数感、技术处理④。

经济合作与发展组织（OECD）中，数学素养包括：数学思考与推理、数学论证、数学交流、建模、问题提出与解决、表征、符号化、工具与技术⑤。

（2）基于国际数学学习测评体系的分类

在国际学生评价项目 PISA(2003)中，对数学素养构成要素的分类为：思考与推理，论证，交流，建模，问题提出和解决，表征，运用符号的、形式化的和

---

① 潘小明.关于数学素养及其培养的若干认识[J].数学教育学报，2009，18(5)：23-26.

② Steen, L. A. (Ed.). Mathematics and Democracy: The Case for Quantitative Literacy[J]. New Jersey: The Woodrow Wilson National Fellowship Foundation, 2001:56.

③ Jeremy Kilpatrick. Understanding Mathematical Literacy: The Contribution of Research[J]. Educational Studies in Mathematics, 2001(47):101-116.

④ English, L. D. Priority Themes and Issues in International Research on Mathematics Education. In L. D. English (Ed.), Handbook of International Research in Mathematics Education [M]. Mahwah, NJ: Lawrence Erlbaum/National Council of Teachers of Mathematics, 2002:3-15.

⑤ Jan de Lange. Mathematical Literacy for Living From OECE-PISA Perspective [J]. Tsukuba Journal of Educational Study in Mathematics, 2006:25.

专业的语言和操作，运用辅助手段和工具①。

TIMSS（国际数学与科学学习趋势，2009）从三个维度对数学素养进行分类，分别是数学内容、数学认识和数学教学目标②。

（3）基于本国数学课程标准要求的分类

新加坡在2007年中学数学大纲中指出，数学问题解决是培养学生数学素养的有效途径，围绕问题解决过程有5个紧密相关的基本要素：概念、技能、过程、态度和元认知（如图2-3所示）③。

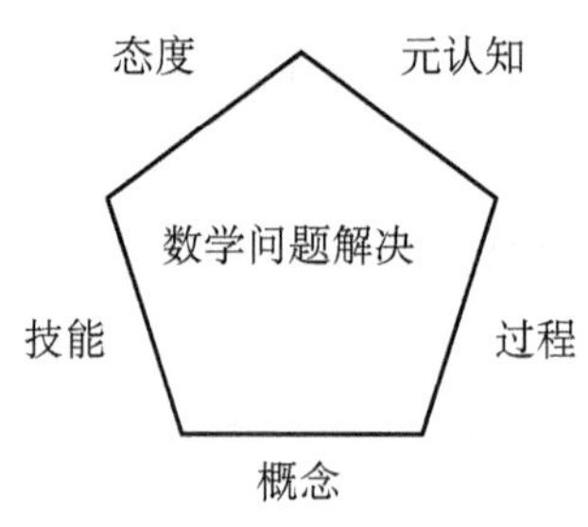

图2-3　数学素养构成要素图

美国在《州共同核心数学标准》（2010）中提到美国中小学生数学素养包括：有问题意识，并能坚持不懈地解决问题；抽象、量化地思考；构建切实可行的论证，评判他人的推理；建立数学模型，策略地使用适合的工具，关注精确性；在重复推理中，探求并表达规律④。

在南非国家课程标准中，指明10—12年级学生数学素养包括以下要素：数量及其运算，代数关系，空间、形状和测量，数据处理⑤。

德国的数学教育标准提出的数学素养包括：数学论证，数学地解决问题，数学建模，数学表征的应用，数学符号、公式以及技巧的熟练掌握，数学交流⑥。

3. 数学素养层次与行为表现

国外对数学素养层次与行为表现的研究，一般是根据数学问题的难易程

---

① OECD. The PISA 2003 Assessment Framework Mathematics, Reading, Science and Problem Solving Knowledge and Skills[J]. Mathematical Literacy, 2003:26-30.

② Mullis I.V.S, Martin M.O, Ruddock G. J, O Sullivan C.Y, Arora A, Erberber E. TIMSS 2007 Assessment Frameworks[M]. US: TIMSS & PIRLS International Study Center, Lynch School of Education, Boston, Boston Collge, 2009:3-38.

③ Ministry of Education, Singapore, Mathematics Syllabus (Secondary) [S]. Singapore: Author, Curriculum Planning, 2007:2-5.

④ The National Governors Association Center for Best Practices (NGA Center) and the Council of Chief State School Officers (CCSSO). Common Core State Standards for Mathematics[EB/OL]. http://www.maine.gov/education/lres/math/standards.html.

⑤ DoE. Revised National Curriculum Statement Grades 10-12 (General) Mathematical Literacy[M]. Pretoria: DoE, 2003:16-18.

⑥ 徐斌艳.关于德国数学教育标准中的数学能力模型[J].课程·教材·教法，2007，27(9):84-87.

度、知识获得的先后顺序以及在解决数学问题过程中表现出来的素养高低来分类，下面各以一例，来说明数学素养的层次与行为表现是如何划分和表述的。

在以色列全国数学考试(NCEM)中，将数学素养水平分为三个等级：一般水平(包括代数、几何、概率与统计、三角学、微积分等基本问题)、高级水平(矢量、演绎问题)、高度发达水平(复数、组合问题)；随着水平的提升，数学形式化、抽象化、精确性、推理性程度也逐步加深①。

PISA 项目根据解决不同数学问题所需能力的认知特点，将数学素养划分为三个层次：① 再现。包括关于事实知识的表述、再现、回忆，按照常规解题的能力；② 联系。即要求学生把握其不同表示之间的联系，具备为解决问题而进行信息整合的能力，知道编译、解释符号的形式语言，理解数学语言与日常语言的关系；③ 反思。学生能够将现实问题数学化，即辨别并提取包含在情境中的数学要素，然后创造性地辨别相关的数学概念，联系相关的数学知识解决问题，并提出论据进行论证②。

Kaiser & Willander 将数学素养划分为以下四个层次：① 无素养，即不知道基本的数学概念和方法；② 一般性素养，对数学术语、题目有初步浅显的理解，但对数学有一些错误解释和误解；③ 概念和程序性素养，对数学思想的结构和功能有一定的了解；④ 多维素养，能结合数学语境理解哲学、历史和社会层面的问题③。

4. 数学素养影响因素研究

国外对数学素养影响因素的研究，主要分为以下三种类型：

(1) 选取不同人群为研究对象，开展数学素养影响因素的研究

学者们主要开展了以下研究：比较澳大利亚、中国和韩国中学生数学素养现状，探究影响素养发展的因素④；比较成人与学生数学素养的差异，分析数

---

① Miriam Amit, Michael N. Fried. High-stakes Assessment as a Tool for Promoting Mathematical Literacy and the Democratization of Mathematics Education[J]. Journal of Mathematical Behavior, 2002(21):499 - 514.

② OECD. The PISA 2003 Assessment Framework Mathematics, Reading, Science and Problem Solving Knowledge and Skills[J]. Mathematical Literacy, 2003:26 - 30.

③ Kaiser, G., Willander, T. Development of Mathematical Literacy: Results of an Empirical Study[J]. Teaching Mathematics and its Applications, 2005, 24(2):48 - 60.

④ Kongju Mun, Hyunju Lee. Cross-cultural Comparison of Perceptions on the Global Scientific Literacy with Australian, Chinese, and Korean Middle School Students[J]. International Journal of Science and Mathematics Education, 2015, 13(2):437 - 465.

学素养的不同水平①；不同国家小学生、初中生、高中生、大学生数学素养发展的差异研究以及少数民族学生、轻度智障学生数学素养发展的影响因素研究等。

（2）选取不同学科科目为研究对象，开展数学素养影响因素的研究

其一，探究计算机、应用物理、化学等课程对数学素养发展的影响②；其二，探究数学知识中的代数、几何问题与数学素养发展的关系③以及信息图形等问题表征方式对数学素养培养的影响等④。

（3）选取与学生有直接或间接联系的内容为研究对象，开展数学素养影响因素的研究

所谓与学生有直接联系的内容，指学生的性别、情感特征⑤、态度、自信、焦虑、兴趣、情绪智力⑥、成就动机、自我效能、学习风格⑦等因素，对数学素养发展的影响。

---

① Timo Ehmke, Kiel, Elke Wild, Bielefeld. Comparing Adult Mathematical Literacy with PISA Students: Results of a Pilot Study[J]. ZDM, 2005, 37(3): 159 - 167.

② İbrahim Güneşa, Zeliha Özsoy-Güneş. Relations Between Operational Chemistry and Physics Problems Solving Skills and Mathematics Literacy Self-efficacy of Engineering Faculty Students[J]. Procedia-Social and Behavioral Sciences, 2015(174): 457 - 463.

③ Gülcin Yilmazer, Melek Masal. The Relationship Between Secondary School Students' Arithmetic Performance and Their Mathematical Literacy[J]. Procedia-Social and Behavioral Sciences, 2014(152): 619 - 623.

④ Carmel Diezmann, Tom Lowrie. The Role of Information Graphics in Mathematical Proficiency[J]. The 31st Annual Conference of the Mathematics Education Research Group of Australasia, 2008(2): 1 - 4.

⑤ Çiğdem İş Güzel, Giray Berberoğlu. Students' Affective Characteristics and Their Relation to Mathematical Literacy Measures in the Programme for International Student Assessment(PISA)2003[J]. Eurasian Journal of Educational Research, 2010(40): 93 - 113.

⑥ Vicki N. Tariq, Pamela Qualter, Sian Roberts. Mathematical Literacy in Undergraduates: Role of Gender, Emotional Intelligence and Emotional Self-efficacy[J]. International Journal of Mathematical Education in Science and Technology, 2013, 44(8): 1143 - 1159.

⑦ Kemal Ozgen. An Analysis of High School Students' Mathematical Literacy Self-efficacy Beliefs in Relation to Their Learning Styles[J]. Asia-Pacific Edu Res, 2013(22): 91 - 100.

所谓与学生有间接联系的内容，指学生所处社会、经济、文化[①]的背景以及数学成绩[②]、数学学习经验[③]等因素，对数学素养发展的影响。

5. 数学素养评价研究

国外对素养评价研究主要体现在两个方面：一类是诸如 PISA、TIMSS 等国际比较项目，另一类是研究者们对学生数学素养的评价研究。

(1) 国际比较项目对数学素养的评价研究

孔企平(2011)在研究 PISA、TIMSS、美国 NAEP(国家教育进步评估)、英国 Kassel(国际中学数学教育评价)测验、日本学力测验和法国诊断性测验这六个数学测试项目的基础上，分析了国外中小学数学测评的基本趋势：即聚焦于学生基本素养的发展[④]。

在 PISA(2003)测试中，评价数学素养的三个维度：数学情境和背景、数学内容和数学方法。将数学与个人体验、工作/教育经历、公众生活、科学实践四种情境相结合，编制测试题。从学生应达到的数学能力出发，设计了六个能力水平来测试学生数学素养[⑤]。

TIMSS 对数学素养的评价包括认知维度和内容维度，与 PISA 注重数学情境不同，TIMSS 评价重点在数学知识方面，对于数学背景知识的考察不是重点[⑥]。

南非数学素养的评价更加关注数学应用，评价主要针对应用技能，主要

---

① Hakan Koğar. Examination of Factors Affecting PISA 2012 Mathematical Literacy through Mediation Model[J].Education and Science, 2015, 40(179):45 - 55.

② Caroline Dupeyrat, Christian Escribe, Nathalie Huet, Isabelle Regner. Positive Biases in Self-Assessment of Mathematics Competence, Achievement Goals, and Mathematics Performance[J]. International Journal of Educational Research, 2011(50): 241 - 250.

③ Sinead Breen, Joan Cleary, Ann O'Shea. An Investigation of the Mathematical Literacy of First Year Third-Level Students in the Republic of Ireland[J]. International Journal of Mathematical Education in Science and Technology, 2009, 40(2):229 - 246.

④ 孔企平.国际数学学习测评：聚焦数学素养的发展[J].全球教育展望，2011(11)：78 - 82.

⑤ OECD. Learning for Tomorrow's World First Results from PISA 2003[EB/OL]. http://www.pisa.oecd.org/pages/.2006.

⑥ Mullis I.V.S, Martin M.O, Ruddock G. J, O Sullivan C.Y, Arora A, Erberber E.TIMSS 2007 assessment frameworks[M]. US: TIMSS & PIRLS International Study Center, Lynch School of Education, Boston College, 2009:3 - 38.

有:金融、测量,地图、规划图及其他示意图,数据处理、概率等①。

(2) 研究者对数学素养的评价研究

Shirley M.Matteson 对数学素养开展标准化评价,就文字、数字、图形和符号四个素养指标,探索由文字、数字、公式、符号、图形和图标为主的问题表征形式,对数学素养发展的影响②。

Esra Azapagasi Ilbagi,Levent Akgun 对土耳其 15 岁学生数学素养开展评价研究,选取六种不同类型的中学,就几何、代数、算术、概率四类知识,提出六个数学素养发展层次③。

Caroline Long 等采用 Rasch 模型,对南非部分 12 年级学生数学素养水平进行评价,通过分类概率曲线分析等方法,得到相关数据拟合模型,概括出学生数学素养发展特征④。

国外对数学素养评价的研究,已基本建立了自己的数学素养评价框架、指标体系、测试题等,为进一步开展数学素养教学策略的研究提供了较好的依据。

6. 数学素养生成的教学策略

许多国家将数学素养的生成作为数学教育的首要目标,在其教学策略的研究方面,主要从以下层面展开:课程体系、教学方法、教师素质、学习者态度和教学资源应用等。

数学素养生成的课程体系建构,主要体现在课程建设相关文件的制定、课程教材的选定以及课程内容的选取等方面。例如:英国早在 1990 年就推出了国家基本数学素养策略(NNS),并出版与之配套的教材,如《数学素养

① 张维忠,陆吉健,陈飞伶.南非高中数学素养课程与评价标准评介[J].全球教育展望,2014(10):38-47.

② Shirley M. Matteson. Mathematical Literacy and Standardized Mathematical Assessments[J]. Reading Psychology,2006(27):205-233.

③ Esra Azapagasi Ilbagi, Levent Akgun. An Investigation of the Mathematical Literacy of Students Aged 15 in terms of Pisa 2003 Mathematical Literacy Questions: Results from Turkey[J]. International Journal of Progressive Education,2013,9(3):194-217.

④ Caroline Long, Sarah Bansilal, Rajan Debba. An Investigation of Mathematical Literacy Assessment Supported by an Application of Rasch Measurement[J]. Original Research,2014,35(1):1-17.

汇焦》等①；爱尔兰教育与技能部，在 2011 年推出《学习和生活中的人文素养和数学素养：培养儿童和青少年人文素养和数学素养的国家战略（2011—2020）》，从学生家长、教师、学校课程、教学方式、学业评估等方面，论述如何培养学生的数学素养②；南非政府规定在 10—12 年级，数学素养是一门专门的学科课程，学习者必须学习该课程，且数学素养意识必须渗透到课程里；在新西兰课程框架中，要求学生在七个学习领域中获得包含数学素养在内的八种基本技能③；日本在进行数学素养课程建构的同时，建议数学课程设计要创设让学生思考的课堂教学，要有利于开放式教学，要对数学问题进行拓展，并且将数学与社会、文化紧密相连④。

数学素养生成的教学方法研究，主要以学者个人或集体的研究为主。例如：Katja Lengnink，Darmstadt 认为从教育的视角看，数学素养的核心部分应该强调反映情境、反映意义、反映建模导向和背景导向、反映自我等四个方面⑤。L. D. Miller & C. E. Mitchell 通过研究认为将社会活动和社会背景引入到数学课堂中有助于发展学生的数学素养⑥。Denisse R 研究认为，数学交流与表达既是数学素养的基本成分，也是发展数学素养的重要工具⑦。

此外，J. L. Geldenhuys 等人，建议从五个方面发展学生数学素养：学习者对数学素养的态度、数学素养学习中教学资源的应用、学习者数学素养的发

① 康世刚.数学素养生成的教学研究[D].重庆：西南大学，2009：31－32.

② Department of Education and Skills. Literacy and Numeracy for Learning and Life：The National Strategy to Improve Literacy and Numeracy among Children and Young People 2011—2020[M]. Ireland：Department of Education and Skills，Marlborough Street，Dublin 1，Ireland，2011：23－25.

③ 康世刚.数学素养生成的教学研究[D].重庆：西南大学，2009：32.

④ 王雪，马真真，刘晓玫.数学素养的意义与学校课程设计——日本的数学素养研究[J].小学数学，2012(12)：7－8.

⑤ Katja Lengnink，Darmstadt. Reflecting Mathematics：an Approach to Achieve Mathematical Literacy[J]. ZDM，2005，37(3)：246－249.

⑥ Miller L. D.，Mitchell C. E. Using Quality Control Activities to Develop Scientific and Mathematical Literacy[J].School Science and Mathematics，1995，95(2)：58－60.

⑦ Denisse R. Thompson，Michaele F. Chappell. Communication and Representation as Elements in Mathematical Literacy[J]. Reading and Writing Quarterly，2007(23)：79－196.

展、不同数学课程内容对学习者的意义、丰富数学素养学习经验①。Erica D. Spangenberg 提出通过选择不同的数学教学主题，锻炼学生思维方式，提高数学素养②。

7. 研究反思

第一，理论研究层面。国外数学素养研究逐步向纵深发展，其理论基础较为成熟和完善，许多学者从教育学、心理学层面分析了数学素养的内涵及其构成要素。

第二，研究内容层面。国外学者对数学素养评价等内容的研究较为系统、深入，而国内研究数量有限、不够系统。

第三，研究方法层面。国外对于数学素养的研究多为实证研究，采用问卷调查、测量、实验、访谈等方法，且论证的过程较为严谨；国内关于数学素养的研究以思辨、归纳、演绎和经验总结为主，理论研究的比重较大。

第四，研究视角层面。国外研究者更多关注学生的学，对学生心理、学习风格、情感、自我效能等方面研究较多；国内更多关注的是教师的教，进行数学素养教学的研究。

2.3 核心素养教育改革背景下数学核心素养的研究

2.3.1 核心素养研究背景

1. 核心素养研究的文献分析

(1) 国内核心素养研究

利用可视化知识图谱对国内有关核心素养的文献进行分析，期刊文献以 CNKI 为搜索引擎，将期刊范围限定为“全部期刊”，研究主题设定为“核心素养”。最终，检索到期刊文献 1 943 篇，通过 Cite Space 5.0.R1 图谱分析，在 Cite Space 界面中时间区间选择“2004—2017 年”，Node type 选择“Keywords”，阈值

---

① J.L. Geldenhuys, C. Kruger, J. Moss. Selected South African Grade 10 learners' perceptions of two Learning Areas: Mathematical Literacy and Life Orientation[J]. Africa Education Review, 2013, 10(2):298-322.

② Erica D. Spangenberg. Thinking Styles of Mathematics and Mathematical Literacy Learners: Implications for Subject Choice[J]. Original Research, 2012, 33(3):1-12.

设置为“Top 50 per slice”，选择 MST(最小生成树)算法精简网络，最后得到 283 个节点、278 条连线的关键词图谱。如图 2－4 所示。

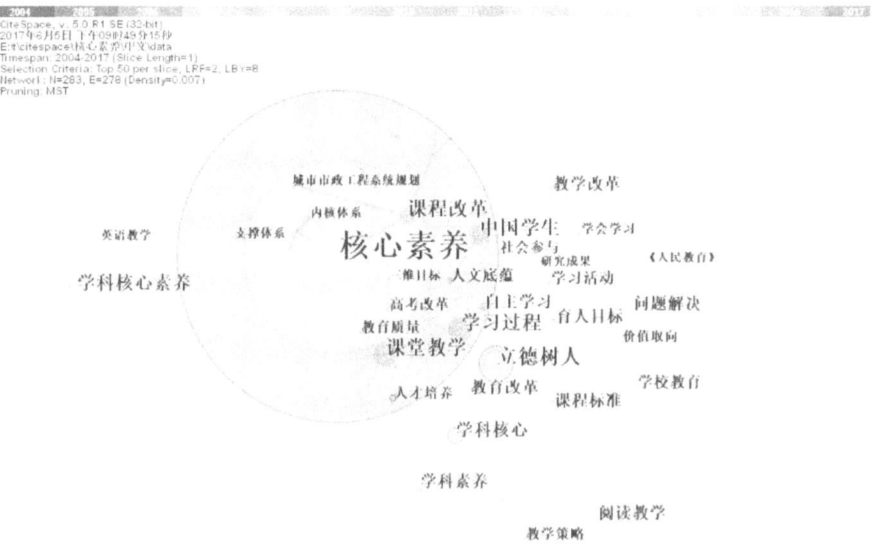

图 2－4 共词图谱(国内文献)

通过对关键词的共线分析，得到频次表(表 2－4)，频次高的关键词常被用来确定一个研究领域的热点问题。从表中可以看出，围绕核心素养这一研究方向，国内学者主要围绕以下几个方面进行研究：核心素养、立德树人、课堂教学、学习过程、课程改革、中国学生、学科核心素养……

表 2－4 关键词频次表(国内文献)

序号	关键词	频次	中心性	序号	关键词	频次	中心性
1	核心素养	788	0.15	7	学科核心素养	42	0
2	立德树人	87	0.17	8	学科核心	36	0.11
3	课堂教学	63	0.05	9	育人目标	33	0.04
4	学习过程	61	0.05	10	教育改革	33	0.01
5	课程改革	55	0.05	11	课程标准	32	0.05
6	中国学生	52	0.03	12	阅读教学	28	0.02

（续表）

序号	关键词	频次	中心性	序号	关键词	频次	中心性
13	教学改革	27	0.02	17	学科素养	26	0.04
14	问题解决	27	0.08	18	学校教育	23	0.02
15	小学教学	26	0	19	学习活动	21	0.1
16	自主学习	26	0.06	20	人文底蕴	20	0

(2) 国外(境外)核心素养研究

对国外(境外)核心素养的英文文献(Web of science 核心合集，407 篇文献)进行分析，在 Cite Space 界面中，时间区间选择“1992—2017 年”，Node type 选择“Keywords”，阈值设置为“Top 50 per slice”，选择 MST(最小生成树)算法精简网络，最后得到 506 个节点、534 条连线的关键词图谱。如图 2-5 所示。

图 2-5　共词图谱(国外文献)

通过关键词分析得到频次表(表 2-5)，从表中能够辨析出现频次较高的词，如“key competency”“education”“competency”“skill”“model”“competence”等，这些关键词反映了国外(境外)核心素养研究所关注的焦点，在素养、教育、技能、模式等层面。

表 2-5 关键词频次表(国外文献)

序号	关键词	频次	中心性	序号	关键词	频次	中心性
1	key competency	53	0.43	11	knowledge	9	0.14
2	education	48	0.37	12	higher education	9	0.13
3	competency	29	0.17	13	key competence	7	0.05
4	skill	16	0.15	14	competence model	7	0
5	model	15	0.01	15	student	6	0.08
6	competence	15	0.05	16	training	6	0.01
7	performance	13	0.12	17	evaluation	5	0.18
8	curriculum	11	0.14	18	science	5	0.01
9	assessment	10	0.06	19	trial	4	0.01
10	lifelong learning	10	0.1	20	information literacy	4	0

2. 核心素养内涵的研究

核心素养是为了培养全面发展的人,核心素养是重构未来教育途径的关键,核心素养是素质教育再出发的起点。核心素养引起广泛关注的原因,一是顺应国际教育改革的大势,关注学生发展,强调培养适应现代社会所需的能力;二是直面我国现行教育的不足,强调学科的融合、课程的整合;三是解决人才培养的定位问题,从根本上改革评价标准。那么,核心素养这样一种"只可意会不可言传"的理论构念,究竟是什么?核心素养的核心是什么?

(1) 国外有代表性的论述

国外对此概念的表述为 Key Competencies(Key Competences),国内翻译成核心素养。

当前学界公认的、较早对核心素养体系做出较为系统解释的,是 1997 年国际经济合作与发展组织(OECD)启动的"素养的界定与遴选:理论和概念基础"项目;受其影响,随后美、英、德、日、法、芬兰、新加坡等国家先后投入到有关核心素养框架的研究和建设之中①。国际上诸学者对核心素养内涵的理

① 刘国飞,张莹,冯虹.核心素养研究述评[J].教育导刊,2016(3):5-9.

解,大致可以分为以下三种类型:

① 个人发展导向的核心素养。

以个人发展为导向的核心素养培养理念,是以人的发展为本,提出核心素养的内涵及其基本要素。

2003 年,联合国教科文组织强调,核心素养的培育需要终身学习,终身学习也需要核心素养。终身学习的五大支柱即:学会求知(learning to know),包括学会如何学习,提升专注力、记忆力和思考力;学会做事(learning to do),包括职业技能、社会行为、团队合作和创新进取、冒险精神;学会共处(learning to live together),包括认识自己和他人的能力、同理心和实现共同目标的能力;学会发展(learning to be),包括促进自我实现、丰富人格特质、多样化表达能力和责任承诺;学会改变(learning to change),包括接受改变、适应改变、积极改变和引导改变①。

欧盟从知识、技能和态度三个维度描述核心素养,将核心素养定义为:在知识社会中每个人发展自我、融入社会及胜任工作所必需的一系列知识、技能和态度的集合②,与此同时,正式提出八大核心素养体系(表 2-6)。

表 2-6 欧盟八大核心素养一览表

核心素养体系	
使用母语交流	Communication in the mother tongue
使用外语交流	Communication in foreign languages
数学素养与基本的科学技术素养	Mathematical competence and basic competences in science and technology
数字素养	Digital competence
学会学习	Learning to learn
社会与公民素养	Social and civic competences

① 钟启泉.核心素养的“核心”在哪里——核心素养研究的构图[N].中国教育报,2015-4-1(7).

② The European Parliament and the Council of the European Union. Recommendation of the European Parliament and of the Council of 18 December 2006 on Key Competences for Lifelong Learning[J]. Official Journal of the European Union, 2009(8):6-10.

（续表）

核心素养体系	
主动意识与创业精神	Sense of initiative and competence
文化意识与表达	Cultural awareness and expression

新加坡教育部提出 21 世纪学生核心素养新框架（New framework for 21st century competencies and student outcomes），旨在培养自信的人、自主学习者、积极贡献者和热心的公民（图 2-6）。

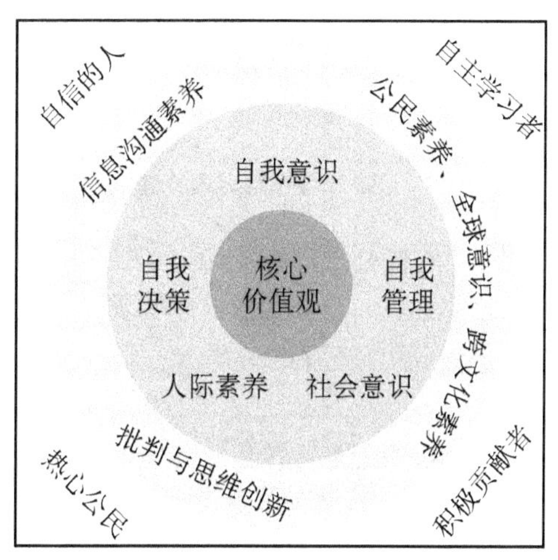

图 2-6 新加坡 21 世纪素养的结构模型

哈佛大学教育学院的赖莫斯（Fernando Reimers）教授认为，21 世纪核心技能包括：自我技能、人际技能和认知技能①。以上核心素养内涵的界定，均以人的发展为核心，旨在培养学生的自我意识、自我管理能力、社会性意识、人际素养等。

② 社会价值导向的核心素养。

以社会价值为导向的核心素养，是以社会需求为本，提出核心素养的内涵及其基本要素。

2005 年，经济合作与发展组织（OECD）提出个体需要具备三种关键能力

① 滕珺.21 世纪核心素养：国际认知及本土反思[J].教师教育学报，2016，3(2)：103-110.

(图 2-7),以适应经济和社会的发展。第一,是交互作用地运用文化、社会、技术资源的能力;第二是在异质社群中进行人际互动的能力;第三是自立自主地行动的能力①。

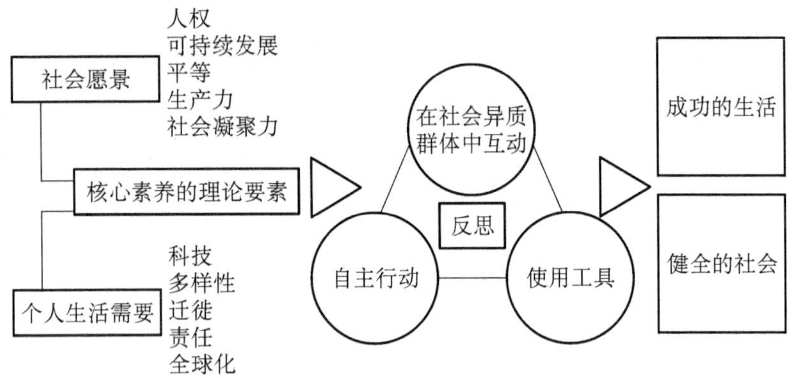

图 2-7　OECD 核心素养理论建构模型

日本“21 世纪型能力”的核心素养结构是同心圆型(图 2-8):内核是基础能力(语言力、数理力、信息力),中层为思维能力,最外层是实践能力②;三种能力呈相互支撑、相互引导、相互依存的关系。

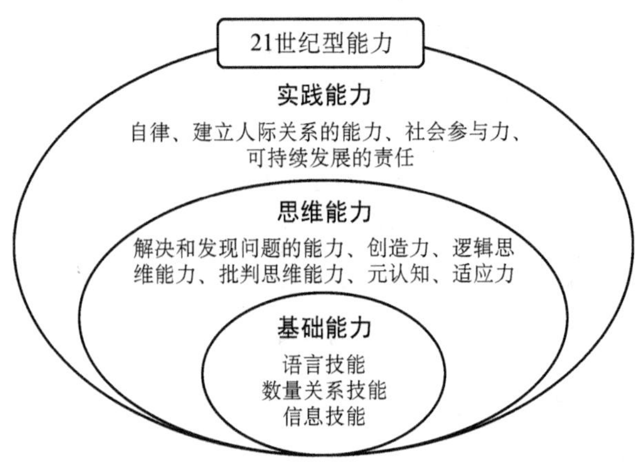

图 2-8　日本 21 世纪型能力

① OECD. The Definition and Selection of Key Competencies: Executive Summary [EB/OL].[2005-05-27].http://www.oecd.org/pisa/35070367.pdf.

② 辛涛,姜宇.核心素养模型的类型及结构[J].人民教育,2015(9):55-56.

加拿大魁北克地区提出了四项核心素养，包括认知素养、个人与社会素养、方法性素养、沟通素养。以认知素养为例，含有运用信息、解决问题、批判性思考、运用创造力等内容①。

芬兰在国家课程标准中明确规定学生的核心素养，将素养划分为七大主题——成长为人，文化认同与国际化，信息素养与交际，参与行使公民与企业家的权利，对环境、健康和可持续发展的将来的责任感，安全与交通，技术与个体②；芬兰的课程用数学核心素养评价教师的教和学生的学。

荷兰学者沃格特(Joke Voogt)等人，在对世界上著名的八个核心素养框架进行比较分析后，得出如下结论：所有框架共同倡导的核心素养是四个，即协作，交往，信息通信技术素养，社会和(或)文化技能、公民素养；大多数框架倡导的核心素养是另外四个，即创造性，批判性思维，问题解决，开发高质量产品的能力或生产性③。

以上核心素养内涵的界定，都凸显了发展学生素养的最终目的，即适应社会的需要，这也是社会价值导向核心素养的特征。

③ 综合发展导向的核心素养。

以综合发展为导向的核心素养培养理念，是以核心素养为中心，构建整个教育体系。

美国提出核心素养主要指所有学生或工作者都必须具备的能力，其发展目的在于培养具有21世纪工作技能及核心竞争能力的人。美国“21世纪技能”主要包含三个主体成分：生活和职业技能，学习和创新技能，信息、媒介与技术技能；同时，每一项21世纪核心素养的落实都依赖于核心学科知识的发展和学生的理解，用核心科目与21世纪议题来阐释培养核心素养的内容，并以标准和评价、课程和教学、专业发展、学习环境为支持系统，帮助核心素养与学科教学的整合(见图2-9)④。

---

① 刘国飞，张莹，冯虹.核心素养研究述评[J].教育导刊，2016(3)：5-9.

② 王烨晖，辛涛.国际学生核心素养构建模式的启示[J].中小学管理，2015(9)：22-25.

③ Voogt, J. & Roblin N.A Comparative Analysis of International Frameworks for 21st Century Competences: Implications for National Curriculum Policies[J]. Journal of Curriculum Studies, 2012(44):3, 299-321, 309.

④ 张义兵.美国的“21世纪技能”内涵解读——兼析对我国基础教育改革的启示[J].比较教育研究，2012(5)：86-90.

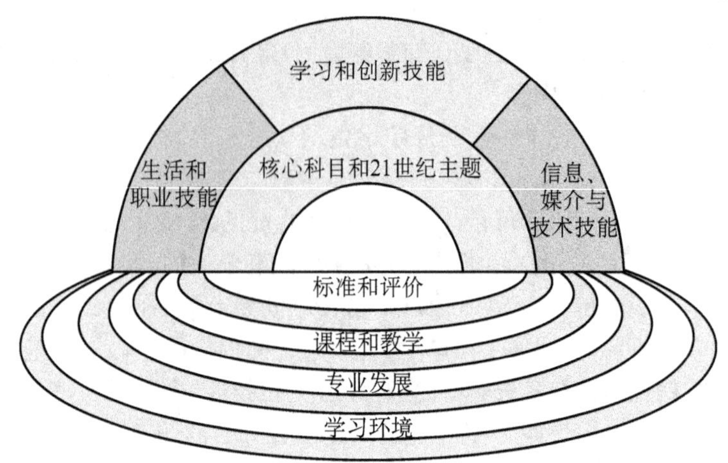

图 2-9　美国 21 世纪学生技能与支持体系图

西班牙教育部规定本国学生应具备以下核心素养：语言交流素养、数学素养、了解物质世界并与之互动的素养、信息处理和数字素养、社会和公民素养、文化和艺术素养、学会学习、自主和个人主动性。并制定核心素养和教育目标体系、完善课程标准、提供课程实施建议，建立学业质量评价体系①。

以上核心素养内涵的界定，都涉及核心素养及其影响因素的发展，包括：以核心素养为理念的教师发展、学生发展、课程改革、评价体系的建立等，与整个教育系统相融合的所有内容。并且，从上述国外有代表性的论述来看，各国均立足于现实国情，考量以下三个要素：个体需要、社会发展、时代背景，来对核心素养的内涵予以界定。

(2) 国内有代表性的论述

2014 年 3 月 30 日，在正式印发的《教育部关于全面深化课程改革，落实立德树人根本任务的意见》文件中提出了“核心素养”概念，引起了国内研究者的重视，以此文件为分水岭，国内关于核心素养的研究可以分为引进介绍和自我研制两个阶段。

① 在引进介绍阶段，国内许多学者对国外(境外)核心素养相关研究进行了介绍。

例如：刘新阳、裴新宁对欧盟核心素养的产生、相关术语辨析、功能定位、

① 尹小霞，徐继存.西班牙基于学生核心素养的基础教育课程体系构建[J].比较教育研究，2016(2)：94-100.

结构与内容、主要内容及其与传统基本能力的关系等热点问题进行了分析①。蔡清田介绍了台湾十二年国民基本教育课程改革的核心素养，用国民核心素养滚动圆轮图（图 2-10）展示其动态发展的理念②。

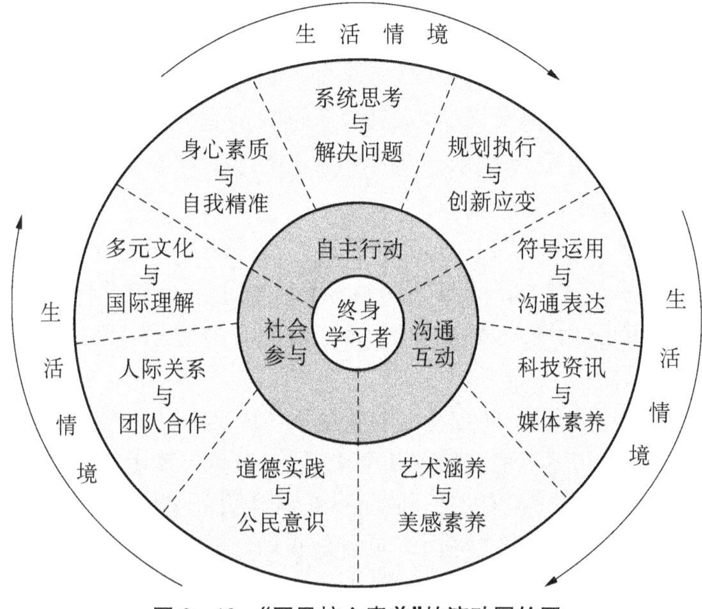

图 2-10　“国民核心素养”的滚动圆轮图

② 在自我研制阶段，国内专家学者逐步展开学生核心素养的系列研究。

其一，是从构成要素的角度界定核心素养的内涵。

辛涛等认为，核心素养就其内涵而言，应当以个体在现在及未来社会中应该具备的关键能力、知识技能及态度情感等为重点；就学科属性而言，核心素养并不指向某一学科知识，并不针对具体领域的具体问题，而是强调个体能够积极主动并且具备一定的方法获得知识和技能，从人的成长发展与适应未来社会的角度出发，跨学科、跨情境地规定了对每一个人都具有重要意义的素养；就功能指向而言，核心素养的功能超出了职业和学校的范畴，不但限于满足基本生活和工作需要，而且有助于使学生发展成为更为健全的个体，能够更

① 刘新阳，斐新宁.教育变革期的政策机遇与挑战——欧盟“核心素养”的实施与评价[J].全球教育展望，2014(4)：75-85.

② 蔡清田.台湾十二年国民基本教育课程改革的核心素养[J].上海教育科研，2015(4)：5-9.

好地适应未来社会的发展变化，能够达到促进社会良好运行的目的①。

钟启泉提出，核心素养是同职业上的实力与人生的成功直接相关的，涵盖了社会技能与动机、人格特征在内的统整的能力，是课程发展的DNA②。王红、吴颖民提出，核心素养指与个体生活、生命不可剥离的，并且具有较高的稳定性、有可能伴随一生的素养③。

张华认为“世界共同核心素养”关注了认知性素养和非认知性素养，体现了知识社会的新要求；对其进一步提炼，可化约为四大素养，即协作、交往、创造性、批判性思维，由此构成享誉世界的“21 世纪 4C”④。其中，前两者属非认知性素养，后两者属认知性素养。

施久铭认为核心素养是一种跨学科素养，它强调各学科都可以发展的、对学生最有用的东西；核心素养不是只适用于特定情境、特定学科或特定人群的特殊素养，而是适用于一切情境和所有人的普遍素养，这就是“核心”的含义⑤。

柳夕浪认为素养是个体在特定的情境下能成功地满足情境的复杂要求与挑战，它是在个体与情境的有效互动中生成的；素养与知识（或认知）、能力（或技能）、态度（或情意）等概念的不同在于，它强调知识、能力、态度的统整⑥。

成尚荣认为核心素养之“核心”应当是基础，是起着奠基作用的品格和能力，决定着核心素养的内涵、重点和发生作用的方式；“发展”应是核心素养的生命力之所在⑦。

褚宏启等认为 21 世纪核心素养分为三大类：第一，学习与创新素养，包括：批判性思考和解决问题能力、沟通与协作能力、创造与革新能力；第二，数字化素养，包括：信息素养、媒体素养、信息与通信技术素养（ICT 素养）；第三，职业和生活技能，包括灵活性与适应能力、主动性与自我导向、社交与跨文化

① 辛涛，姜宇，刘霞.我国义务教育阶段学生核心素养模型的构建[J].北京师范大学学报（社会科学版），2013(1)：5－11.

② 钟启泉.基于核心素养的课程发展：挑战与课题[J].全球教育展望，2016(1)：3－25.

③ 王红，吴颖民.放慢知识的脚步，回到核心基础[J].人民教育，2015(7)：18－21.

④ 张华.论核心素养的内涵[J].全球教育展望，2016(4)：10－24.

⑤ 施久铭.核心素养：为了培养“全面发展的人”[J].人民教育，2014(10)：13－15.

⑥ 柳夕浪.从“素质”到“核心素养”——关于“培养什么样的人”的进一步追问[J].教育科学研究，2014(3)：5－11.

⑦ 成尚荣.基础性：学生核心素养之“核心”[J].人民教育，2015(7)：24－25.

交流能力、高效的生产力、责任感、领导力等①。

彭小念认为核心素养是一个人在自己的成长过程中逐渐形成的、对未来参与社会活动和自身发展起决定性作用的、内在的综合品质。主要包括五个方面：身心素养、科学素养、信息素养、社会技能素养和公民素养②。

程先国认为核心素养是通过实践获得的发展性的知识、能力和态度的综合化形态，具有在未来社会各个领域中都能发挥作用的高迁移性，在人的发展与成长中被其他要素需求的高生长性③。

其二，是从层次类型的角度来界定核心素养的内涵。

李艺、钟柏昌认为基础教育界所称"核心素养"的内涵可以从三个层次上把握：最底层的"双基指向"，以基础知识和基本技能为核心；中间层的"问题解决指向"，以解决问题过程中所获得的基本方法为核心；最上层的"科学(广义)思维指向"，指在系统的学习中通过体验、认识及内化等过程逐步形成的相对稳定的思考问题、解决问题的思维方法和价值观，实质上是初步得到认识世界和改造世界的世界观和方法论④。

钟启泉将我国核心素养及其形成的概念框架，设计为四层的同心圆结构。核心层，是价值形成；内层，是关键能力；中层，是学习领域；外层，是支持系统。这样一种界定，既强调基础性，又强调能动性⑤。

左璜将国际上已有的核心素养体系分为四大类型：成功生活取向的思维核心型，终身学习取向的知识核心型，个人发展取向的价值核心型，综合性取向的教育系统型⑥。

申屠永庆、缪仁票从健康力、人格力、学科力、学习力、规划力五个角度，来表述核心素养的内涵，主要关注学生身心健康、人格健全、学科素养、学历发展与生涯规划五个方面的内容⑦。

---

① 褚宏启，张咏梅，田一.我国学生的核心素养及其培育[J].中小学管理，2015(9)：4-7.

② 彭小念.学生核心素养结构模型的建构及其评价[J].基础教育研究，2016(3)：10-12.

③ 程先国.核心素养的内涵和培养着力点[J].中国民族教育，2016(4)：68-70.

④ 李艺，钟柏昌.谈"核心素养"[J].教育研究，2015(9)：17-23.

⑤ 钟启泉.基于核心素养的课程发展：挑战与课题[J].全球教育展望，2016(1)：3-25.

⑥ 左璜.基础教育课程改革的国际趋势：走向核心素养为本[J].课程·教材·教法，2016，36(2)：39-46.

⑦ 申屠永庆，缪仁票."五力"相成 评育结合：高中生核心素养培育的校本探索[J].中小学管理，2015(9)：15-18.

以上学者对核心素养的概念界定，说法不一，但实质相同，其基本诉求只有一个，就是培养“真实性学力”①。核心素养本身是一种修养，只有将知识与技能、问题解决、学科思维内化为人的品格，转变为人的精神与观念，素养才有其独有的意义。世界各国共同关注的核心素养主要有：合作与交流能力、信息与通信技术的掌握、公民素养以及创造性、批判性思维。

3. 核心素养体系的建构研究

核心素养体系的建构，是推动教育改革的重要内容。许多国家，如法国、匈牙利、芬兰等，都颁布相应的法令、国家课程，通过相关教育政策和计划，对学生核心素养的实施，予以支持和指导。

(1) 核心素养体系建构的理念引领

许多学者，通过理论研究，说明核心素养体系建构的指导思想和基本途径。

钟启泉认为核心素养研究是一种持续的多学科、多领域协同研究的集成，就其发展趋势看，可以从人格构成及其发展、学力模型和学校愿景三大研究领域出发，构建核心素养形成的模式②。

王烨晖、辛涛对一些国家基于核心素养的课程体系进行系统分析比较，为我国当前的课程改革提供建议：一是立足学生发展，建立以社会主义核心价值观为中心的学生核心素养体系；二是在学生核心素养体系的框架下，进行课程设计与改进；三是基于核心素养体系，建立系统的学业质量评价标准③。

常珊珊、李家清通过梳理“核心素养”的发展历程，分析核心素养的内涵、特征与价值取向，提出学生核心素养体系建构的思路：横向整合，融会贯通学科素养；纵向衔接，构建垂直教育体系；整体推进，同步实施课程改革；分级测评，完善质量评价标准④。

盛思月、何善亮通过对近年来核心素养主题研究成果的量化分析，提出学科核心素养的构建途径：从核心素养到学科核心素养的研究是课程改革

---

① 钟启泉.“核心素养”赋予基础教育以新时代的内涵[J].上海教育科研，2016(2)：1.

② 钟启泉.核心素养的“核心”在哪里——核心素养研究的构图[N].中国教育报，2015-4-1(7).

③ 王烨晖，辛涛.国际学生核心素养构建模式的启示[J].中小学管理，2015(9)：22-25.

④ 常珊珊，李家清.课程改革深化背景下的核心素养体系构建[J].课程·教材·教法，2015，35(9)：29-35.

深入推进的必然选择，学科核心素养体系的构架必须以系统科学理论为指导思想，基于本土课程与教学实践的实证研究是学科核心素养构建的理想路径①。

（2）核心素养体系建构的基本原则

也有一些学者，通过分析，说明核心素养体系建构的原则和方法。

辛涛等指出核心素养必须能够指导教师日常教学、促进教育评价、指引教育改革发展方向。我国义务教育阶段学生核心素养的遴选应注重一贯性、发展性与时代性，其建立过程需要广泛征集教育利益相关者意见，要处理好核心素养与教育改革和发展的关系，让其更好地服务教学实践，要完善核心素养测量与评价体系，推进其服务教育评价领域②。

刘磊提出构建我国学生核心素养的原则和方法：第一，把社会主义核心价值观作为构建学生核心素养的首要依据；第二，从个性、社会性两方面发展学生的核心素养；第三，学生核心素养体系的构建须兼顾继承性、时代性和前瞻性；第四，将核心素养体系中的条目细化为阶段性发展要求③。

（3）核心素养体系建构的模型初探

也有学者，通过实践，尝试进行学生核心素养体系的模型建构。

姜宇、辛涛从核心素养及其模型的内涵，核心素养模型对教学改革的现实意义和核心素养推动课程改革的途径三个方面，研究学生核心素养模型深入推进课程和教学改革的意义与途径④。

詹万生提出建构学生核心素养体系，应当遵循整体性、有序性、层次性、发展性、最优化五个基本原则；根据上述原则，建构一个同心圆状的学生核心素养模型（如图 2-11）。同心圆由中心、内环、中环、外环构成，同心圆的中心是学生核心素养；围绕这个中心向内环辐射出学生核心素养的“五纲”；同心圆的中环是学生核心素养的“二十目”；同心圆的外环是把学生核心素养“五纲二十目”继续分解细化，得出的小学生、初中生、高中生、大学生的核心素养⑤。

---

① 盛思月，何善亮.论学科核心素养的构建途径——基于近年来核心素养主题研究成果的量化分析[J].教育参考，2016(2)：12-20.

② 辛涛，姜宇，刘霞.我国义务教育阶段学生核心素养模型的构建[J].北京师范大学学报（社会科学版），2013(1)：5-11.

③ 刘磊.建构中国学生的核心素养[J].中国德育，2016(1)：22-25.

④ 姜宇，辛涛.以核心素养模型推进课程全面深化改革[J].中国德育，2016(1)：26-28.

⑤ 詹万生.建构学生核心素养体系三问[J].中国德育，2016(5)：10-13.

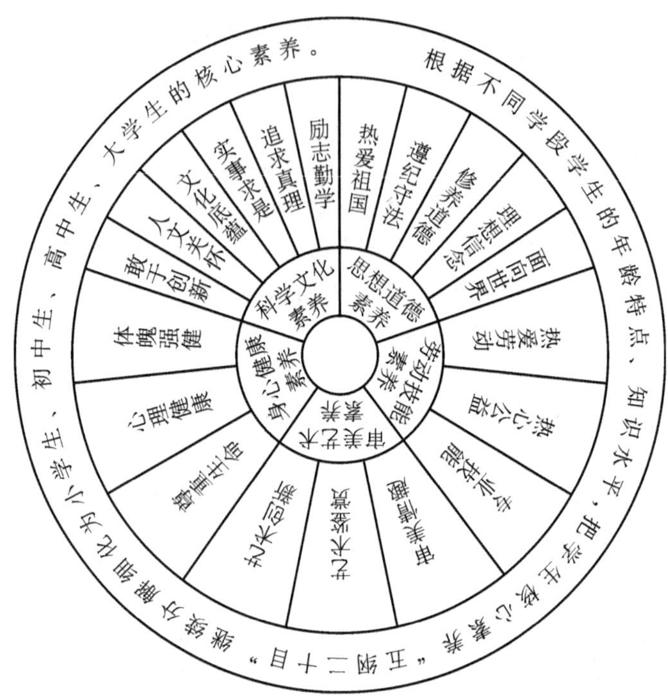

图 2-11　学生核心素养模型

核心素养是实现教育价值的体现，也是人才培养质量评价的重点。所以，应在教育总方针的指导下，科学构建核心素养体系。

4. 核心素养与课程关系的研究

有学者认为核心素养与学科无关，基础教育去学科化，强调综合，提倡从现象学的视角研究教育；当然，更多学者认为核心素养需要“落地”，要转化为学科关键素养或能力。在思考这个问题之前，不妨先来研究核心素养与课程之间的关系。

一方面，有些国家或地区通过修订课程标准的具体内容设置，来体现基于核心素养的课程改革。例如：台湾的课程改革特点是依据国民核心素养制定各教育阶段的核心素养，考量不同教育阶段领域和科目的特性，并与各领域科目进行统整的课程设计，形成“领域科目核心素养”。核心素养在日本被翻译为“关键能力”，日本文部科学省正在为大学教育至初等教育编制以“关键能力”为核心的课程，并要求大学及中小学予以实施。另一方面，对于诸如美国这种没有国家层面课程标准的分权国家来说，核心素养体系框架本身就是推动课程改革的动力①。

在国内，基于核心素养，对课程改革展开的研讨主要分为两类。

(1) 其一，是在核心素养理念的观照下，对课程改革的理论探讨

核心素养与学科课程教学，两者之间是什么关系？一方面，核心素养引领着学科课程教学；另一方面，学科课程教学，是核心素养发展的路径。

钟启泉提出基于核心素养的课程发展需要有一个明晰的界定框架：① 作为教育目标明确地界定能够应对社会变化的素养与能力；② 教育目标必须以诸如"问题解决能力"之类的"21 世纪生存能力"直接挂钩的形式，把教育目标加以结构化；③ 素养与能力的培育必须借助体现了学科本质的教学来支撑②。

顾明远提出为了发展学生的核心素养，基础教育学校在课程改革方面要进行三方面的努力：第一，将身心健康放在课程目标的首位；第二，课程教学要培养学生终身学习的能力；第三，课程内容及实施要为学生打下走向社会的基础③。

辛涛等依照学生核心素养与课程体系相对独立的程度不同，将世界各国和地区的核心素养体系在教育教学实践领域的应用模式大致分为三类。第一类模式：核心素养独立于课程体系之外，由专门的机构进行研制和开发，之后逐渐与课程和教学相融合，代表者有美国、澳大利亚和我国台湾地区等。第二类模式：在国家的课程体系中规定了要培养学生哪些核心能力和素养，并指导课程的内容的选择与设置，代表国家主要是芬兰。第三类模式：没有单独的体系对学生的核心能力和素养做出规定，但国家的课程体系当中的许多部分都体现了培养学生核心能力和素养的宗旨，代表国家主要是日本和韩国④。

张华提出在核心素养背景下，我国基础教育课程改革究竟该如何"再出发"的思考。首先，要使我国课程改革走向深度国际化；其次，要继承并发扬我国教育民主化的优良传统；再次，要构建我国素养本位的课程与教学新体系⑤。

---

① 肖驰，赵玉翠，柯政.基于核心素养的课程政策——第十三届上海国际课程论坛综述[J].全球教育展望，2016(1)：113－120.

② 钟启泉.基于核心素养的课程发展：挑战与课题[J].全球教育展望，2016(1)：3－25.

③ 顾明远.核心素养：课程改革的原动力[J].人民教育，2015(13)：17－18.

④ 辛涛，姜宇，王烨辉.基于学生核心素养的课程体系建构[J].北京师范大学学报(社会科学版)，2014(1)：5－11.

⑤ 张华.核心素养的课程与教学价值[J].华东师范大学学报(教育科学版)，2016(1)：7－9.

蔡文艺、周坤亮通过分析苏格兰以“核心素养”为中心的课程设计，阐述其标准制定和落实过程，提出核心素养是制定课程标准的灵魂，课程是培养核心素养的载体，评价设计应指向核心素养等建议①。钱丽欣提出学校应在学生核心素养理论的指导下，以课程整合为依托，促进课程体系的改革与发展，逐渐建立以学生核心素养为中心的新课程体系，这将是学校追求课程发展的一条关键路径②。

蔡清田介绍了我国台湾十二年国民基本教育课程改革“核心素养”的意涵与理据，指出核心素养可作为各领域、各科目垂直连贯与水平统整课程设计的核心③。与此同时，他也指出“国民核心素养”与“领域/科目核心素养”之课程统整设计④，强调“国民核心素养”重视知识、能力与态度统整的重要性以及“国民核心素养”重视与学习者的生活情境进行统整的重要性⑤。

邵朝友等通过研究，指出国际课程标准研制经验表明，学生核心素养与学科课程存在两种基本关系：一是每门学科课程都承担起学生核心素养的培养责任，二是不同学科对学生核心素养有着不同的独特贡献⑥。在此基础上，提出研制基于学生核心素养课程标准的建议。

(2) 其二，是在核心素养理念的观照下，对课程改革的实践探索

左璜围绕不同范型的核心素养体系，结合本土情境脉络，分析了法国、新西兰、美国、澳大利亚、我国台湾等相关国家或地区开展的以核心素养为本的基础教育课程改革，主要表现在：课程目标的更新、课程内容结构的调整、课程实施过程的创新、课程评价内容与形式的变革⑦。

夏雪梅以学生核心素养与课程的关联一致性作为划分标准，将当前的学

---

① 蔡文艺，周坤亮.以“核心素养”为中心的课程设计——苏格兰的经验和启示[J].辽宁教育，2014(7)：87-90.

② 钱丽欣.课程整合：回应未来社会对学生核心素养的期待[J].人民教育，2015(24)：33-35.

③ 蔡清田.核心素养在台湾十二年国民基本教育课程改革的角色[J].全球教育展望，2016(2)：13-23.

④ 蔡清田.国民核心素养之课程统整设计[J].上海教育科研，2016(2)：5-9.

⑤ 蔡清田.台湾十二年国民基本教育课程改革核心素养的回顾与前瞻[J].教育学术月刊，2015(10)：105-111.

⑥ 邵朝友，周文叶，崔允漷.基于核心素养的课程标准研制：国际经验与启示[J].全球教育展望，2015(8)：14-22.

⑦ 左璜.基础教育课程改革的国际趋势：走向核心素养为本[J].课程·教材·教法，2016，36(2)：39-46.

校课程分成六种水平，并以某学校的课程干预研究为例，将一所处于水平 2 的学校提升到水平 4，构建实质关联的学校课程的路径①。

窦桂梅、汤卫红等以清华大学附属小学为例，将学生核心素养概括为五个方面：身心健康、成志于学、天下情怀、审美雅趣和学会改变，构建基于学生核心素养发展的“1＋X 课程”，以课程为依托，将核心素养转化为学生学习的生产力②③。

朱向峰采用了以大数据为策略的实证研究方式，从学情分析、课程目标、课程实施等方面构建了适合学生当下与未来发展、以综合实践为呈现形式的多元活动课程，尤其关注课程与学科课程的关系、与思维品质培养的关系、与学生心灵成长的关系和与核心素养培养的关系④。

潘文彬提出，课程教学应以核心素养为圆心展开，要理解和把握课程的意蕴，要改进和优化教学的方法，要研究和转变学习的形式，并践行指向核心素养的“儿童问学课堂”的教学主张，以此拉动和推进学校课堂教学改革⑤。

当然，核心素养的落地，不仅在课堂！课程改革是从知识核心时代走向核心素养时代的必然要求，核心素养体系能够将各学科课程统筹整合，更应该在各个学科课程中得到个性化教育向度的发展⑥。核心素养为课程内容的确定提供了重要依据，核心素养能够引领教师课堂教学。

5. 核心素养评价研究

进入 21 世纪以来，核心素养评价成为我国基础教育领域备受关注的核心语词与焦点论域，国内外对于核心素养评价的研究也在逐步展开。如何评价学生核心素养？核心素养要“可学、可教、可评”，学生发展核心素养体系要能转化为清晰的、具体的学科核心素养⑦。

---

① 夏雪梅.基于学生核心素养的学校课程建设：水平划分与干预实例[J].课程·教材·教法，2013，33(7)：11－16.

② 窦桂梅，胡兰.“1＋X 课程”与学生发展核心素养[J].人民教育，2015(13)：14－16.

③ 汤卫红.基于学生发展核心素养的课程设置——清华附小“1＋X 课程”设置特点探析[J].中小学教师培训，2015(8)：33－35.

④ 朱向峰.从蒲公英课程走向核心素养培育[J].江苏教育研究，2016(2)：86－90.

⑤ 潘文彬.指向核心素养：儿童问学课堂的意蕴[J].江苏教育研究，2016(4)：20－24.

⑥ 石鸥.核心素养的课程与教学价值[J].华东师范大学学报(教育科学版)，2016(1)：9－11.

⑦ 赖配根.找到核心素养落地的“力量”[J].人民教育，2016(3)：116－117.

一方面，核心素养评价体系的建立，标志着考核标准从学业成绩到综合素养的变化；另一方面，由于核心素养的整合性、整体性和发展性，使得核心素养的评价有一定的难度。

（1）国外学者的代表性研究

关于核心素养的评价，最为典型的即 PISA 国际学生评价项目，它与传统的纸笔测验不同，侧重评价在课程改革过程中，学生核心素养的发展，并注重学生参与社会活动、终身学习的能力。另外，西班牙也有一套较为完善的教育质量监控和评价习题，用国家考试的方法诊断学生的素养习得状况，从而对核心素养课程进行结果评价①。由于评价指向基于核心素养的课程，在选择题目时必须注意三点：第一，考场是否具备将素养表现出来的环境和情境；第二，应当让学生在真实情境中展现素养行为；第三，学生不仅在教育情境中，还能在日常生活中表现出知识、技能和态度。

英国政府颁布的英国普通中小学校督导评价指标使用了学生的学业成就以及乐学程度、学生安全感程度、学生行为表现程度、学生健康生活方式程度、学生对学校和社区贡献程度、学生出勤情况、学生是否掌握适应未来工作的能力和学会保障经济无忧技能以及学生在精神、道德、社交和文化等方面发展程度等八个维度和其测评点去评价学生的学习效能和核心素养，为我国构建此类指标体系或测评点提供了借鉴与参考②。

除此之外，对于核心素养的评价，有些以质性评价为主，也有些利用信息技术来进行可视化测量评价。例如：澳大利亚墨尔本大学 Patrick Griffin 教授提出"问题解决能力"可以通过信息技术，将其设置在一个数字化的环境中，开发合作解决问题能力测评任务，学生在网络上完成相应任务，对学生的观察和测评通过电子化的操作完成③。

（2）国内学者的代表性研究

刘新阳、裴新宁对欧盟"ET2010 计划"的 2010 年进展报告、Eurydice 关于基础教育领域核心素养现状的报告、"重新思考教育"计划的专题报告进行

---

① 尹小霞，徐继存．西班牙基于学生核心素养的基础教育课程体系构建[J]．比较教育研究，2016(2)：94－100．

② 孙河川，向琴群，金蕊．如何评价学生的学习效能和核心素养：以英国督导测评点为例[J]．现代教育管理，2016(4)：68－74．

③ 肖驰，赵玉翠，柯政．基于核心素养的课程政策——第十三届上海国际课程论坛综述[J]．全球教育展望，2016(1)：113－120．

了分析，就报告中对核心素养的评价现状和问题进行了阐述，具体归纳为以下五个方面：第一，将对核心素养的评价纳入主流；第二，将核心素养转换为可观察的外显表现；第三，丰富和扩展总结性评价；第四，重视形成性评价；第五，探索信息技术在评价中的应用①。

史宁中指出，基于核心素养的评价要关注思维品质、考察思维过程。传统的评价是基于知识的评价，主要考查学生对知识点了解、理解、掌握的程度，而未来的评价除了考查知识技能，还要关注学生对知识的理解，关注学生思维能力的达成②。

彭小念提出核心素养评价应采用多维度评价，设立多层次等级，对同一维度学生表现出的不同水平进行评价；并且，评价方式尽量多样化，兼顾核心素养发展的持续性、全面性等原则③。索桂芳提出开展核心素养评价，应处理好核心素养评价与现有评价的关系，以核心素养为统领，整合、改造、优化现有评价④。

由于核心素养有其独有的知识性、情境性、表现性、技能性，所以评价理念、评价方式、评价方法和评价内容的转变和创新，是核心素养评价的关键。

6. 核心素养教育教学实践问题的研究

21 世纪核心素养如何培养？核心素养教育重点在养，没有养哪有成！⑤教学应以课程为核心载体，为学生提供促进其发展的知识以及帮助其学习的素养。国内外许多学者，开展了核心素养教育教学实践问题的思辨和实证研究。

（1）核心素养教育教学问题的思辨研究

朱小蔓就学生核心素养的发展，提出建议：保护、尊重是核心素养发展的基础，分科教学与课程整合共促学生素养发展⑥。褚宏启等认为我国应根据人的发展与社会发展的要求确定核心素养，突出“关键少数”素养，并将核心素

---

① 刘新阳，裴新宁.教育变革期的政策机遇与挑战——欧盟“核心素养”的实施与评价[J].全球教育展望，2014(4)：75 - 85.

② 史宁中.推进基于学科核心素养的教学改革[J].中小学管理，2016(2)：19 - 21.

③ 彭小念.学生核心素养结构模型的建构及其评价[J].基础教育研究，2016(3)：10 - 12.

④ 索桂芳.核心素养评价若干问题的探讨[J].课程·教材·教法，2017，37(1)：22 - 27.

⑤ 代安荣.核心素养教育重点在“养”[J].教育论坛，2016，29(4)：90 - 91.

⑥ 朱小蔓.将学生核心素养的发展作为小学教育的使命[J].人民教育，2015(13)：19 - 21.

养具体转化为针对不同学段学生的具体素质发展的阶段性要求①。培育学生核心素养，需要从课程体系开发、教学方法改进、教师素质提升以及评价改革等方面着手。

辛涛、姜宇认为构建学生核心素养体系是落实社会主义核心价值观的客观要求，课程是培养学生核心素养、落实核心价值观教育的根本途径，教育评价是检验核心素养与核心价值观教育成果的重要手段②。刘义民在分析国外核心素养研究的基础上，提出我国核心素养研究要契合个体和社会发展，课程变革需强化对教育信息的快速反应，要建构一体化课程研究机制③。

钟启泉探讨了基于核心素养的单元设计的意义与价值、建构主义单元设计的要素及其发展趋势与基本诉求。单元设计是教师教学活动的重心所在和永恒的主题，基于核心素养的单元设计是撬动课堂转型的一个支点④。

刘鸿儒、凌秋千从“个性化”教育向度出发，提出实施个性化教育正是基于受教育者的核心素养培育，发掘个体蕴含的潜能，生成终身发展所必需的核心素养，从而使其获得个体生命特质的提升，实现个体的综合全面发展⑤。

(2) 核心素养教育教学问题的实证研究

Eurydice 发布了一份题为《在欧洲学校中发展核心素养：政策机遇与挑战》的报告，对核心素养的课程实施现状与问题进行了较为全面和深入的调研。该报告对 32 个 Eurydice 网络成员国家(含当时欧盟全部 27 个成员国，外加冰岛、列支敦士登、挪威、克罗地亚及土耳其)小学、初中和高中(ISCED 等级 1—3 级)2011 至 2012 学年的课程和评价方面进行了统计调查，指出了面临的几个关键问题：在政策层面，学校教育中的核心素养培养需要更具战略性的政策支持；在内容层面，需要在跨学科素养的培养上做出更大努力；在学生层面，一方面是减少基本能力(母语、数学和科学)方面低成就学生的比例，

---

① 褚宏启，张咏梅，田一.我国学生的核心素养及其培养[J].中小学管理，2015(9)：4-7.

② 辛涛，姜宇.以社会主义核心价值观为中心 构建我国学生核心素养体系[J].人民教育，2015(7)：26-30.

③ 刘义民.国外核心素养研究及启示[J].天津师范大学学报(基础教育版)，2016，17(2)：71-76.

④ 钟启泉.单元设计：撬动课堂转型的一个支点[J].教育发展研究，2015(24)：1-5.

⑤ 刘鸿儒，凌秋千.基于“个性化”教育向度的“核心素养”培育[J].现代教育管理，2015(8)：95-99.

另一方面则是鼓励更多的学生投身数学、科学和技术领域①。

Gabor Halasz 等研究发现，政府推动课程改革的意愿和推行课程改革的能力是决定教育政策落实效果的两个重要因素，在课程政策的实施过程中，教师能力培训、教育行动计划、测量评价以及课程计划与课程标准四个要素相互影响、相互依赖，对课程实施的成效起到关键作用②。

浙江大学附属中学对高中生核心素养培养进行校本探索，在绿色体育文化中培养健康力，在各种活动和课程群中培养人格力，在权威专家指导下系统研究和提升学习力，在"七位一体"的生涯教育中培养规划力。在深刻理解和不断进行实践改进的基础上，科学建构高中生核心素养评价体系③。

清华大学附属小学的窦桂梅、汤卫红在实践中积极探索"1＋X课程"，如何让核心素养在教育实践中落地，并提出要令学生养成影响其一生的习惯，促进其核心素养的可持续发展④。

学者们从不同侧面，论述了学生核心素养培养的途径。核心素养教育教学实践策略的提出，旨在让学生素养的发展更加系统、连贯，细化到课程学习中，贯穿各个学科、各个学段，将知识和技能的传授内化为学生的品格和能力。

核心素养是个结构，在研究把握上位的，即一般性核心素养的同时，还必须研究把握学科核心素养⑤。学生核心素养的培养，最终要落在学科核心素养的培育上。核心素养与学科素养之间的关系是全局与局部、共性与特性、抽象与具象的关系⑥。

学者们从不同侧面，论述了学生核心素养培养的路径。究其根本，核心素养教育教学实践体系的构建，旨在让学生素养的发展更加系统、连贯，细化到

---

① Eurydice Network.Developing Challenges and Opportunities for Policy at School in Europe：Key Competences［EB/OL］.（2011－2012）［2013－09－01］. http://eacea.ec.europa.eu/education/eurydice/documents/thematic_reports/145EN.pdf.

② G. Halasz, A. Michel. Key Competences in Europe: Interpretation, Policy Formulation and Implementation［J］. European Journal of Education, 2011, 46(3)：289－306.

③ 申屠永庆，缪仁票."五力"相成 评育结合：高中生核心素养培育的校本探索［J］.中小学管理，2015(9)：15－18.

④ 窦桂梅，汤卫红.核心素养的学校应答——以清华大学附属小学为例［J］.中国德育，2016(1)：32－34.

⑤ 成尚荣.回到教学的基本问题上去［J］.课程・教材・教法，2016，35(1)：21－28.

⑥ 钟启泉.读懂课堂［M］.上海：华东师范大学出版社，2015：23.

课程学习中，贯穿各个学科、各个学段，将知识和技能的传授内化为学生的品格和能力。

7. 核心素养研究的反思与建议

基于知识图谱对国内外核心素养的量化研究以及热点问题相关文献的质性分析，发现核心素养的进一步研究，可以从以下几个方面进行深入思考。

(1) 核心素养研究抑或学科核心素养研究

核心素养研究大致有两类不同的研究取向，一是"核心素养研究"，即从素养本身的特性出发，在教育视角下形成核心素养的研究；二是"学科核心素养研究"，即从学科素养的特性出发，以核心素养的视角加以审视，形成学科核心素养研究。此外，两种研究也衍生出不同的核心素养内涵及其构成要素。就"学科核心素养研究"而言，数学、物理、化学、生物、语文、历史、政治、地理、艺术、音乐、美术、体育与健康、通用技术、信息技术、英语等各学科均提出核心素养构成要素，将学生核心素养的培养，落点在学科核心素养的培育上。

两种研究思路似乎可以"花开并蒂"，首先，核心素养研究应统领小学、初中、高中不同层次、学阶的教学，彼此关联、相互作用。其次，核心素养研究应遵循不同学科的教学规律，顺应学科能力的发展，有其学科独有的"味道"。再次，核心素养研究必然与教学的其他因素相关。诸如：核心素养与课程设计、教材、教学方式、学业评价的关系，核心素养与学生个体认识信念、认知风格、非智力因素的关系等，都是值得研究的内容。

(2) 知识(能力、技能)评价抑或素养评价

现有的评价方式大致有三类：一是水平达标类，主要包括：中考、高考、学业水平考试、基础教育质量检测、综合素质评估等；二是水平发展类，主要包括：各类等级考试、学科竞赛等；三是水平提升类，主要包括：高校自主招生、综合评价招生等。这一类评价方式多以知识、能力(或技能)考核为主要方式，以分数为主要评价指标，并被大家接受和认可，运转得较为成熟。那么，换成核心素养评价方式，从评价理念到评价指标、评价内容、评价方式等进行一系列的变化，是否可行?

核心素养评价不可能完全取代原有的评价方式，它只能整合、完善、优化已有的评价方式，并且核心素养评价标准的制定是基础，采用什么样的方法对核心素养进行评价是核心，如何呈现、使用核心素养评价的结果是重点。其一，核心素养评价标准要与课程标准、学业质量标准紧密结合，不同学科、不同学段均有明确的要求，每个学生核心素养发展水平均有明确的划分，有标尺才能进行衡量。其二，核心素养的评价方法要多样化，评价试题的研发是关键，

对于不同的评价内容，应选取适合的评价方法。其三，核心素养评价结果的反馈，需要定量呈现、定性表述，融通评价结果的数据库、数据链和数据流，诊断学生核心素养发展，改进教学，服务教育政策咨询。并且，核心素养的评价要作为招生考试的重要依据，才能够真正发挥核心素养评价的导向作用。

(3) 学生核心素养抑或教师核心素养

学生核心素养和教师核心素养研究都离不开其对教学实践的关注，只是研究点可能会在不同的层面上。“学生核心素养研究”更强调学生培养过程中，不同阶段核心素养发展的特性，即学生适应社会发展所需要的核心素养状况。“教师核心素养研究”指教师在参与教师教育、从事教育教学以及开展教研活动中形成和发展的，能够适应社会发展、学科发展和教师自身专业发展所必需的专业修养、关键能力、必备品质。

两者研究对象不同，必然有所区别；但均指向核心素养，也更有可能相得益彰。教师的文化修养、教育精神、道德修养、学习创新能力、沟通合作能力、教育教学能力等核心素养，必然会影响着教学以及其所培养的学生。学生的人文底蕴、科学精神、学会学习、健康生活、责任担当、实践创新等核心素养的发展，势必会从需求的角度向教师“索食”，教师如何“反哺”学生，则有赖于教师核心素养的水平。因此，系统探索核心素养的生成机制，需要同时开展学生和教师核心素养的研究。

综合以上几个方面的论述，核心素养研究的探索可用图2-12表示。

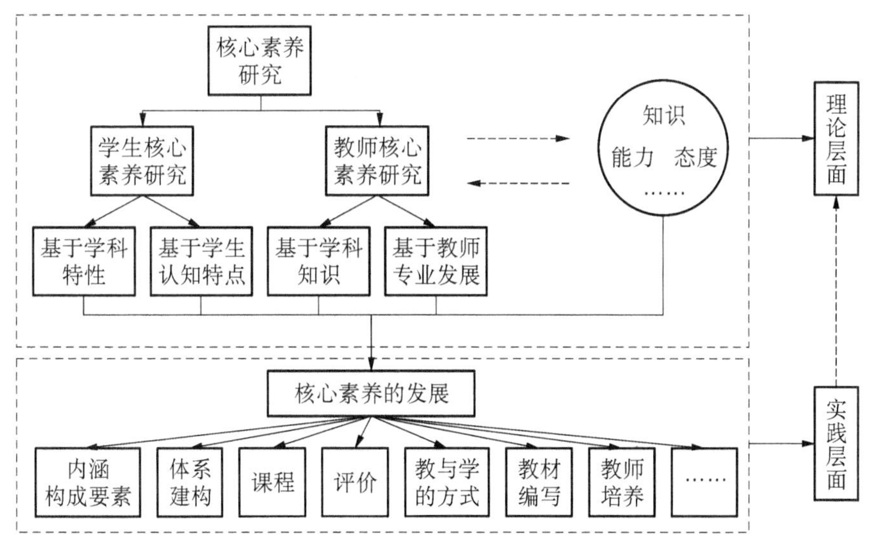

图2-12　核心素养研究的路径

核心素养研究，需要教育者从教育、学科教育、素养发展、学生与教师等角度，进行多样化的解读。核心素养发展，不是几个素养的加减法或乘除法，而是不同素养的综合运算，并且，运算法则的制定，有一个持续、渐变、递进的过程；运算结果，即培养真实世界中健全的人。

学科核心素养将成为下一步研究的重点，在学科核心素养的视域下重建课程是本次课程改革（修订）的亮点。学科核心素养是一根主线（红线），统领着学科课程知识的选择、课程内容的组织、课程难度的确定、课程容量的安排以及课程的实施和学业质量标准的确立①。如何将核心素养的培养，整合、落实到各个核心学科的教学中也是我们共同关注的热点。

2.3.2　数学核心素养研究现状

数学核心素养是构建数学思想体系的“基石”，而数学知识的联系则是构建数学思想体系的“骨架”，所以，应辩证理解数学核心素养的培养与数学知识教学之间的关系，切实做好由“知识核心”向“素养核心”的重要转变，逐渐“走向数学核心素养”。数学核心素养不仅体现在数学知识与技能的拥有数量等显性方面，更潜移默化地体现在一个人数学化地思考问题、解决问题时所展现出来的品质、能力等。

1. 研究图景

(1) 文献年度分布

自 2013 年以来，数学核心素养逐渐成为诸多学者关注的话题，其研究也得到了持续深入的发展（如图 2－13 所示）。随着核心素养的提出、新一轮课

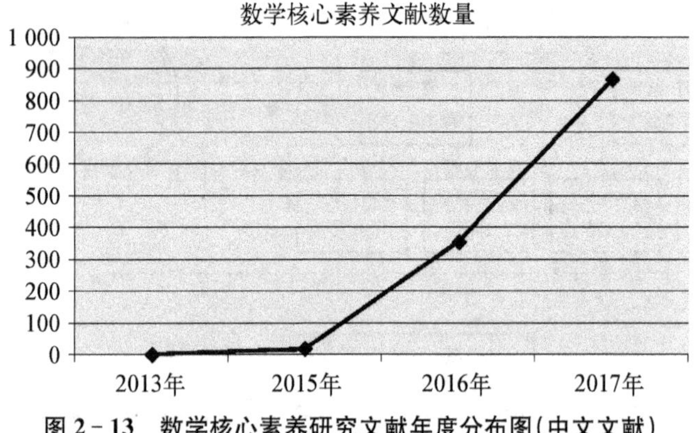

图 2－13　数学核心素养研究文献年度分布图（中文文献）

① 余文森.从三维目标走向核心素养[J].华东师范大学学报（教育科学版），2016(1)：11－13.

程改革的推进，数学核心素养的研究在 2017 年，出现了热潮；近四年来，数学核心素养的研究，均呈现上升的趋势。

(2) 关键词共现分析

① 中文文献关键词。

导入文献后，type node 选"Keyword"，top N 选"top 15"，选择最小生成树算法精简网络，得到共词图谱(图 2-14)和关键词频次表(表 2-7)。

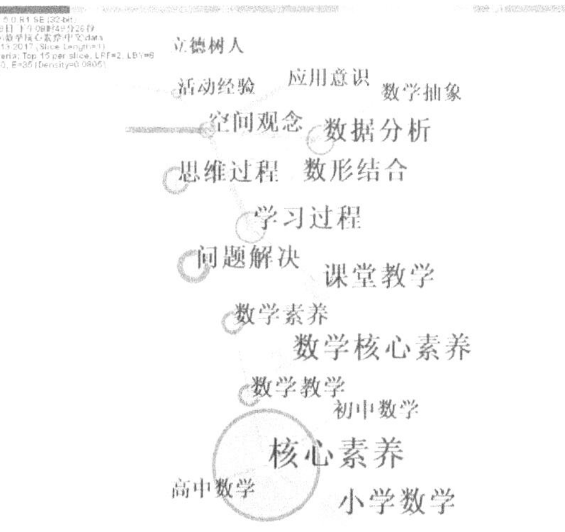

图 2-14　共词图谱(中文文献)

表 2-7　关键词频次表(中文文献)

序号	关键词	频次	序号	关键词	频次
1	核心素养	347	11	数学素养	56
2	数学核心素养	150	12	数学教学	55
3	小学数学	138	13	空间观念	50
4	课堂教学	121	14	立德树人	49
5	学习过程	101	15	活动经验	48
6	数据分析	96	16	数学抽象	39
7	数形结合	77	17	初中数学	35
8	问题解决	75	18	课程标准	35
9	思维过程	71	19	高中数学	34
10	应用意识	57	20	合情推理	33

通过对关键词的分析，可以了解数学核心素养研究的方向与焦点。从图 2－14 和表 2－7 可以看出，与“数学核心素养”相关词汇较多，主要有两类：一类是与数学核心素养研究目标相关的，如核心素养、课堂教学、学习过程、问题解决、立德树人等；另一类是与数学核心素养特征相关的，如数据分析、数形结合、空间观念、数学抽象、合情推理等。从关键词图谱分析可见，国内外数学核心素养的研究，正在向纵深发展，相关的理论研究已较为完善，并侧重数学核心素养的课堂教学渗透以及问题解决素养的培养等应用型问题的解决。

② 英文文献关键词。

在 Cite Space 界面中 type node 选“Keyword”，top N 选“top 50”，选择最小生成树算法精简网络，得到 136 个节点、124 条连线的共词图谱（图 2－15）和关键词频次表（表 2－8）。

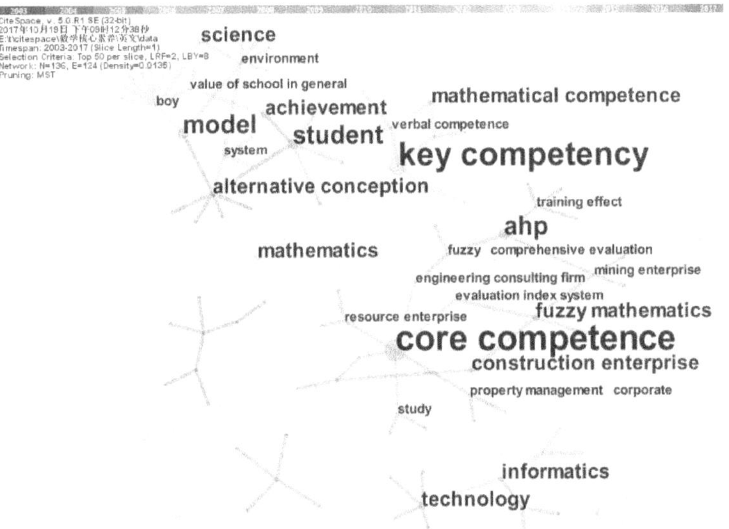

图 2－15　共词图谱（英文文献）

表 2－8　关键词频次表（英文文献）

序号	关键词	频次	序号	关键词	频次
1	core competence	6	4	ahp	3
2	key competency	5	5	student	3
3	model	3	6	construction enterprise	2

（续表）

序号	关键词	频次	序号	关键词	频次
7	achievement	2	14	alternative conception	2
8	fuzzy mathematics	2	15	education	1
9	science	2	16	verbal and mathematical competency	1
10	mathematics	2	17	framework education programme	1
11	informatics	2	18	secondary-tertiary transition	1
12	technology	2	19	multi profile education	1
13	mathematical competence	2	20	computer based assessment	1

分析发现：国外对数学核心素养的关注较早，但各关键词频次较低，主要围绕核心能力、数学能力、多元教育、基于计算机的评价等核心词展开研究。研究热点较为零散，但偏重于实证研究，倾向于解决一些具体的问题，对数学核心素养的研究综述、焦点问题、研究前沿较为关注。

（3）作者图谱分析

在 Cite Space 界面中选择“Author”，选择最小生成树算法精简网络，得到作者合作网络图谱（图 2－16 和图 2－17）。

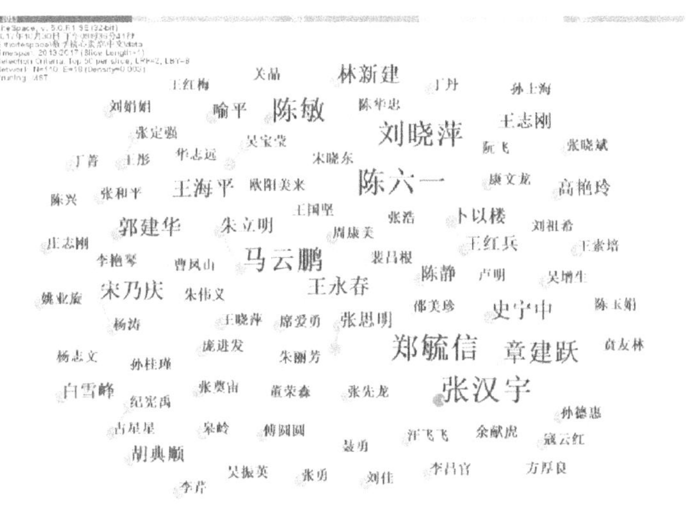

图 2－16　作者图谱（中文文献）

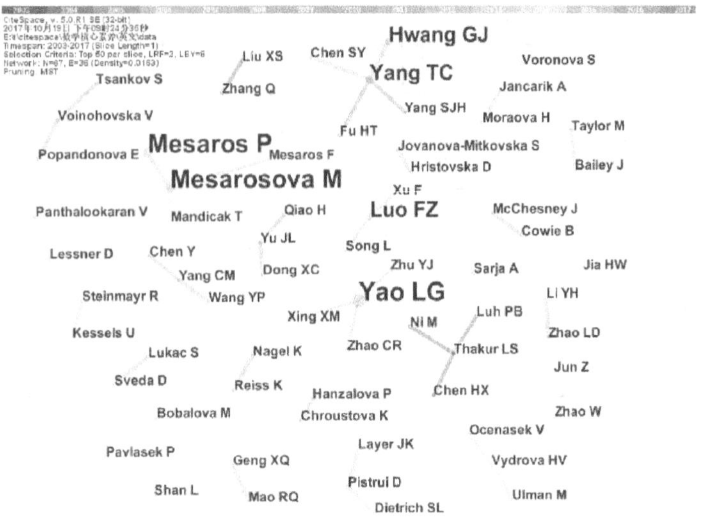

图 2-17 作者图谱(英文文献)

从国内作者合作网络图谱可以看出,部分数学核心素养研究者发文较多(年轮的厚度及字体大小与作者发文量成正比),例如:张汉宇、陈六一、郑毓信、刘晓萍、马云鹏等。作者有的是高校研究者,也有的是一线中小学教师。但是,作者整体的发文频次较低(最多的为 10 篇),并且作者间连线较少,说明多为自主独立研究,缺乏合作交流研究,核心作者群尚未形成。国外作者合作图谱显示,作者间的合作研究较为普遍,但总体文献数量偏少,主要集中在 Mesaros P、Yao LG、Mesarosova M 等人。

综上,数学核心素养的研究大致可以分为概念厘清和初步探索两个阶段。

2. 数学核心素养研究的概念厘清阶段

在概念厘清阶段,学者们主要吸纳国内外核心素养研究的经验,进行核心素养概念的认识以及对数学核心素养这样一种学科核心素养,进行内涵和外延的思考。

(1) 数学核心素养内涵及成分的观点争鸣

张奠宙先生认为数学核心素养包含具有数学基本特征的思维品格和关键能力,是数学知识、技能、思想、经验及情感、态度、价值观的综合体现①。在高

① 洪燕君,周九诗,王尚志,等.《普通高中数学课程标准(修订稿)》的意见征询——访谈张奠宙先生[J].数学教育学报,2015,24(3):35-39.

中阶段，课程标准里拟定了六个数学核心素养，分别是抽象能力、逻辑推理与交流、建模能力与反思、运算能力、几何直观和空间想象、数据分析与知识获取。同时，张先生认为，数学的核心素养，有“真、善、美”三个维度，在数学教学过程中，要厘清以下问题：数学核心素养中数学文化修养的体现，数学核心素养重点强调的素养是什么以及数学核心素养和数学“四基”之间的关系等。

国外一些研究，提出数学核心素养具有情景性，具体包括数学思维能力、表征能力、符号和形式化能力、交流能力、建模能力、拟题与解题（数学题处理）能力等①。其他国际学者更加重视对具体数学核心素养成分的研究，其中出现频率较高的素养为：数学问题提出、数学问题解决和数学交流。

依据《中国学生发展核心素养（征求意见稿）》给出的核心素养的概念，并结合数学学科特点，即将发布的《普通高中数学课程标准（修订稿）》这样描述数学核心素养：数学核心素养是具有数学基本特征、适应个人终身发展和社会发展需要的必备品格与关键能力，它是数学课程目标的集中体现，它是在数学学习的过程中逐步形成的②。

因此，我们认为，数学核心素养包含三种成分：一是学生经历数学化活动而习得的数学思维方式、数学地表达交流；二是学生获得发展所必需的关键数学能力；三是学生经历数学化活动而习得的数学品格以及健全人格的养成。

（2）数学核心素养培养相关问题的研究

诸学者在梳理数学核心素养概念的同时，对其发展及培养相关的系列问题，进行了探索与思考。

马云鹏对数学核心素养的几个问题进行了梳理，就如何理解数学核心素养，数学核心素养与数学基本思想、数学思想方法等之间的关系，进行了归纳总结③。鲍建生认为推理是最重要的数学素养之一，他结合变式教学理论和学习空间理论，提出基于关键属性的变式，扩展学习空间的设想。“推理这个核心素养我们怎么去打造？从哪些方面可以培养学生的推理素养？”④

---

① Turner, R. Exploring Mathematical Competencies［J］. Research Developments, 2011.24. Article. 5.

② 刘祖希.我国数学核心素养研究进展——从数学素养到数学核心词再到数学核心素养［J］.中小学教材教学，2016(7)：35－40.

③ 马云鹏.关于数学核心素养的几个问题［J］.课程·教材·教法，2015，35(9)：36－39.

④ 陈敏.聚焦数学核心素养——第六届中国小学数学教育峰会综述［J］.人民教育，2015(23)：46－47.

刘晓萍、陈六一在分析国内外研究者对数学素养的基本认识基础上，提出对小学数学核心素养的界定，既要注重核心素养的生成过程，又要注重核心素养的外显，强调在真实情境中的表现，体现课程标准中课程目标的要求①。

孙露对美国"21世纪数学技能地图"进行分析解读，根据其启示和经验，提出我国数学核心素养研究的三点建议：第一，数学核心素养的确定应基于核心素养框架；第二，数学核心素养的设计应保证横、纵向的融合贯通；第三，数学核心素养的实施应重视多维教育资源的开发②。

综上，学者们在研究数学核心素养的同时，主要从国外素养、核心能力等相关文献寻找核心素养发展的源头，梳理出数学核心素养概念及与其发展相关的基础性、关键性问题。

3. 数学核心素养研究的初步探索阶段

(1) 数学核心素养的理念构建

部分学者从数学思想、数学教学等视角出发，对数学核心素养体系的构建提出自己的建议。

彭翕成认为数学核心素养可以理解为三个方面、六个关键词，其一，用数学的眼光观察世界，即人从外界输入信息，发展数学抽象、直观想象素养；其二，用数学的思维分析世界，即人自身处理信息，发展逻辑推理、数学运算素养；其三，用数学的语言表达世界，即人向外界输出信息，发展数学建模、数据分析素养。三个方面实则是一个整体③。

曹培英从数学思想的角度出发，回顾数学思想融入小学数学课程的过程，分析数学思想与数学基本思想的关系，并指出数学基本思想承载了独特、鲜明的学科育人价值，可教、可学，是名副其实的学科核心素养④。

黄晓学基于教学的视角，将良好数学教育的标准概括为：一个宗旨，发展学生核心素养；两个基点，以揭示数学的真谛为基点，以激活学生的经验为基

---

① 刘晓萍，陈六一.小学数学核心素养的构成要素分析[J].课程教学研究，2016(4)：42－48.

② 孙露.美国"21世纪数学技能地图"内涵解读及启示[J].外国中小学教育，2015(10)：17－24.

③ 彭翕成.例说数学核心素养[J].教育研究与评论(中学教育教学)，2016(5)：36－40.

④ 曹培英.从学科核心素养与学科育人价值看数学基本思想[J].课程・教材・教法，2015，35(9)：40－48.

点;三个原则,实用性、伦理性、心理性原则①。

杨孝斌、吕传汉基于对核心素养的理解和讨论,结合数学课程标准的有关要求,提出数学教育可以从数学抽象、逻辑推理、数学建模、运算能力、直观想象、数据分析和个人修养等方面培育学生的核心素养,并且在小学阶段和中学阶段应各有不同②。

(2) 数学核心素养的课程渗透

部分学者从数学核心素养的培养出发,对数学课程设置提出自己的建议。

顿继安从基础、挑战与对策三个角度,思考基于核心素养的数学教学。他提出围绕核心素养设计数学课程的基础,数学教学面对学生核心素养培养的挑战,应探索有利于学生核心素养培养的数学教学观念与模式③。

李星云从我国小学数学教育专业课程设置存在的问题,国际小学数学教育专业课程的特点和先进经验以及全球化核心素养体系的需要出发,提出必须建构基于数学核心素养的小学数学教师课程体系④。

重庆市求精中学,就将数学思维与国防教育、未来教育、科技教育融合,促进特色学科及其课程建设。包括以“教育数学”为灵魂,基于学科本质,重构学科课程,培育学生核心素养⑤。

汤卫红、姜国明提出了“整合数学”的课程理念,即基于清华附小学生发展核心素养,通过统整、开发、重组、优化,融合适合学生的课程资源,以探究数量关系和空间形式为核心,以问题解决为载体,以提升数学素养、实践能力和创新意识为最终追求⑥。

(3) 数学核心素养的评价研究

目前,有一些关于数学核心素养的评价研究。例如:有的学者通过问卷调

---

① 黄晓学.良好的数学教育——基于教学的视角[J].江苏师范大学学报(自然科学版),2016,34(1):24-27.

② 杨孝斌,吕传汉.论数学教育对中小学生核心素养的培育[J].兴义民族师范学院学报,2015(5):74-79.

③ 顿继安.基于核心素养的数学教学:基础、挑战与对策[J].中小学教材教学,2015(9):44-47.

④ 李星云.基于数学核心素养的小学数学教师课程体系建构[J].教育理论与实践,2016,36(11):45-48.

⑤ 庞梅.学科特色课程:学科文化与学校特色的深度融合[J].中小学管理,2015(11):14-15.

⑥ 汤卫红,姜国明.整合数学:改变学生的学习样态[J].人民教育,2015(13):30-32.

查的形式，开展基于区域的小学生数学核心素养评价体系的实践研究①；有的学者积极开展数学课堂评价，来落实核心素养目标②；有的学者立足课程标准，对高考数学试卷进行分析，凸显其对数学核心素养的考查③。

有的学者结合学业水平质量检测工作，对初中生数学核心素养发展状况进行调查研究，例如：董林伟、喻平根据高中课程标准修订组提出的 6 个数学核心素养，建立三级指标体系，并对其进行水平划分；同时，对江苏省初二学生进行测试，数据分析表明：初二学生总体数学核心素养水平较高，但发展不平衡，城乡、不同区域、不同类型学校学生的核心素养水平存在差异，不存在性别差异④。部分学者选取初中学生为研究对象进行调查研究，对其数学抽象⑤、逻辑推理⑥、数学建模⑦、直观想象⑧、数学运算⑨、数据分析⑩核心素养开展质量监测。

喻平提出数学核心素养的评价应当基于知识学习的 3 种形态：知识理解、知识迁移、知识创新，不同的知识学习形态生成不同水平的数学核心素养⑪。

借鉴国外大型比较测试项目的研究，数学核心素养评价还有许多问题有

---

① 陈惠芳，刘晓萍.聚焦核心素养　改造数学课堂——基于区域的小学生数学核心素养评价体系的实践研究[J].小学数学教育，2016(12)：10－12.

② 蒋玉国，黄磊.开展数学课堂评价　落实核心素养目标[J].基础教育参考，2016(23)：38－39.

③ 董凯.立足课程标准　凸显数学思想　考查核心素养——2015 年高考数学试卷总体评价[J].中国数学教育，2015(7)：6－19.

④ 董林伟，喻平.基于学业水平质量监测的初中生数学核心素养发展状况调查[J].数学教育学报，2017，26(1)：7－13.

⑤ 殷容仪，赵维坤.基于质量监测的初中学生数学抽象发展状况的调查研究[J].数学教育学报，2017，26(1)：14.

⑥ 周雪兵.基于质量监测的初中学生逻辑推理发展状况的调查研究[J].数学教育学报，2017，26(1)：16.

⑦ 李贺，张卫明.基于质量监测的初中学生数学建模发展状况的调查研究[J].数学教育学报，2017，26(1)：19.

⑧ 徐德同，钱云祥.基于质量监测的初中学生直观想象发展状况的调查研究[J].数学教育学报，2017，26(1)：22.

⑨ 杭毅，侯正永.基于质量监测的初中学生数学运算发展状况的调查研究[J].数学教育学报，2017，26(1)：25.

⑩ 张爱平，马敏.基于质量监测的初中学生数据分析发展状况的调查研究[J].数学教育学报，2017，26(1)：28.

⑪ 喻平.数学核心素养评价的一个框架[J].数学教育学报，2017，26(2)：19.

待研究，包括：编制数学核心素养评价测试题，分析数学核心素养发展水平、研究不同年龄层次学生数学核心素养的状况等。

（4）数学核心素养的发展策略

部分学者，在对数学核心素养理解的基础上，提出其发展的策略。陈敏、吴宝莹认为数学核心素养，是指把所学的数学知识都排除或忘掉后剩下的东西，即能从数学的角度看问题，有条理地进行理性思维、严密求证、逻辑推理和清晰准确表达的意识与能力。从教学过程的维度看，数学核心素养的培养应从教学设计、课堂教学、教学评价等方面展开；教学设计，应体现"数学文化背景下的思维活动"的价值取向①。

庄惠芬认为：小学数学学科六大关键能力包括数学理解与数学表征能力、数学建模能力、数学逻辑思维能力、数学问题解决能力、数学推理与论证能力、数学交流与表达能力。以学科核心知识为中介，以数学问题解决为线索，以数学建模为路径，以思维与认知发展为旨归，可以提升学生的数学关键能力②。

王冰认为提高学生数学核心素养的基本策略主要有四个方面，即把握数学内容的整体性、注重数学教学的过程性、体现数学学科的思想性、提高"用数学"的自觉性③。曹培英认为落实数学学科核心素养培育的基本路径有：基础性内容不同、领域各有侧重的培育路径，综合性、拓展性内容专题教学的培育路径④。

数学核心素养的研究正在不断深化，在高中数学课程标准的修订中，数学核心素养成为一个讨论的焦点，如何界定数学核心素养，如何对数学核心素养进行评价等成为当前学界研究的热点、难点。

2.3.3　数学核心素养研究评述

1. 数学核心素养研究的反思

既然数学核心素养的发展是社会进步、课程改革、现代教育理论演变对人

---

① 陈敏，吴宝莹．数学核心素养的培养——从教学过程的维度[J]．教育研究与评论·中学教育教学，2015(4)：44 - 49.

② 庄惠芬．小学数学学科关键能力的培育策略[J]．教育理论与实践，2015，36(35)：59 - 60.

③ 王冰．提高学生数学核心素养的基本策略[J]．大连教育学院学报，2016，32(1)：39 - 40.

④ 曹培英．小学数学学科核心素养及其培育的基本路径[J]．数学教育学报，2017，37(2)：74 - 79.

的必然要求，那么，学生掌握数学知识、学会数学方法、理解数学思想、感悟数学本质、锻炼数学能力，是否就意味着数学核心素养的发展呢？理论与实践都需要我们以科学的方法论为指导，合理建构数学核心素养评价体系。

(1) 从研究切入点看

从研究切入点来看，数学核心素养首先具有数学学科的特点，它是在相关数学内容的学习与探究过程中生成的；它不是其他学科核心素养，而是具有数学学科特点的、可教、可学、可测的数学核心素养。数学核心素养成分的培育离不开它的土壤：数学内容。因此，数学核心素养评价的研究，应以现代数学观为指导、以数学学科特性为切入点。

(2) 从研究内容上看

数学核心素养的研究内容并没有覆盖数学核心素养研究领域的全野，在21世纪知识经济的总体发展目标下，核心素养的建构成为新教育的主轴，在这样的背景下，数学核心素养的研究势在必行。另一方面，数学核心素养是在教学的过程中逐渐形成的，那么它必然与教学的其他因素相关，然而，对数学核心素养的影响因素研究较少。诸如：数学核心素养与课程设计、教材、教学方式、学业评价的关系，数学核心素养与学生个体认识信念、认知风格、非智力因素的关系等。而且，就数学核心素养自身内部构成要素之间的关系也要进行深入的探索。

就数学核心素养的评价研究而言，不同学段学生的数学核心素养不同，教师和学生的数学核心素养也不同；由于高中生的品格、能力结构较为成熟和稳定，所以需要聚焦高中生数学核心素养，根据水平发展规律，以现代教育理论为指导，开展数学核心素养的评价研究。

(3) 从研究方法上看

科学研究需着眼于历史与逻辑的统一，数学核心素养的研究离不开数学、素养、数学素养、核心素养的发展历史，数学核心素养产生的社会背景；并以此为基础，来开展数学核心素养的水平划分和评价研究，不能将数学核心素养评价仅仅理解为一种知识、能力或者对素养的评价。

从以往的研究来看，一是干预性研究太少，主要表现在数学核心素养的评价研究方面。目前仅有少数研究者采用实验方法，绝大多数研究者采用经验总结或理性思辨法，缺乏实证性研究。二是研究方法比较单一，还需要结合定性、定量分析研究，使数学核心素养的研究更科学、合理。

(4) 从研究思路上看

数学核心素养研究，缺乏“理论”与“实践”的互通。已有的研究主要关注的是数学核心素养的内涵及构成要素等，并没有将理论研究成果融入课堂教学实践，在培养学生数学核心素养生成机制上，并没有形成理论研究成果的实践转化。

2. 数学核心素养研究的展望

(1) 数学核心素养内涵及其外延的再认识

深入开展基础教育改革，应关注核心素养这一关键问题，思考新世纪培养的学生应具备的最核心素养是什么？数学核心素养是与“去学科的核心素养”和“去核心的数学素养”密切相关的概念。那么，具体到数学学科，首要问题是界定数学核心素养的内涵及外延，即什么是数学核心素养？数学核心素养的内涵特征、学科价值、教育价值、具体表现如何？数学核心素养在课程标准中的体现及其对教学产生的影响等。

其一，应关注数学核心素养内涵的研究。随着数学核心素养的提出，数学核心素养中最有价值的、最不可缺少的素养也随之确定，数学核心素养构成要素的研究会更有指向性。所以，应进一步开展数学核心素养的内涵研究，研究数学核心素养的具体含义及其特征。

其二，应关注数学核心素养外延的研究。在目前的数学核心素养中，数学表达、数学交流、数学工具的使用等素养是贯穿于数学素养之中的，每个数学核心素养中都应关注这些素养的培养。所以，如何在数学核心素养中体现数学表达、交流、工具等外延性因素，是有待研究的重点。

(2) 数学核心素养体系建构的层次性、学科性和综合性

首先，数学核心素养体系的建构应符合数学学科的本质，统领小学、初中、高中不同层次、学阶的数学教学，彼此关联、相互作用。其次，数学核心素养体系的建构，应遵循数学思维发展规律，顺应数学基本能力的发展，有其数学独有的“味道”。再次，数学核心素养体系的建构，应关注其与三维、四基、四能之间的综合性。数学核心素养是一个“集合”概念，集知识、能力、品格等于一体，其发展应是一个多维、互动的过程。

一方面，数学核心素养体系的构建，从某种程度上来说，就是对传统的三维目标和四基、四能的打破，三者之间需要解构；另一方面，数学核心素养体系的构建，与三维、四基、四能之间是相互依存、相互发展的关系，它们之间又需要建构，在解构与建构的过程中，发展数学核心素养。

(3) 基于数学核心素养发展的课程改革实证研究

数学核心素养的“落地点”在课堂，课程改革的“阵地”也在课堂，因此，基于数学核心素养发展的课程改革，应立足于课堂，着力于学生学习品质和能力

的提升以及学校教育教学质量的提升。要在数学课堂教学中，真正落实数学核心素养，还有许多课题有待研究，诸如基于数学核心素养课程改革的国际经验、测量评价研究；基于数学核心素养的理念引领、课堂实践等。课程教学要培养学生学习数学的兴趣，课程内容的选择也要兼顾其应用性，即能够教给学生走向社会所必需的数学知识。

(4) 数学核心素养不同发展水平的评价研究

我国对于数学核心素养评价的研究较少，且没有较为系统完善的评价测试题。PISA 的数学评价测试给予了我们很多启示，应学习借鉴 PISA 对数学素养内涵的界定、评价方式(过程性评价、终结性评价)的确定、测评题型(多重选择、封闭式解答题、开放式建构题)的设置等，编制符合我国数学教学实际的数学核心素养测试题，对学生数学核心素养的不同发展水平进行评价，寻求学生为适应未来社会发展所必需的数学核心素养，为基础教育数学课程改革服务。

(5)数学核心素养生成策略的系统探索

数学核心素养生成策略的研究是一项复杂的系统工程，它是潜在的、多因素的，在课堂教学中不易操作，也不易训练。所以，系统探索数学核心素养的生成策略具有重要的意义。要实现数学核心素养理论与实践的融通，要从数学核心素养与课程设计、数学教学的关系角度研究教学。解决“五个 What”：对于重要的数学概念，通过什么样的教学情境，运用什么样的教学手段，经历什么样的过程，获得什么样的知识、技能、思想和经验，形成什么样的核心素养。数学核心素养产生于教学过程中，其生成是持续的、不断的、渐变的、递进的过程，需要数学教学有目的性地激发，更需要数学教学改革的创新实践。

第 3 章

数学核心素养评价的研究设计

高中生数学核心素养的评价研究，既包含对数学核心素养内涵的定性和定量分析、评价指标的构建；又包含对高中生数学核心素养状况的测量和评价。在研究过程中，主要依据 AHP 层次分析法、SOLO 分类法，运用了文献研究、问卷调查和软件分析等具体方法。

3.1　研究方法

3.1.1　AHP 层次分析法

层次分析法（Analytic Hierarchy Process，AHP）是由美国运筹学家萨蒂（T.L.Saaty）于 20 世纪 70 年代提出的一种将定量与定性相结合的决策方法，是一种多目标决策分析方法。其实质是采用一种多目标、多标准的两两比较法，列出一个指标系统各指标的优先顺序和权重系数①。

该方法的具体实施步骤如下②：

建立评价层次结构模型。通过分析各评价指标的重要性程度，将其分层排列，形成一个自上而下层次结构的评价模型。每个评价目标的评价结果可以通过下面的计算公式计算：

$$V(o)=\sum w_i v(o_i)$$

其中，$V(o)$表示评价结果，w 表示一级指标权重系数（该值可以用层次分

① 王莲芬，许树柏.层次分析法引论[M].北京：中国人民大学出版社，1990：8.

② 张炳江.层次分析法及其应用案例[M].北京：电子工业出版社，2014：26.

析法确定)。

拟定一级指标加权意见征询表及其说明。专家对评价指标进行比较,并按照相对重要性等级量表的规定,填选相应的等级数字。

将专家加权意见征询意见表及其说明,交由加权人员填写,形成专家加权意见征询表,构建评价目标判断矩阵 $\boldsymbol{A}$:

$$\boldsymbol{A}=\begin{bmatrix} a_{11} & a_{12} & \cdots & a_{1n} \\ a_{21} & a_{22} & \cdots & a_{2n} \\ \cdots & \cdots & \cdots & \cdots \\ a_{n1} & a_{n2} & \cdots & a_{nn} \end{bmatrix}$$

其中,判断矩阵中的各元素 a_{ij},表示子目标 o_i 相对于子目标 o_j 的重要程度的两两比较值。

对判断矩阵 $\boldsymbol{A}$ 的元素进行归一化处理,得到矩阵 $\boldsymbol{B}$。其归一化处理后的元素一般项为:

$$\boldsymbol{A}_{IJ}=\frac{a_{ij}}{\sum_{k=1}^{n} a_{kj}}$$

其中,a_{ij} 为原始数据($i,j=1,2,3,\cdots,n$)。

将矩阵 $\boldsymbol{B}$ 的各横行元素分别相加,得到向量 $\boldsymbol{C}$。其一般项元素是:

$$w_i=\sum_{j=1}^{n} a_{ij}\,(i=1,2,3,\cdots,n)$$

向量 $\boldsymbol{C}$ 反映了某一指标因素在评价指标体系中的重要程度。

将向量 $\boldsymbol{C}$ 的元素归一化处理,就得到权重向量 $\boldsymbol{D}$。其一般项公式为:

$$W_I=\frac{w_i}{\sum_{j=1}^{n} w_i}\,(i=1,2,3,\cdots,n)$$

向量 $\boldsymbol{D}$ 是表明个人权重系数的向量。

计算权重系数,各项指标的权重系数计算公式为:

$$w_i=\frac{1}{n}\sum_{j=1}^{n}\frac{a_{ij}}{\sum_{i=1}^{n} a_{ij}}$$

对专家确定的权重系数一致性进行检验。

AHP 层次分析法,通过对主观判断的客观描述,把专家的感性经验认识和理性逻辑分析相结合,提高了权重系数分配的科学性。因此,本研究在第 5 章“数学核心素养评价的模型分析与建构”中,根据专家对数学核心素养评价二级指标重要性的判断,运用层次分析法,分析数学核心素养评价二级指标的权重。

3.1.2　SOLO 分类法

观察到的学习结果的结构(Structure of the Observed Learning Outcome,SOLO)分类系统评价模式是澳大利亚约翰·比格思(John Biggs)教授创建的①。

SOLO 分类法的理论基础是结构主义学说,Biggs 认为,学习结构的复杂性主要包括两个方面:一是量的方面,即学习要点的数量;二是质的方面,即如何建构学习要点。根据这两方面要求,Biggs 把学习结果分为 SOLO 的五个水平②。

前结构水平(prestructural):学生并没有真正理解学习内容,只是用一种不负责任的态度来应付任务,或被以前所学的无关知识所困扰,找不到任何解决问题的办法。

单一结构水平(unistructural):学生关注题干中的相关内容并找到了一个解决问题的办法。

多元结构水平(multistructural):学生找到构成问题越来越多的、正确的相关特征,但只是简单罗列这些要点,还不具备将它们有机整合的能力。

关联水平(relational):学生会整合各部分内容而使其成为一个有机整体,表现为能回答或解决较为复杂的具体问题。

扩展抽象水平(extended abstract):学生会归纳问题以学习更多抽象知识,这代表一种更高水平的学习能力,这一水平的学生表现出更强的钻研和创造意识。

---

① Biggs, J. B. & Collis, K. F. Multimodal Learning and the Quality of Intelligent Behaviour[M]. In H.Rowe(Ed.), Intelligence, Reconceptualization and Measurement. New Jersey: Laurence Erlbaum Assoc, 1991: 37 - 38.

② Biggs, J. B. & Collis, K. F. Evaluating the Quality of Learning: The SOLO Taxonomy(Structure of Observed Learning Outcomes)[M]. New York: Academic Press, 1982: 46 - 49.

图 3－1 是每一种水平的图解，从中可以看出其结构随水平的增高而趋于复杂。

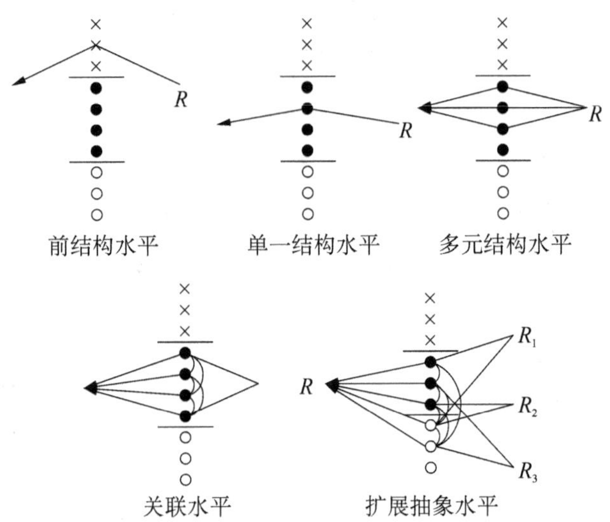

图 3－1　SOLO 模型描述的回答结构

注："R、R1、R2、R3"为学生对问题的回答；"弧线"为信息之间的相互联系；"×"为无关或者不合适的信息；"●"为有关而且明显给出的信息；"○"为有关的假定的但是没有明显给出的信息。

SOLO 分类法不仅可以用于学生学业的形成性评价，也可以用于终结性评价；对学生在数学问题解答中，所表现出来的数学核心素养水平的质性评价是一个较为合适的工具。

本研究将 SOLO 分类法作为对数学核心素养不同发展水平评价的依据，观察高中生数学核心素养的不同表现，并将其运用于开放型建构题的评价中。

3.2　研究技术路线

本研究的技术路线即"理论研究分析—评价指标分析—评价模型构建—素养水平剖析—核心素养调查"，围绕"数学核心素养评价模型、数学核心素养评价指标、数学核心素养水平划分、高中生数学核心素养评价"4 个问题展开研究。

在实验部分，研究一采用思辨和实证相结合的方式，探究数学核心素养基本要素、水平划分和指标内涵；研究二采用量化研究和质性分析的方式，进行数学核心素养不同水平下二级指标的权重分析；研究三选取高中生为研究对象，使用数学核心素养测评问卷，对学生数学核心素养进行评价研究；研究四对数学核心素养评价结果进行描述和分析，形成研究结论。

论文研究路线图，用图3-2表示如下：

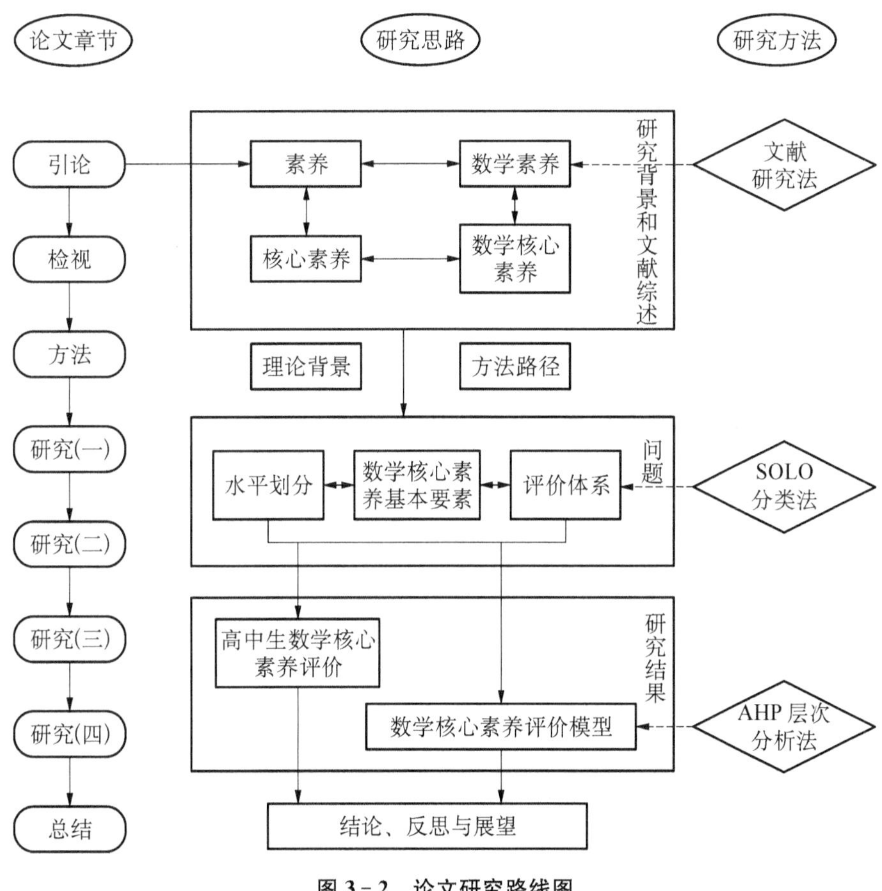

图3-2 论文研究路线图

由以上分析，可以看出研究的各个部分逐步深入、相互联系，围绕数学核心素养的水平划分与评价研究的主题，采用不同的研究方法，探究其显性与隐形内容；在理性思辨的基础上，开展实证研究；同时，在实证研究的过程中，辅以相关材料的质性分析。

3.3 研究对象

3.3.1 学校

为了分析数学核心素养内涵，构建数学核心素养评价指标体系，测量高中生数学核心素养水平，本研究采取分层抽样和整群抽样相结合的方法，选取合适的学校，作为研究对象。主要考虑学校的以下因素：

1. 学校的代表性

在学校的选取方面，尽量考虑到地区、学校的差异；预研究选取的学校位于江苏省无锡市、南京市、宿迁市。

正式施测选取的学校主要分为两种类型：一是在江苏省选择南京、常州、徐州、扬州 4 个城市，每个城市选择 2 所不同层次的学校，每所学校选择高一～高三 3 个年级中的普通班级，参与不同测试问卷（高一卷、高二卷、高三卷）的测试。二是选择北京市某中学，选取高一～高三的学生，参与同一套测试问卷（高一卷）的测试。

2. 学校的可行性

在学校的选择过程中，尽量选择在时间、人力、资源等因素上，都有充分保障的学校，以保证研究的信度和效度。例如：在选择施测学校时，会争取校长的认可和支持；另外，负责施测的教师，一般既是班主任又是该班级任课数学教师，这样在问卷施测的时间上有充分的保障。

3.3.2 数学教育研究者

在数学核心素养评价指标体系的建构过程中，取得了数学教育研究者的参与和支持。数学教育研究者主要分为两类：数学教育研究专家、数学课程与教学论专业在读研究生。

数学教育研究专家，主要来源于国内各高校从事数学教育研究的教授，主要征询专家对数学核心素养评价二级指标的主、客观意见。

数学课程与教学论专业在读研究生，主要参与两项工作：一是对《数学核心素养评价二级指标咨询意见表》的各指标内涵的可读性进行判断；二是对数学核心素养评价二级指标，进行重要程度的判断。

3.3.3　学生

本研究所涉及的学生为不同地区、不同学校的高一～高三学生，所有学生均未参加过数学竞赛的培训。

参加预测卷测试的学生，来自江苏省的无锡市、南京市、宿迁市 3 个城市的 3 所学校，预测时间为 9 月中下旬。随后，根据预测试的情况，对数学核心素养评价问卷进行了调整和修正。

参加正式卷测试的学生，来自北京市、南京市、常州市、徐州市、扬州市的 9 所学校，正式测试时间为 11 月中下旬。所有参加正式测试的学生，刚参加完期中考试。

3.4　研究工具

3.4.1　调查问卷设计

为了科学合理地探究数学核心素养的内涵和评价指标，研究将调查问卷作为获得相关内容的重要方法，并将问卷调查对象确定为：数学教育研究专家、数学课程与教学论专业在读研究生。

一方面，数学教育研究专家具有从事基础数学、应用数学和数学教育研究的丰富经验，他们对数学本质的理解、对数学应用的认识和对数学教育的领悟，都具有一定的深刻性和引领性。因此，根据他们对数学核心素养评价二级指标的重要程度判断结果，来计算评价模型中各二级指标的权重系数，具有一定的代表性。

另一方面，数学课程与教学论专业在读研究生已经完整学习了中学数学所有内容，并且对高等数学的知识技能、思想方法等有所了解；既是中学数学课程标准的践行者，又是数学课堂教学的研究者。请他们对数学核心素养评价指标内涵的可读性以及数学核心素养评价二级指标的重要性进行判断，具有一定的可行性。

因此，本研究围绕数学核心素养评价二级指标，经过文献梳理、指标借鉴、初稿拟定、可读验证、定稿完善、问卷调查等步骤，编写了《数学核心素养评价二级指标咨询意见表》，分为数学教育研究专家卷、数学课程与教学论专业研究生卷。

3.4.2 测评问卷研制

对数学核心素养内涵进行界定，构建评价指标模型，是为了评价高中生数学核心素养现状。因此，进一步研制了高中生数学核心素养测试问卷。

首先，制定了高中生数学核心素养评价细目表，根据核心素养的评价指标和指标模型，将数学核心素养的评价概括为两个层面、三个维度。

两个层面是指：内容层面——数与代数、图形与几何、统计与概率；认知层面——知识技能水平、问题解决水平、综合发展水平。

三个维度是指：指标维度——数学抽象、逻辑推理、数学建模、数学运算、直观想象、数据分析；情境维度——个人情境、教育和职业情境、公共情境、科学情境；问题维度——选择题、填空题、判断题、解答题、开放型建构题。

其次，借鉴国际测试项目的一些理念和方法，收集了部分测试题，对此进行分类筛选、适当改编、编制测试卷、制定评分标准。请高中数学教师和大学数学教师对试题进行评阅，调整不合适的试题，确定预测问卷；再通过预测和分析，进一步调整试题的难度和适切度，并根据预测结果再对试题进行修改完善，最终确定正式测试问卷；整个测评问卷的研制过程如图 3-3 所示。

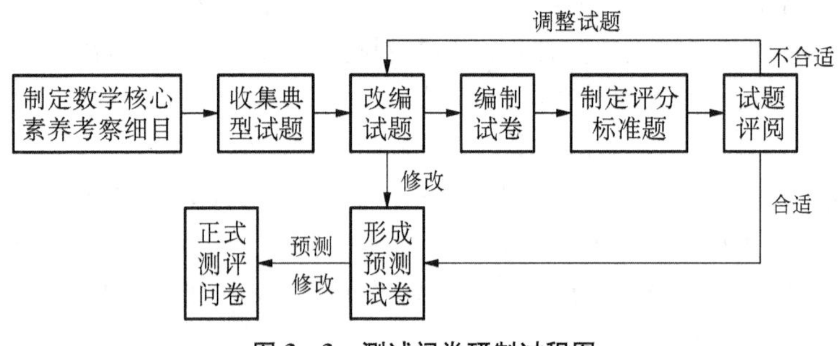

图 3-3 测试问卷研制过程图

3.5 数据收集与处理

3.5.1 样本的选择

本研究的总体目标是评价高中生的数学核心素养现状，对研究样本的选择主要分为三类。

一是《数学核心素养评价二级指标咨询意见表》初测和复测样本的选择，主要采用随机取样的方法，从参加某次全国性会议的数学教育研究专家、数学课程与教学论专业在读研究生中抽取。初测样本 62 人、复测样本 32 人。

二是《数学核心素养测试问卷(高一～高三预测卷)》样本的选择，主要采用分层抽样和整群抽样相结合的方法，从 3 个地区 3 所学校中，抽取高一～高三学生进行数学核心素养的问卷测试，预测样本 2 041 人。

三是《数学核心素养测试问卷(高一～高三卷)》样本的选择，也是采用分层整群抽样的方法，在高一～高三年级学生中选择被试样本。从不同地理位置、不同经济发展水平的 5 个城市中，选取 9 所学校中的高一～高三学生，正式测试样本 1 146 人。

3.5.2 数据的收集

1. 问卷调查工具

研究主要采用《数学核心素养评价二级指标咨询意见表》《数学核心素养测试问卷(高一～高三预测卷)》《数学核心素养测试问卷(高一～高三卷)》三套问卷收集数据。

《数学核心素养评价二级指标咨询意见表》由与 6 个一级指标、14 个二级指标相关的 14 道调研题目构成;《数学核心素养测试问卷(高一～高三预测卷)》和《数学核心素养测试问卷(高一～高三卷)》均由与 6 个任务情境相关的 18 道题目构成。

2. 问卷调查过程

《数学核心素养评价二级指标咨询意见表》经过评价指标确立与设计、指标选编与评估、初测与评价指标分析、复测与评价指标分析四个问卷调查过程，通过纸质调研与网络调研相结合的方式，收集相关数据，确定评价二级指标权重。

《数学核心素养测试问卷(高一～高三预测卷)》的调查工作均由各个学校排定各个年级统一测试的时间，连续三周的周三中午，采用集中施测的方式进行，即学生在规定的时间、规定的地点完成测试。测试时间原则上为 45 分钟，但实际测试时不强制交卷，给予学生充分的时间完成问卷，最长测试时间为 60 分钟。

《数学核心素养测试问卷(高一～高三卷)》的测试时间，安排在学期期中考试之后，各个学校按照统一的测试要求和规范，自行安排集中测试时间。所有问卷测试均以集中考试的方式,学生闭卷完成答题,测试时间在40～60分钟左右。

3.5.3 数据的处理与分析

为了便于数据的处理与分析,施测者对每份有效问卷均给予编号,对于问卷中明显的错误,在数据录入时进行了校对与修正。例如:个别学生班级漏填,根据其同班学生能够判断出该学生所在班级。

对于问卷中漏答的问题,酌情予以处理。例如:个别学生回答问题个数少于3大题,则判定为无效问卷;个别学生答案,介于评分标准两者之间的情况,给予酌情评分。

研究采用Excel 2013管理数据库,使用Yaahp 10.3软件对数据进行层次分析。同时,使用SPSS 22.0软件对数据进行描述性统计、相关分析、差异分析和回归分析等。

3.6 研究设计反思

本研究主要包括了三个方面的问题:第一,数学核心素养的内涵分析;第二,数学核心素养的评价模型构建;第三,数学核心素养的评价。在研究方法上,以定量研究为主,辅以定性研究,探究高中生数学核心素养的现状。

为了更加客观地评价高中生数学核心素养,本研究不同于一般的数学测验或数学总结性评价,而是通过适当的研究方法,构建评价高中生数学核心素养的评价体系。借助评价模型,分析高中生数学核心素养的发展水平。

研究主要有以下特点:

评价维度较为全面。在研究中,将数学核心素养评价与数学内容、评价指标、水平、情境、问题类型相结合,对学生素养在不同维度的表现,都进行了评价。

评价体系较为系统。首先根据文献梳理、专家意见征询等方法,定量研究二级评价指标权重,构建评价体系,然后再进行数学核心素养的定量和定性评价研究。

评价内容较为合理。数学核心素养的评价,与高中生数学知识的学习紧密结合,并考虑与数学成绩的相关性,能够为学校教学、学生学习提供反馈。

当然,本研究的主体是高中生,在评价小学、初中阶段学生数学核心素养的时候,评价体系需要做出相应的调整。

第4章

数学核心素养评价的理论分析

4.1 数学素养评价的基本要素分析

在本节，主要从国际数学课程、国际比较测试项目两个角度研究学生数学核心素养的要素。通过比较国内外一些重要国家或地区的数学课程，比较国际数学测试评价项目对数学素养的评价，分析其对学生素养的要求；在此基础上，初步构建高中生数学核心素养评价要素的结构。

4.1.1 国际数学课程视野下的数学素养评价要素分析

数学核心素养，一直是数学教育关注的焦点，然而，不同国家在数学教育方面又各有特点。学生在高中阶段，将通过数学的学习，获得怎样的数学素养，是我们要了解的问题。因此，从世界各国数学课程着手，探析数学素养评价基本要素，从而为构建数学核心素养评价体系提供依据。

下面，通过表4-1分析世界各个国家或地区的数学素养评价基本要素。

表 4-1　世界各国和地区数学素养基本要素一览表

国家 / 素养	北美		亚洲		
	美国①（12 年级）	加拿大②（11～12 年级）	中国大陆（10～12 年级）	中国香港（中四～中六）③	新加坡（17～19 岁）④
评价基本要素	· 抽象思考	· 问题解决	· 数学抽象	· 协作能力	· 问题解决
	· 问题解决	· 推理和证明	· 逻辑推理	· 沟通能力	· 数学运算
	· 推理论证	· 反思	· 数学建模	· 创造能力	· 空间想象
	· 数学交流	· 选择工具和计算策略	· 运算能力	· 批判性思考能力	· 数据分析
	· 数学模型	· 联系	· 直观想象	· 运用资讯科技能力	· 测量估算
	· 工具使用	· 表征	· 数据分析	· 运算能力	· 数学工具的使用
		· 交流		· 解决问题能力	· 数学建模
				· 自我管理能力	· 推理交流
				· 研习能力	

① Christian Hirsch. Mathematical Modeling: The Core of the Common Core State Standards(2012)[EB/OL]. http://www.nctm.org/uploaded Files/Lessons_and_ Resources/Core_Math_Tools/CMT-Chicago-2012-Hirsch.pdf, 15/02/2014: 5-6.

② Ministry of Education, Ontario. The Ontario Curriculum Grades 11 and 12(Mathematics)[M]. Canada: Queen's Printer for Ontario, 2007: 38-40.

③ 香港课程发展议会.数学教育学习领域数学课程及评估指引(中四至中六)[M].香港:课程发展处,2007:52-55.

④ Ministry of Education, Singapore[EB/OL]. http://www.seab.gov.sg/syllabusSchool.html. Math-ematics Higher 1-3(syllabus).pdf, 04/02/2011.

（续表）

国家 / 素养	欧洲			大洋洲	非洲
	英国①（12～13 年级）	俄罗斯②（10～11 年级）	德国③（10～12 年级）	澳大利亚④（11～12 年级）	南非⑤（10～12 年级）
评价基本要素	• 问题解决	• 逻辑思想	• 数学论证	• 数学理解	• 解释和交流
	• 数学推理	• 算法文化	• 问题解决	• 问题解决	• 问题解决
	• 数学抽象	• 空间想象力	• 数学建模	• 数学推理	• 数字和数字计算
	• 数学思维	• 数学思维和直觉	• 数学表达	• 数学交流	• 模式、关系和表示
	• 信息交流技术	• 创造能力	• 数学符号、公式及技巧	• 信息技术的选择与应用	• 数学思考能力
			• 数学交流		• 数学信心

① 王林全.英国学校数学课程的新发展[J].数学教学,2014(6):64－67.

② 倪明,熊斌,夏海涵.俄罗斯高中课程改革的特色——数学课程普通教育与英才教育并举[J]. 数学教育学报,2010,19(5):12－16.

③ 徐斌艳.德国高中数学教育标准的特点及启示[J].课程·教材·教法,2015,35(5):122－127.

④ 廖运章,卢建川.澳大利亚高中数学课程进展及特点分析[J].课程·教材·教法,2014,34(6):116－120.

⑤ Curriculum and Assessment Policy Statement(CAPS):Mathematical Literacy(Grades 10－12)[S].Republic of South Africa:Department of Basic Education,2012:16－18.

1."问题解决"是数学素养评价的核心要素

通过对世界各国和地区数学素养基本要素的梳理,可以看出学生核心素养的养成是数学课程设计的主线,同时"问题解决"是数学学习的中心,它与其他各类基本要素是数学素养的分支,互相迁移,共同促进学生综合素养的发展。"问题解决"素养是学生理解数学概念、数学命题的最有效学习方式,是学生的数学核心素养之一。

数学核心素养的发展是基础教育课程改革的深化,旨在鼓励学生学习数学知识的同时,将其运用于现实世界,这才是数学学习的意义之所在!所以,数学核心素养基本要素构建的理念是培养社会发展和公民发展所必需的素养,绝大多数国家都将"问题解决"作为数学素养评价的核心要素之一,强调数学在现实生活中的应用,与此同时,通过数学的学习,培养学生的批判性、逻辑性思维能力,更好地分析和解决现实生活中的问题。

2.数学素养评价基本要素的学科性和一般性

各国对数学素养评价基本要素的分类,主要有以下两种类型。

一类是学科素养评价要素,指数学知识、技能、思想、经验以及情感、态度、价值观的综合体现。例如:同数与代数知识相关的数字计算、数学符号、测量估算等素养;同图形与几何知识相关的空间想象、推理论证等素养;同统计与概率知识相关的数据分析素养;同综合与实践知识相关的数学建模素养等。这一类素养要素不但能够体现数学课程目标,而且对应了课程内容的主线,聚焦课程要求,与学业质量评价相一致;其是在学生数学知识学习过程中逐步形成的,带有数学基本特征的思维品格和关键能力。

另一类是一般意义上的素养评价要素,指学习者在系统的学习中通过体验、认识及内化等过程,逐步形成的相对稳定的思考问题、解决问题的思维方法和价值观①。例如:工具使用、信息交流、逻辑推理、创造、协调、沟通能力等素养要素。这一类核心素养评价要素,是立足于数学学科教学,并且渗透跨学科主题的素养,其宗旨在于发展学生数学学科素养之上的核心素养,培养学生成为自信的学习者、积极的交流者、方法的缔造者和成功的创造者。

---

① 李艺,钟柏昌.谈"核心素养"[J].教育研究,2015(9):17-23.

4.1.2　国际比较测试项目中的数学素养评价要素分析

1. PISA 国际学生评价项目中的数学素养评价基本要素

PISA(The Programme International Student Assessment)是由 OECD(经济合作与发展组织)统筹的国际学生评价项目,主要以 15 岁中学生为对象,测评学生现实生活和终身学习所必需的知识、技能等基本要素①。PISA 的测试领域为阅读、数学、科学等,PISA 测试的主项为数学素养,测评框架分为:内容、过程和情境②。

(1) PISA 评价的四个内容区域

PISA 测试项目中,围绕四个内容区域对数学内容展开评价。第一,空间与形状,包括空间与形状的现象及关系,主要涉及几何课程学科。第二,变换与关系,包括各种变化的数学表现以及各种变量间的关系等。第三,数量,涉及数字现象、数量关系及模式。第四,不确定性和数据处理,涉及概率与统计的现象与关系。

(2) PISA 评价的四个情境角度

PISA 测试的情境即问题情境,主要有四个角度:个人生活、社会性、职业和科学性;包括自然、社会、个体生活的文化背景以及职业生活、与亲友的社会生活等。在 PISA 测试中,各类情境嵌入具体的数学问题中,或成为激发数学问题的外在情境。

(3) PISA 评价的数学素养基本要素

PISA 的过程维度中,包含表达(数学化表示情境),运用(运用数学概念、事实、程序和原理),评估(解释、应用和评价数学结果)三种数学过程以及七种数学基本能力(详见表 4-2),即数学素养的基本要素。其中,交流素养居于所有数学基本要素之首。

---

① 刘达,徐炜蓉,陈吉.基于 PISA 2012 数学素养测评框架的试题设计一例[J].外国中小学教育,2014(1):15-21.

② The Organization for Economic Co-operation and Development(OECD). OECD Programme for International Student Assessment(PISA)[EB/OL]. http://www.oecd.org/pisa/about pisa.

表 4-2 PISA 测试中的数学素养基本要素

数学素养基本要素	具体含义
交流	理解文字表述、表达问题，解决方案、交流问题的论证
数学化	基于情境，形成假设，确定数学问题解决方案
表征	对真实问题进行数学化的表述
推理和论证	对问题情境的表述进行解释、辨认或论证
设计问题解决策略	数学化构建情境中的问题，形成解决问题的有效策略
使用符号、公式、专业语言	使用合适的变量、符号、图像等方式，合理构造问题情境
使用数学工具	能够使用各种不同的数学工具，解决数学问题

2. TIMSS 评价项目中的数学素养评价基本要素

TIMSS(Trends in International Mathematics and Science Study)是国际教育成就评价协会(IEA)组织的国际教育评价活动，目标对象主要是 4 年级和 8 年级学生①。在 TIMSS 测试项目中，数学素养指：数学技能、数学态度与社会能力的综合。

(1) TIMSS 数学素养评价基本要素

TIMSS 针对数学素养设计了三大内容：第一，数学知识技能，包括数与数感、测量与单位、几何、比例、函数、方程、概率、统计、数据分析、证明等。第二，数学行为与社会技能，包括日常方法的掌握、应用性问题的解决、数学思想、数学交流等。第三，数学教学目标，包括传授合理的数学知识、传授基本的服务与职业的知识、唤醒对数学的兴趣、传授适当的数学观念等②。

(2) TIMSS 评价试题设计层次

TIMSS 项目的试题按照如下方案进行设计：一是数学知识领域，包括数与数感、函数、几何、数据分析、概率与统计等；二是预期的数学行为，包括应用性问题的解决、数学思想、数学交流等；三是教学目标，包括传授合理的数学知识，传授适当的数学观念、激发对数学的兴趣等。

TIMSS 与 PISA 作为国际上最有影响力的两个国际比较测试项目，两者在评价数学素养时，都注重真实情境在问题创设中的使用；并且采用问卷形式

① TIMSS 2011 International Results in Mathematics[EB/OL].http://timss.bc.edu/timss 2011/downloads/T11_IR_M_Executive_Summary.pdf.

② I.V.S.Mullis,M.O.Martin,P.Foy,A.Arora(2011),TIMSS 2011 International Results in Mathematics[EB/OL].[2012-12-12].http://timss and pirls.bc.edu/index.html#:10-13.

的过程性评价，在注重问题解决的同时，也关注基础知识和基本技能的掌握。但是，PISA评价指标以数学素养基本要素分类，更注重数学素养的评价；TIMSS评价指标以数学内容分类，素养贯穿其中，更注重数学知识的评价。

3. 国际测试项目对高中生数学核心素养评价的启示

（1）高中生数学核心素养评价的理念

国际测试项目的素养评价理念，是让学生面向未来生活、形成终身学习的能力。PISA不仅在理念上紧跟时代所赋予素养的历史使命，还在实践层面通过对评价框架的独特设计使这一具有时代特征的素养尽可能地呈现出来①。所以，高中生数学核心素养评价，应充分考量知识观、学生观和教育质量观，契合课程改革的需要，形成多元的评价主体、过程性的评价视角、多样的评价方式，更加关注学生发展所需具备的核心素养。

（2）构建数学核心素养评价指标体系的原则

国际评价项目强调素养的多元性、主体性和情境性，对每一个测试指标进行了更为全面的内容设计，重视个人在素养中的主体能动性，结合素养所处的情境开展评价。所以，构建数学核心素养评价指标体系的同时，应明确指标内涵，用可操作化语言表述评价指标，注重指标的可接受性和科学性，根据数学学科特点，体现核心素养评价的学科特色。

（3）数学核心素养评价试题的特征

高中生数学核心素养的评价既要有核心内容和要求，又要有鲜明的时代特征和高中学段数学学科的特点。数学核心素养评价试题需要具有如下特征：首先，评价试题的内容应指向学生的数学核心素养，并且这样一种素养是可以通过高中数学课程的学习获得的。其次，数学核心素养评价试题，要能够对学生素养水平进行判断，对学生是否具备适应现在及未来社会的素养进行评价。最后，核心素养评价试题，应契合高中数学教育的实际，关注我国数学教育文化背景，且与未来社会发展所需要的素养接轨。

4.2　数学核心素养评价指标的探究

基于上一节，对国际数学课程视野、国际比较测试项目中数学素养评价要

① 徐瑾劼."Literacy"：PISA素养观背后的教育学立场[J].外国中小学教育，2012(1)：17-23.

素的分析，进一步探究高中生数学核心素养评价的具体指标。正如第 2 章所分析的，对于数学核心素养的分类，目前有许多学者的“不同声音”，并且每一种数学核心素养构成要素的界定，都各有其合理性。

有学者采用实证研究的方式，对数学核心素养的基本要素进行了分析。例如：喻平采用大样本问卷，统计得出数学核心素养的两种分类：其一是数学抽象、运算能力、推理能力、数学建模、数据处理、空间能力、问题解决能力、数学文化品格的 8 成分分类；其二是数学抽象、运算能力、推理能力、建模与数据处理、空间能力、问题解决能力、数学文化品格的 7 成分分类①。

在本研究中，仅选择某一种分类方式，重点讨论数学核心素养评价指标及其不同水平的具体表现。在进行数学核心素养评价指标的探究中，选择正在修订的《普通高中数学课程标准（征求意见稿）》中对数学核心素养的分类：数学抽象、逻辑推理、数学建模、数学运算、直观想象和数据分析。

将课标中的 6 个素养作为高中生数学核心素养评价的一级指标，主要有两个原因：一是因为该研究面向国内高中生，需要适合我国国情；二是因为数学核心素养的评价应与课标导向相辅相成。当然，数学核心素养的一级指标是一个有机整体，它们既相互独立，又交叉融合。

要建立数学核心素养的评价体系，一个重要的工作是构建每个数学核心素养的二级指标。基本研究思路如下：

第一，将上面 6 个数学核心素养作为评价的一级指标，然后分解出每一个数学核心素养的二级指标。有些二级指标是一级指标的部分有代表性的形成阶段，例如：数学抽象、数学运算、直观想象、数学建模、数据分析素养的二级指标；有些二级指标是一级指标的部分有代表性的成分，例如：逻辑推理素养的二级指标。虽然二级指标不能涵盖一级指标的所有内容，但均从可测评的角度出发，将其作为主要评价指标。

第二，对拟定的每个数学核心素养的二级指标体系，以问卷形式征求专家意见，保证这个评价指标体系有较高的内容效度。通过问卷，请国内各高校的 77 位数学教育专家，就这些指标的完备性、合理性做出评判。对回收的问卷做数据分析，经过筛选、合并的方法，最终得到数学核心素养的评价指标结构（如图 4－1）。

---

① 喻平.数学学科核心素养要素析取的实证研究[J].数学教育学报，2016，25(6)：1－6.

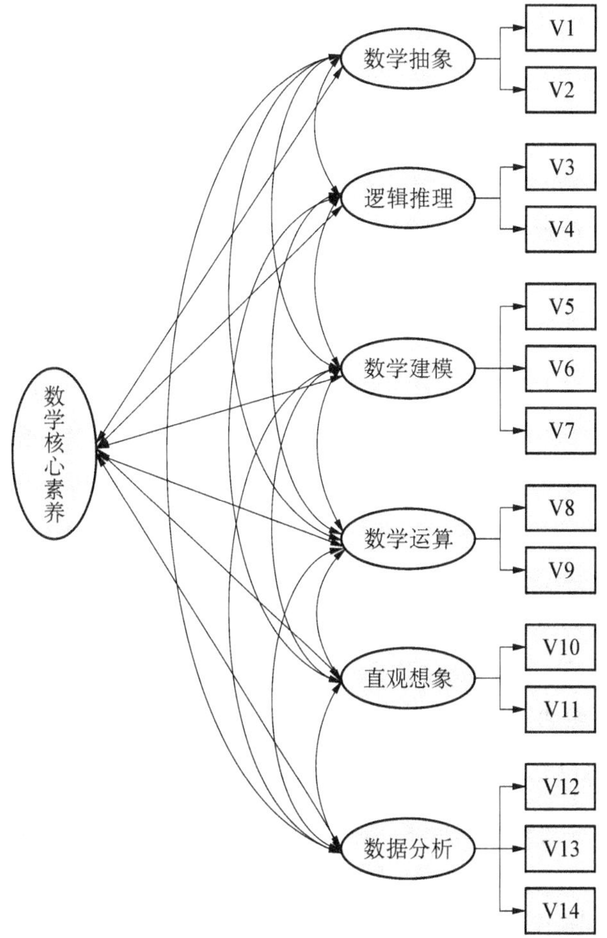

图 4-1　数学核心素养评价指标六因素结构图

图 4-1 是六个因素之间的关系图，其中 V1～V14 分别表示各因素的内容。V1：数学表征；V2：抽象思考。V3：合情推理；V4：演绎推理。V5：问题提出；V6：模型建构；V7：解释验证。V8：运算法则；V9：运算策略。V10：几何直观；V11：空间想象。V12：获取数据；V13：加工数据；V14：解释数据。

下面对这个结构做具体讨论。

4.2.1　数学抽象

1. 数学抽象的内涵

数学抽象（mathematical abstraction）是数学哲学的基本概念，指抽取出同类数学对象中共同的、本质的属性或特征，舍弃其他非本质的属性或特征的思维过程。具体而言，数学抽象指舍去事物的一切物理属性，得到数学的概念、性质、法则、命题等的思维过程①。数学在本质上研究的是抽象的东西②，数学抽象的对象是数量关系和空间形式。数学抽象主要包括：从数量与数量关系、图形与图形关系中抽象出数学概念及概念之间的关系，从事物的具体背景中抽象出一般规律和结构，并且用数学符号或者数学术语予以表征③。

抽象能力是人类认识世界、形成知识、把握规律的基本能力。一个人具有抽象能力的素养，就有可能在错综复杂的事物中抓住问题本质，在变化万千的事物中抓住一般规律，并且能用准确简洁的语言表达本质和规律。抽象能力的素养是形成理性思维的基础，有利于一个人养成一般性思考问题的习惯。

2. 数学抽象的层次

就数学抽象的深度而言，大体上分为三个层次④：

① 简约阶段：把握事物的本质，把繁杂问题简单化、条理化，能够清晰地表达。

② 符号阶段：去掉具体的内容，利用概念、图形、符号、关系表述包括已经简约化了的事物在内的一类事物。

③ 普适阶段：通过假设和推理建立法则、模式或者模型，并能够在一般意义上解释具体事物。

徐利治将数学抽象分为弱抽象、强抽象、构象化抽象和公理化抽象，后两种抽象具有完全理想化的色彩。大体上经过以上四种抽象过程，数学对象就在思维的能动作用下产生出来⑤。

张胜利、孔凡哲将数学抽象在教学上的应用分为四个层次：实物层面抽象、半符号层面抽象、符号层面抽象和形式化层面抽象。教学层面的数学抽象

---

① 洪燕君，周九诗，王尚志，等.《普通高中数学课程标准（修订稿）》的意见征询——访谈张奠宙先生[J].数学教育学报，2015，24(3)：35－39.

② 史宁中.数学思想概论（第1辑）：数量与数量关系的抽象[M].长春：东北师范大学出版社，2008：36－39.

③ 殷容仪，赵维坤.基于质量监测的初中学生数学抽象发展状况的调查研究[J].数学教育学报，2017，26(1)：14.

④ 史宁中.数学思想概论（第2辑）：图形与图形关系的抽象[M].长春：东北师范大学出版社，2008：22－25.

⑤ 徐利治.数学与思维[M].大连：大连理工大学出版社，2008：18－19.

基本遵循数学抽象的层次性，但有其更深刻而具体的表现，其梯度和层次性更强①。

3. 数学抽象的评价指标

对上面的观点进行综合思考，将数学表征、抽象思考作为数学抽象的二级指标(如表 4-3 所示)。

表 4-3　数学抽象的评价指标一览表

数学抽象的评价指标	具体含义
数学表征	从事物的具体背景中抽象出一般规律和结构，并用数学符号或数学术语进行表征
抽象思考	从数量与数量关系、图形与图形关系中抽象出数学概念、命题等之间的关系

4.2.2　逻辑推理

1. 逻辑推理的内涵

推理是一个或几个判断或前提推出未知判断或结论的思维形式，逻辑推理是从定义、事实和确定的命题、规则出发，严格符合逻辑法则的推理方式②。其包括发现、提出、验证和表达数学命题四个思维过程。逻辑推理是得到数学结论、构建数学体系的重要方式，是数学严谨性的基本保证，是人们在数学活动中进行交流的基本思维品质③。

2. 逻辑推理的形式

逻辑推理的形式，主要有以下三类④：

① 归纳推理。指从许多个别的实物中，概括出其一般的概念、原则或结论的思维方法，即从小范围成立的结论推断能在更大范围内成立的结论。

② 类比推理。指由两个对象之间，某些相同或相似的性质，推断出它们在其他性质上，也有可能相同或相似的一种推理形式。这种推理方式是以实

---

① 张胜利，孔凡哲.数学抽象在数学教学中的应用[J].教育探索，2012(1)：68-69.

② 顾沛.关于合情推理与逻辑推理的教学——以初中数学为例[J].中小学教材教学，2015(1)：31-35.

③ 周雪兵.基于质量监测的初中学生逻辑推理发展状况的调查研究[J].数学教育学报，2017，26(1)：16.

④ [美] G.波利亚.数学与猜想(第一卷)[M].李志尧，等译.北京：科学出版社，2001：67.

物相同属性为前提,对实物其他相同属性进行推理。

③ 演绎推理。指从一般性的前提出发,通过推理,得到具体或个别结论的过程。演绎推理是前提蕴含着结论,且前提和结论间有着必然的联系。

归纳推理和演绎推理反映了人们认识事物的两条思维途径,前者是从个别到一般,后者是从一般到个别。归纳推理与类比推理合称为合情推理,这样就把数学推理分为演绎推理和合情推理两类。我们将这两个类别作为数学推理的二级指标。

3. 逻辑推理的评价指标

逻辑推理的评价指标如表 4-4 所示:

表 4-4 逻辑推理的评价指标一览表

逻辑推理的评价指标	具体含义
合情推理	从已有的事实出发,凭借经验和直觉,通过归纳和类比等推断某些结果
演绎推理	从已有的事实(包括定义、公理、定理等)和确定的规则(包括运算的定义、法则、顺序等)出发,按照逻辑推理的法则证明和计算

4.2.3 数学建模

1. 数学建模的内涵

数学建模是根据相关的理论和方法建立数学模型,通过数学语言描述的方式建立数学模型的一种方法①。数学建模即通过计算得到的结果解释实际问题,并接受实际检验,来建立数学模型的全过程②。数学建模过程可以使学生在多方面得到培养而不只是获得知识、技能,使学生更有思想、方法,也有一些经验积累,其情感态度也会得到培养③。

2. 数学建模的步骤

数学建模的过程,一般包括以下几个步骤④(详见图 4-2):

---

① 黄弋钊.数学建模与学生能力培养探讨[J].时代教育,2015(5):24.

② 姜启源,谢金星,叶俊.数学模型[M].3 版.北京:高等教育出版社,2003:37-40.

③ 李贺,张卫明.基于质量检测的初中学生数学建模发展状况的调查研究[J].数学教育学报,2017,26(1):19.

④ 徐亚培.新课标下初中数学建模教学方式初探[J].数理化解题研究.2007(6):24.

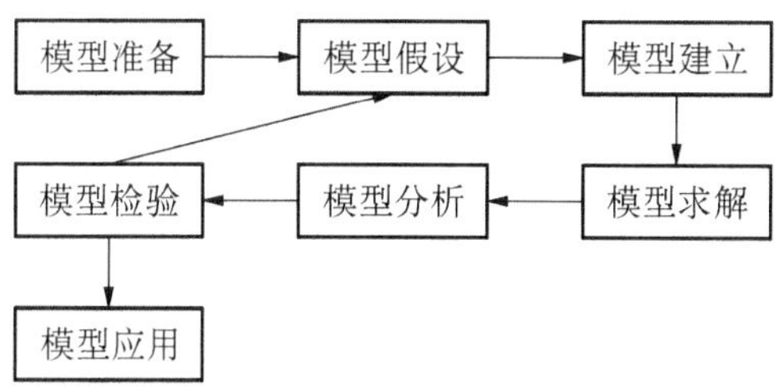

图 4-2　数学建模步骤示意图

① 模型准备:弄清问题的本质和意义,根据相关信息分析出问题所给的主要特征,试着用数学语言来表述问题,进而找出相关的模型。

② 模型假设:抓住问题的主要特征,忽略一些次要的条件,做出合理的假设,可确定一些变量。

③ 模型建立:根据题意中的信息,建立各个变量之间的数学关系式,将实际问题翻译成数学语言。

④ 模型求解:综合运用所学知识,对建立的模型进行分析、推理、运算,必要时可借助数学软件或者通过计算机求解①。

⑤ 模型分析:根据求解结果对模型进行分析。

⑥ 模型检验:判断模型与实际问题的相符程度以及是否具有实用性。如果不符合实际情况,则应该重新假设或者修改模型,不断完善,直到检验结果达到一定的满意程度。

⑦ 模型应用:将所建立的模型应用到具体实际生活当中。

3. 数学建模的评价指标

我们将上述 7 个阶段进行整合,将问题提出、模型建构、解释验证作为数学建模的二级指标,如表 4-5 所示。

表 4-5　数学建模的评价指标一览表

数学建模的评价指标	具体含义
问题提出	在实际情境中,从数学的视角提出问题,用数学思想分析问题
模型建构	用数学语言表达问题,用数学知识构建模型
解释验证	求解结论、验证结果,反思和改进模型,最终解决问题

① 徐稼红.中学数学应用与建模[M].苏州:苏州大学出版社,2001:1.

4.2.4 数学运算

1. 数学运算的内涵

数学运算能力是指根据概念、公式、法则寻求并设计合理的对数、式等进行正确运算和变形的能力;简捷的运算途径的能力;根据要求对数据进行估计,分析条件,并进行正确运算的能力①。

运算是数学抽象的必备要素,是演绎推理的基本形式,是得到数学结果的重要手段。运算能力是解决数学问题的基本能力,是数学应用的基础。在数学教学活动中,学生具有较好的运算能力,有利于培养其解决数学问题和实际问题的能力。在数学运算核心素养的形成过程中,学生能够进一步发展数学运算能力,能有效借助运算方法解决实际问题,能够通过运算促进数学思维发展②。

2. 数学运算的阶段

数学运算素养的发展,主要分为以下三个阶段:第一阶段,了解和理解运算。能记忆理解公式、算理、法则并正确运用;第二阶段,掌握和应用运算。能掌握一些基本的变形技巧,解决一些常规问题;第三阶段,综合和灵活运算。能综合运用多种运算,迁移引申,解决其他问题③。

我们将前面两个阶段合并称为运算法则,后一阶段称为运算策略,把这两个阶段作为数学运算的二级指标。

3. 数学运算的评价指标

数学运算的评价指标如表 4 - 6 所示。

表 4 - 6 数学运算的评价指标一览表

数学运算的评价指标	具体含义
运算法则	针对运算对象,选择并使用合理的运算法则,解决数学问题
运算策略	选择运算方法,设计运算程序,得到运算结果

① 简洪权.高中数学运算能力的组成及培养策略[J].中学数学教学参考,2000(2):14.

② 杭毅,侯正永.基于质量监测的初中学生数学运算发展状况的调查研究[J].数学教育学报,2017,26(1):25.

③ 林崇德.中学能力发展与培养[M].北京:北京教育出版社,1992:24.

4.2.5　直观想象

1. 直观想象的内涵

直观想象指借助几何直观和空间想象感知事物的形态与变化①，几何直观主要是指利用图形解决数学问题，包括对图形的认识、把握图形之间的关系等；空间想象主要是指对空间几何体进行观察、分析、认知，包括根据空间几何形体，正确想象其直观图，分析其形状、位置和数量关系，对几何体进行分解、组合。在直观想象核心素养的形成过程中，学生能进一步发展几何直观和空间学习能力，增强运用图形和空间观念思考问题的意识，提升数形结合的能力，感悟事物的本质，逐步形成创新思维②。

2. 几何直观与空间想象的关系

（1）几何直观与空间想象的“同”

首先，几何直观与空间想象都是几何学习领域的必备素养。两者是学生在长期的数学学习过程中，形成的利用图形、整体把握几何问题本质的素养，在对几何直观的感知中，逐步形成空间想象素养。

其次，几何直观与空间想象都是逻辑性较强的素养。学生需要架构实物与其相应图形之间的逻辑关系，需要想象二维、三维图形之间的关系，需要辨析复杂图形、基本图形之间的关系，需要探索图形之间点、线、面的关系。

（2）几何直观与空间想象的“异”

首先，几何直观与空间想象是各有侧重的数学素养。几何直观重在“看”，空间想象重在“想”。学生从已有几何图形，直观分析问题，通过逻辑推理，验证数学问题；与此同时，运用图形，想象出几何体所处的空间、方位和位置关系，用数学语言描述图形。

其次，几何直观与空间想象是各具指向的数学素养。几何直观重“直觉”，空间想象重“创造”。几何直观素养具有应用性，主要培养学生认识图形的能力，帮助学生从整体把握几何问题、分析和解决几何问题；空间想象素养更具有创造性，主要培养学生对空间的感知能力，帮助学生从图形把握实物，实现直观图形与几何知识之间的转换。

---

① 教育部课程标准修订组.普通高中各学科核心素养一览表[EB/OL].http://learning.sohu.com/20160422/n445632409.shtml.

② 徐德同，钱云祥.基于质量监测的初中学生直观想象发展状况的调查研究[J].数学教育学报，2017，26(1)：22.

3. 直观想象的评价指标

根据上面的分析，我们构建直观想象的评价指标，如表 4－7 所示。

表 4－7 直观想象的评价指标一览表

直观想象的评价指标	具体含义
几何直观	利用几何图形，数形结合，理解和解决数学问题
空间想象	对客观事物的空间形式进行观察、分析和抽象的能力

4.2.6 数据分析

1. 数据分析的内涵

数据分析是指针对研究对象获得相关数据，运用统计方法对数据中的有用信息进行分析和推断，形成知识的过程。主要包括：收集数据，整理数据，提取信息，构建模型对信息进行分析、推断，获得结论①。

数据分析指从数据中获取信息、形成知识的能力。包括有效收集数据，合理表达数据，计算统计量，构建统计模型，解释结论意义的能力。

具有数据分析素养，可以更好地理解现实世界，知道有些事物的发生是确定的，有些事物的发生是随机的；对于随机发生的事物，只要有效地获取和分析与事物有关的数据。培养学生的数据分析能力，有利于其养成基于数据思考和论证问题的习惯等。

2. 数据分析的过程

数据分析素养的培养，有利于学生获取有价值的信息，能够增强学生用数据表达现实问题的意识，能够形成通过数据认识事物的思维品质。数据分析的过程主要包括四个方面：收集和整理数据、理解和处理数据、获得和解释结论、概括和形成知识②。

3. 数据分析的评价指标

根据上面的分析，我们构建数据分析的评价指标，如表 4－8 所示。

① 张爱平，马敏.基于质量监测的初中学生数据分析发展状况的调查研究[J].数学教育学报，2017，26(1)：28.

② 教育部课程标准修订组.普通高中各学科核心素养一览表[EB/OL].http://learning.sohu.com/20160422/n445632409.shtml.

表 4-8　数据分析的评价指标一览表

数据分析的评价指标	具体含义
获取数据	收集数据，提取数据中蕴含的知识、信息
加工数据	利用各类图表表示数据，构建模型分析数据
解释数据	解释数据蕴含的结论

4.3　数学核心素养的水平划分

下面对数学核心素养做水平划分，基本做法：第一，总体上将数学核心素养划分为三级水平；第二，对每一个数学核心素养的二级指标做出三级水平划分的具体描述。

4.3.1　数学核心素养的水平划分的依据

目前，对数学核心素养的水平划分，主要有以下几类代表性观点：

在正在修订的《普通高中数学课程标准(征求意见稿)》中，将数学核心素养划分为水平一(高中结业)、水平二(高考)、水平三(高校自主招生)，对每个数学核心素养水平的阐述，都涉及情境与问题、知识与技能、思维与表达、交流与反思四个方面。

喻平以学科核心素养生成的本源是知识为逻辑起点，提出学科核心素养水平划分为知识理解、知识迁移、知识创新三级水平(三个阶段)①。

诸学者对数学核心素养水平的划分，主要基于两点：其一，立足于学生数学学习的特点；其二，立足于数学核心素养发展的阶段特征。因此，在本研究中，尝试着将高中生数学核心素养分成三个水平：知识技能水平、问题解决水平、综合发展水平。从水平 1 到水平 3 逐步升高，并且高水平蕴含了低水平(如图 4-3 所示)。在这个划分中，考虑以下因素：① 学生的年龄特点和数学学习认知水平；② 数学核心素养是一个集合概念，既包括知识、技能，又包含思想方法、活动经验等；③ 数学课程的教学内容、目标以及教学要求等。

① 喻平.发展学生学科核心素养的教学目标与策略[J].课程·教材·教法，2017(1)：48.

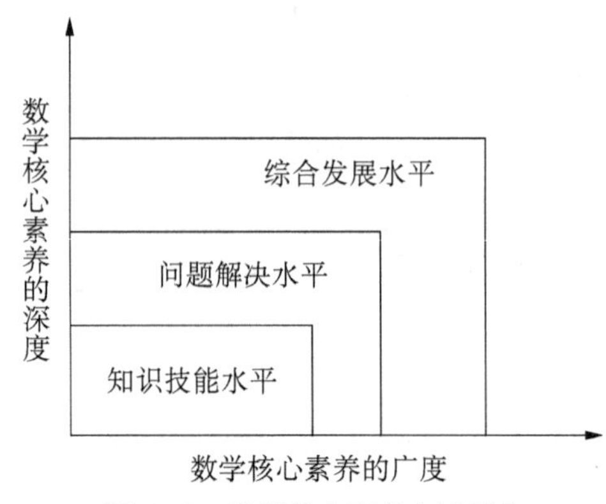

图 4-3　数学核心素养水平划分

4.3.2　数学核心素养不同发展水平的具体描述

水平 1 知识技能水平：指知识技能再现的数学核心素养，包括对知识本质及其相关知识的理解、基本技能的形成与发展，即使用相应的知识、技能解决单一性问题。

水平 2 问题解决水平：指问题解决的数学核心素养，包括数学建模与解模能力、信息与数据的整合与运用能力、数学运算能力、数学沟通与交流能力等；旨在通过建立不同概念、定理、公理、推论、性质、方法、思想之间的联系，来解决应用性问题。

水平 3 综合发展水平：指综合发展的数学核心素养，包括建立现实问题和数学问题之间的联系，运用论证、推理等方法，有创造性地解决综合性问题。

1. 数学抽象不同发展水平的基本表现

可以用表 4-9 和表 4-10 表示数学抽象核心素养不同发展水平的基本表现。

表 4-9　不同发展水平的数学抽象核心素养(1)

数学核心素养一级指标 数学抽象	数学核心素养二级指标 数学表征
水平 1	会使用数学符号、公式等语言表示问题情境，能够理解用数学语言表达的概念、规则、推理和论证，探究数学问题
水平 2	能够用准确的数学语言表达学过的数学概念、规则、命题与模型；能够从多个角度理解数学概念、规则和命题；能够运用多种形式表示数学命题的条件与结论，并建立相关命题的联系；能够理解和构建相关数学知识之间的联系

（续表）

数学核心素养一级指标 数学抽象	数学核心素养二级指标 数学表征
水平 3	能够在科学情境中抽象出数学问题，并用恰当的数学语言予以表达；能够在得到的数学结论基础上形成新命题；能够针对具体问题运用或创造数学方法去解决问题

表 4-10　不同发展水平的数学抽象核心素养(2)

数学核心素养一级指标 数学抽象	数学核心素养二级指标 抽象思考
水平 1	能够在数学情境中直接抽象出数学概念和规则，并用适当的事例加以解释；能够在特例的基础上归纳出数学规律并形成数学命题，并分析命题的条件与结论；能够在具体情境中，抽象出数学问题
水平 2	能够在现实情境或数学情境中抽象出一般的数学概念和规则；能够将已知数学命题推广到更一般的情形；能够在新的情境中选择和运用数学方法解决问题
水平 3	能够通过数学对象、运算或关系理解数学的抽象结构；能够理解数学结论的一般性；能够理解高度概括、有序多级的数学知识体系

2. 逻辑推理不同发展水平的基本表现

可以用表 4-11 和表 4-12 表示逻辑推理核心素养不同发展水平的基本表现。

表 4-11　不同发展水平的逻辑推理核心素养(1)

数学核心素养一级指标 逻辑推理	数学核心素养二级指标 合情推理
水平 1	能够在现实情境中，用归纳或类比的方法，发现数量或图形的性质、数量关系或图形关系的规律，提出数学命题；能够在具体的教学内容中，判断什么是归纳、类比推理，理解其形式，了解其规则
水平 2	在实际情境和数学情境中，能够发现蕴含的数学规律，提出有价值的数学问题，并予以数学表达；能够理解归纳、类比是发现和提出数学命题的重要途径
水平 3	在现实情境和科学情境中，用数学的眼光找到合适的研究对象，提出有价值的数学问题；能够掌握常用归纳、类比方法的规则，理解其中所蕴含的思想

表 4－12　不同发展水平的逻辑推理核心素养(2)

数学核心素养一级指标 逻辑推理	数学核心素养二级指标 演绎推理
水平 1	对于与学过知识有较强关联的数学命题，能够探究条件与结论的逻辑关系；能够在具体的教学内容中，判断什么是演绎推理，理解其形式，了解其规则；能够通过举反例说明某些数学结论不成立
水平 2	对于给定的与学过知识有一些关联的数学命题，能够通过对条件与结果的分析，探索论证的思路，选择合适的论证方法予以证明，并能用准确的数学语言表述论证过程
水平 3	对于开放的数学问题，能够提出不同的假设前提，推断结论，形成新的数学命题；对于较复杂的数学问题，能够借鉴学过的论证思路，通过构建过渡性命题，探索论证的途径，解决问题，并会用形式化的数学语言，严谨表达论证过程

3. 数学建模不同发展水平的基本表现

可以用表 4－13、表 4－14 和表 4－15 表示数学建模核心素养不同发展水平的基本表现。

表 4－13　不同发展水平的数学建模核心素养(1)

数学核心素养一级指标 数学建模	数学核心素养二级指标 问题提出
水平 1	能够了解所学数学模型的实际背景，了解这些模型如何用数学语言刻画实际背景中的问题
水平 2	能够在熟悉的情境中，发现问题、转化为数学问题，知道数学问题的价值与作用
水平 3	能够在科学和社会情境中，运用数学思维进行分析，发现情境中的数学关系，提出数学问题

表 4－14　不同发展水平的数学建模核心素养(2)

数学核心素养一级指标 数学建模	数学核心素养二级指标 模型建构
水平 1	能够在熟悉的实际情境中，模仿学过的数学建模过程建构模型，并指导数学模型的参数、结论与实际情境的关系

(续表)

数学核心素养一级指标 数学建模	数学核心素养二级指标 模型建构
水平 2	能够选择合适的数学模式表达所要解决的数学问题;理解模式中参数的意义,知道如何确定参数,建立模型,求解模型
水平 3	能够在科学和社会情境中,综合运用数学建模的一般方法和相关知识,创造性地建立数学模型,解决问题

表 4-15 不同发展水平的数学建模核心素养(3)

数学核心素养一级指标 数学建模	数学核心素养二级指标 解释验证
水平 1	对于学过的数学模型,能够举例说明建模的意义,了解其蕴含的数学思想;感悟数学表达对数学建模的重要性
水平 2	能够根据问题的实际意义检验结果,完善模型,解决问题;能够在具体情境中,经历数学建模过程,理解数学建模的意义和作用
水平 3	能够在科学和社会情境中,实现数学建模的过程,理解数学建模的意义;能够运用数学语言,清晰准确地表达数学建模的过程和结果

4. 数学运算不同发展水平的基本表现

可以用表 4-16 和表 4-17 表示数学运算核心素养不同发展水平的基本表现。

表 4-16 不同发展水平的数学运算核心素养(1)

数学核心素养一级指标 数学运算	数学核心素养二级指标 运算法则
水平 1	能够掌握基本的运算法则,理解运算法则的背景和适用范围,根据数学问题特征选择合适的运算法则,解决问题
水平 2	能够针对运算问题,正确分析运算条件、确定运算方向;能够合理选择运算方法、设计运算程序,综合利用运算法则解决问题
水平 3	在科学和社会情境中,能够根据发现的运算问题,确定运算对象和运算法则,明确运算方向,解决综合性运算问题

表 4-17　不同发展水平的数学运算核心素养(2)

数学核心素养一级指标 数学运算	数学核心素养二级指标 运算策略
水平 1	能够在简单的数学情境中理解运算对象，提出运算问题，使用运算策略，建立运算关系，解决数学问题，验证数学结论
水平 2	能够在数学情境中明晰运算对象，提出运算问题，探究运算的方向和目标；能够理解运算法则与运算策略之间的关系
水平 3	能够将有关数学问题转化为运算问题；能够对运算问题合理构造运算程序，并以此为基础建立解决问题的模式

5. 直观想象不同发展水平的基本表现

可以用表 4-18 和表 4-19 表示直观想象核心素养不同发展水平的基本表现。

表 4-18　不同发展水平的直观想象核心素养(1)

数学核心素养一级指标 直观想象	数学核心素养二级指标 几何直观
水平 1	在具体的数学情境中，能够借助图形性质发现数学规律，能够通过图形直观理解数学问题；能够描述简单图形的位置关系、度量关系及其特有性质；理解图形的轴对称、平移、旋转变换
水平 2	能够掌握研究图形与图形、图形与数量关系的基本方法；能够借助图形性质探索数学规律；能够通过计算、分析、论证，解决实际问题或数学问题；能够通过直观想象提出数学问题
水平 3	能够综合利用图形与图形、图形与数量关系，建立数学各分支之间的联系；能够借助直观想象建立数学与其他学科的联系，并形成理论体系的直观模型

表 4-19　不同发展水平的直观想象核心素养(2)

数学核心素养一级指标 直观想象	数学核心素养二级指标 空间想象
水平 1	能够在具体情境中，建立实物的几何图形，能够根据图形想象实物；体会图形与图形、图形与数量的关系；能够用图形描述和表达数学问题，体会数形结合的思想

（续表）

数学核心素养一级指标 直观想象	数学核心素养二级指标 空间想象
水平 2	能够在实际和数学情境中，想象并构建相应的几何图形，借助图形提出数学问题，发现图形与图形、图形与数量的关系，探索图形的运动规律；能够通过空间想象探索解决问题的思路
水平 3	能够在科学情境中，借助图形，通过想象提出数学问题，构建数学模型。能够通过想象对复杂的数学问题进行直观表达，反映数学问题的本质，形成解决问题的思路

6. 数据分析不同发展水平的基本表现

可以用表 4－20、表 4－21 和表 4－22 表示数据分析核心素养不同发展水平的基本表现。

表 4－20　不同发展水平的数据分析核心素养(1)

数学核心素养一级指标 数据分析	数学核心素养二级指标 获取数据
水平 1	能够对给定的概率问题，选择合适的概率模型，解决问题；能够对给定的统计问题，选择合适的抽样方法收集数据
水平 2	能够在生活情境中，根据数据特征，识别随机现象，知道随机现象与随机变量之间的关联，发现并提出概率或统计问题
水平 3	理解大数据时代对数据分析产生的影响，知道数据蕴含着信息；能够在科学和社会情境中，发现并提出随机问题；能够运用、构建适当的概率模型或统计模型描述问题

表 4－21　不同发展水平的数据分析核心素养(2)

数学核心素养一级指标 数据分析	数学核心素养二级指标 加工数据
水平 1	掌握描述、刻画、分析数据的基本统计方法，解决问题
水平 2	能够针对具体数据，选择离散型随机变量或连续型随机变量刻画随机现象，运用适当的概率或统计模型解决问题；掌握概率或统计解决问题的基本方法
水平 3	能够基于信息，通过分类或聚类的方法分辨数据的共性与差异，得到数据所提供的知识和规律；能够针对不同的问题，综合或创造性地运用统计概率知识，构造相应的统计概率模型，解决问题

表 4-22 不同发展水平的数据分析核心素养(3)

数学核心素养一级指标 数据分析	数学核心素养二级指标 解释数据
水平 1	能够结合具体随机现象的案例，知道可以通过概率的方法对随机现象发生可能性的大小进行度量，可以通过统计的方法对数据进行估计；能够用统计和概率的语言表达简单的随机现象和解决问题的过程，体会其中的随机思想
水平 2	能够在运用统计方法解决问题的过程中，感悟归纳推理的思想，理解统计结论的意义；能够用统计概率的思维分析随机现象，用统计概率模型表达随机现象的统计规律；能够用数据呈现的规律解释随机现象
水平 3	能够运用统计概率的数据语言，科学地表达统计规律探索的过程和结果；能够分析随机现象的本质，发现随机现象的统计规律，形成新的知识

4.3.3 数学核心素养不同发展水平的问题举例

1. 知识技能水平数学问题举例

例 4.1：

图 4-4 给出三个不同的增加工资的模型（模型 A，B，C），请你用表格表示，不同的工资总量（如 200 欧元，400 欧元，600 欧元……），根据不同的模型分别能得到的工资增加数量①。

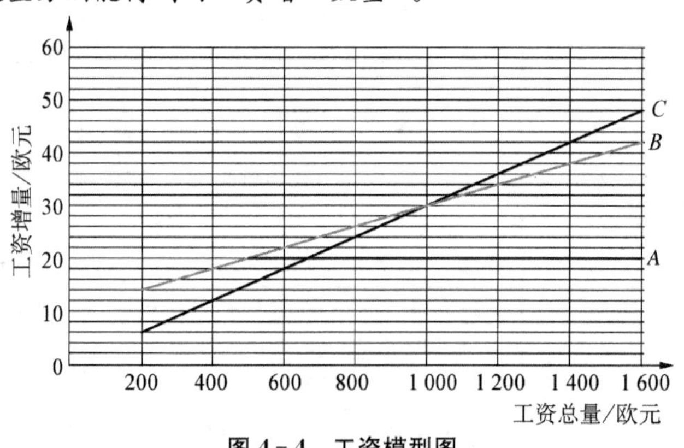

图 4-4 工资模型图

① 徐斌艳.关于德国数学教育标准中的数学能力模型[J].课程·教材·教法，2007，27(9)：84-87.

解决例 4.1 问题，需要学生有水平 1 的数学核心素养，能够读懂折线图所表示的数据信息，会用数据表征"工资总量"和"工资增量"之间的关系。这里除了数学抽象、数据分析素养之外，还可以通过图形性质，直观想象数据的变化趋势和规律，并用另外一种表征方式(表格)表示工资模型。

当然，我们也可以将这道题，进行更高素养水平层面的拓展。

① 请你再制作一张图表，表示不同的工资总量根据不同的模型分别能得到工资增加的百分比。

② 比较上述两张图表，请你选择最满意的增加工资模型，并说明理由。

2. 问题解决水平数学问题举例

例 4.2：

图 4－5 是一个直角三角形，它的直角边以及斜边上分别是三个等边三角形。用勾股定理证明，为什么下面的表述是正确的：两条直角边上的等边三角形的面积之和等于斜边上的等边三角形的面积①。

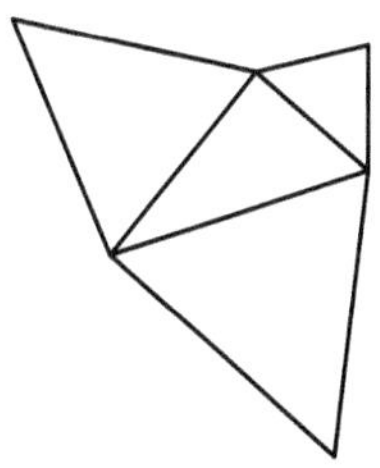

图 4－5　三角形图

解决例 4.2 问题，需要学生有水平 2 的数学核心素养，能够对图形性质进行抽象思考，会用勾股定理、三角形面积公式等进行运算；运用等边三角形、直角三角形性质，对三个三角形面积之间的关系进行推理和论证。在解题的过程中，涉及数学抽象、逻辑推理、运算能力、直观想象等素养。

当然，我们也可以将这道题，进行更高素养水平层面的拓展。

① 以直角三角形的三边为斜边向形外作等腰直角三角形，探究三个等腰直角三角形之间的关系。

② 以直角三角形的三边为斜边向形外作半圆，探究三个半圆之间的关系。

---

① 徐斌艳.关于德国数学教育标准中的数学能力模型[J].课程・教材・教法，2007，27(9)：85.

③ 证明：当三角形用正 n 边形替换时，例 4.2 中的结论也成立。

3. 综合发展水平数学问题举例

例 4.3：

小斯先生住在特利尔(Trier)城，距离卢森堡 20 千米，他开着大众高尔夫(Golf)车到卢森堡加油。在卢森堡边界有一个加油站，那里每升汽油的价格是 1.05 欧元，而在特利尔城每升汽油是 1.30 欧元。小斯先生是否值得前往卢森堡边界加油呢？请论证你的回答①。

要解决这个问题，需要学生有水平 3 的数学核心素养，主要涉及数学建模素养，需要针对“加油”这个情境建立一个数学模型，在这个模型中，重新定义假设(开 20 千米去卢森堡加油是值得的)、变量(汽油价格)、关系(路程和油耗)以及限制条件(距离)，检验、评价并且论证该模型。

所以，为了解答这个较复杂的问题，需要利用较高的数学核心素养水平，将问题转化为如下几个子问题。

① 提出和分析问题：开 20 千米，去卢森堡加油，是否值得？

② 建立数学模型：进一步探究定义模型所使用的各类限制条件，包括：高尔夫车型的油箱容积、耗油量以及加油站离特利尔城的距离等，建立模型。

③ 解释和验证数学模型：在特利尔城和卢森堡城加油费支出的差价，是大于赴卢森堡加油的路途支出(油费)的。

④ 问题解决：倘若不考虑其他一些因素(环境、经济、汽车损耗、时间消耗等)，小斯先生开到卢森堡边界加油是值得的。

4.4 研究结论

本章主要从国际数学课程、国际比较测试项目这两个视角，对数学核心素养评价要素进行分析，建构数学核心素养评价指标体系，分析其发展水平。

第一，通过对国际数学课程中数学素养要素的分析，提出问题解决是数学

---

① 徐斌艳.关于德国数学教育标准中的数学能力模型[J].课程·教材·教法，2007，27(9)：86.

素养的核心要素，数学核心素养不但具有其独特的数学学科特性，而且数学核心素养的发展能够促进学生其他一般性素养的联动。通过对国际比较测试项目 PISA 和 TIMSS 中评价内容、试题层次、数学素养要素等内容的分析，对数学核心素养的评价理念、评价原则和试题特征进行梳理，为数学核心素养评价指标体系的建构提供理论依据。

第二，在对数学素养基本要素分析的基础上，初步建构数学核心素养评价指标体系，将评价一级指标界定为数学抽象、逻辑推理、数学建模、数学运算、直观想象、数据分析这六个要素，对其进行分析，确定评价二级指标及其具体含义（详见表 4－23）。

表 4－23　数学核心素养评价指标体系一览表

一级指标	二级指标	评价指标具体内涵
数学抽象	数学表征	从事物的具体背景中抽象出一般规律和结构，并用数学符号或数学术语进行表征
	抽象思考	从数量与数量关系、图形与图形关系中抽象出数学概念、命题等之间的关系
逻辑推理	合情推理	从已有的事实出发，凭借经验和直觉，通过归纳和类比等推断某些结果
	演绎推理	从已有的事实（包括定义、公理、定理等）和确定的规则（包括运算的定义、法则、顺序等）出发，按照逻辑推理的法则证明和计算
数学建模	问题提出	在实际情境中，从数学的视角提出问题，用数学思想分析问题
	模型建构	用数学语言表达问题，用数学知识构建模型
	解释验证	求解结论、验证结果，反思和改进模型，最终解决问题
数学运算	运算法则	针对运算对象，选择并使用合理的运算法则，解决数学问题
	运算策略	选择运算方法，设计运算程序，得到运算结果
直观想象	几何直观	利用几何图形，数形结合，理解和解决数学问题
	空间想象	对客观事物的空间形式进行观察、分析和抽象的能力
数据分析	获取数据	收集数据，提取数据中蕴含的知识、信息
	加工数据	利用各类图表表示数据，构建模型分析数据
	解释数据	解释数据蕴含的结论

为什么需要进行数学核心素养评价一级指标、二级指标的分类呢？主要有以下几点原因：其一，高中数学课程标准修订组提出的六大数学核心素养，诸学者对其各有评价，无论哪种数学核心素养的分类，都较难概括数学核心素养具体内容的全貌，那么对其二级评价指标的分类，既可以较好地解读一级指标，又能够补充一级指标没有凸显的内容；其二，从国际数学课程、国际比较测试项目中对数学素养的评价来看，评价指标的分类均深入至二级指标，甚至三级指标层面，有利于评价的可操作性；其三，二级指标是一级指标的分类或者是一级指标发展的过程性指标，所以两者评价的指向具有一致性。

值得说明的是，对于核心素养，我们更多地理解为一个整合了知识、技能、情感、态度与价值观等元素的集合体概念。因此，在数学核心素养的评价指标中，这里所列出的二级评价指标并不能够全部涵盖相关一级指标的所有内涵，例如：推理分为合情推理和演绎推理两部分，其中合情推理划分为归纳和类比两类；在数学运算中，除了考虑运算法则、运算策略之外，还有运算速度、运算精确性等。在数学核心素养评价指标体系中，仅选择占主体部分的二级指标作为评价内容，当然，所有二级指标的集合并不能等于一级指标。

第三，根据前面建立的数学核心素养评价体系，将数学核心素养划分为三个水平：知识技能水平、问题解决水平和综合发展水平；对每一个水平的数学核心素养评价指标进行了描述，并通过实例说明核心素养水平界定的标准。根据这个标准，将在第 7 章完成对高中生数学核心素养的测试。

第 5 章

数学核心素养评价的模型分析与建构

5.1 研究目的

第 4 章，主要构建了数学核心素养的 6 个一级评价指标和 14 个二级评价指标；并希望能根据学生在各个指标上的表现，判断和评价学生数学核心素养发展水平，但这首先需要探究各个二级评价指标在一级评价指标体系中所起的作用及相应的权重。因此，下面将进一步研究数学核心素养评价指标体系。

5.2 研究方法

5.2.1 被试选择

1. *初测被试*

采用随机取样方法，在 2016 年 4 月第二届全国数学教育哲学暨数学教育高层论坛召开期间，邀请部分参会人员参与调查。被试合计 62 人，其中，数学教育研究专家 49 人，数学课程与教学论专业在读研究生 13 人；数学核心素养评价二级指标咨询意见表全部被收回。

2. *复测被试*

在 2016 年 4 月第二届全国数学教育哲学暨数学教育高层论坛结束之后，从参会人员中，抽取未参与初测的其他数学教育研究者参与调查，调查采用网络问卷的形式进行，调研网页界面见图 5－1。

数学核心素养评价二级指标咨询意见表

您好！非常感谢您在百忙之中对本课题研究工作的支持。

您是否是在读研究生？ ○是 ○否

这个调查旨在探讨数学核心素养评价二级指标，是我毕业论文的重要组成部分，您的回答对我们的研究非常重要。下面每一个二级指标的具体描述，请您根据重要性程度，在每一选项合适栏目内点选。如果您不同意该选项，或认为该选项需要作合并、修改等意见，请在“具体修改意见”栏目内标注。

一级指标	二级指标	评价指标具体内涵	很重要	重要	一般	不重要	很不重要	具体修改意见
数学抽象	数学表征	从事物的具体背景中抽象出一般规律和结构，并用数学符号或数学术语进行表征	○	○	○	○	○	
	抽象思考	有一定的抽象能力，并能建立具体情境与数学问题之间的关联	○	○	○	○	○	
逻辑推理	合情推理	从小范围成立的命题，推断到更大范围内成立的命题	○	○	○	○	○	
	演绎推理	从大范围成立的命题，推断小范围内也成立的命题	○	○	○	○	○	

图 5－1　数学核心素养评价二级指标咨询意见表(网络版)

参与网络问卷调查的被试合计 32 人，其中，数学教育研究专家 28 人，数学课程与教学论专业在读研究生 4 人；数学核心素养评价二级指标咨询意见表全部被收回。

5.2.2　研究工具

1. 初测工具

根据第 4 章对数学核心素养评价指标的分析，自编《数学核心素养评价二级指标咨询意见表》的初测版，该问卷共 6 个一级指标，分别是数学抽象、逻辑推理、数学建模、数学运算、直观想象、数据分析；共 14 个二级指标，采用 Likert 5 点计分法。

2. 复测工具

根据初测情况，对部分二级评价指标具体内涵进行调整，自编《数学核心素养评价二级指标咨询意见表》的复测版(6 个一级指标，14 个二级指标)。

5.2.3　统计方法

采用 Excel 2013 管理数据库，使用 Yaahp.10.3 软件对数据进行层次分析。同时，使用 SPSS 22.0 进行信度、效度分析。

5.3　研究过程及结果

5.3.1　评价指标确立与设计

数学核心素养(key competences)是学生应具备的、能够适应终身发展和社会发展需要的、与数学有关的关键能力和思维品质。它与人的行为相关,也是数学教育的终极目标,即引导学生用数学的眼光观察世界、用数学的思维思考世界、用数学的语言表达世界。数学核心素养的评价指标主要包括 6 个一级评价指标:数学抽象、逻辑推理、数学建模、数学运算、直观想象和数据分析(见附录 A)。在评价指标确立后,进行测试问卷的编制,具体流程如图 5-2。

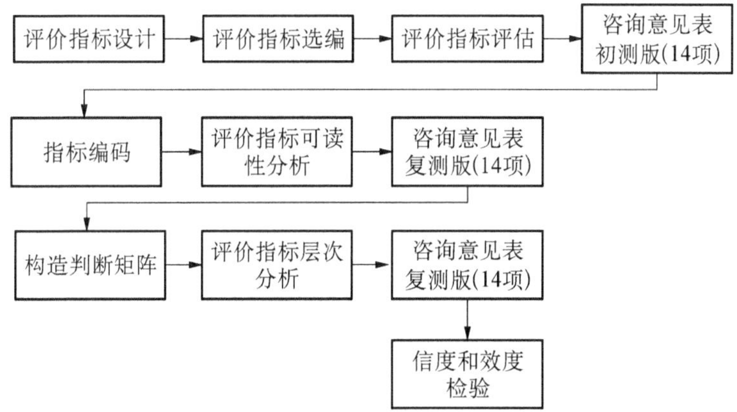

图 5-2　数学核心素养评价咨询意见表的修编流程图

5.3.2　评价指标选定与评估

1. 评价指标选定

在评价指标的选定过程中,充分考虑核心素养、学科核心素养与数学学科特点,既能够反映数学学科知识内容,又能体现数学学科核心素养的特点。在数学核心素养评价指标的表述上,尽量做到通俗易懂、简洁准确。

2. 评价指标评估

评价指标初步拟定后,请南京师范大学数学课程与教学论专业的教师以及部分研究生评价这些项目。主要评价两个方面的内容:一是评价指标的表述是否涵盖了该指标的内涵；二是评价指标是否符合数学学科知识实际以及教师对核心素养等概念的理解等。通过指标选定和评估工作，最终确定了《数学核心素养评价二级指标咨询意见表》的初测版。

5.3.3 初测与评价指标分析

采用自编《数学核心素养评价二级指标咨询意见表》的初测版，该量表共14个项目，每个项目均使用Likert 5点记分法，1表示"很不重要"，2表示"不重要"，3表示"一般"，4表示"重要"，5表示"很重要"。从第二届全国数学教育哲学暨数学教育高层论坛参会人员中，随机抽取数学教育研究者参与调查。

1. 评价指标编码

将《数学核心素养评价二级指标咨询意见表》的6个一级指标之下的14个二级指标，分别在字母后加上序号1、2、3加以区分，如V1、V2、V3等。

2. 评价指标可读性评价

随后，请62名数学教育研究者，对意见表的可读性进行评价。对意见表中的每个项目采用Likert 5点计分法(1—5分别表示完全明白、基本明白、不确定、基本不明白、完全不明白)。可读性评估汇总结果(见附录B)表明，多数研究者对意见表"完全明白"(82%)或者"基本明白"(15%)。

根据量表评定结果，结合访谈，对指标进行如下修改：

① 指标2"抽象思考"(V2)"有一定的抽象能力，并能建立具体情境与数学问题之间的关联"，部分研究者认为指向不够具体，修改为"从数量与数量关系、图形与图形关系中抽象出数学概念、命题等之间的关系"。

② 指标3"合情推理"(V3)、指标4"演绎推理"(V4)"从小范围成立的命题，推断到更大范围内成立的命题""从大范围成立的命题，推断小范围内也成立的命题"，表述的内容只涉及命题，修改为"从已有的事实出发，凭借经验和直觉，通过归纳和类比等推断某些结果""从已有的事实(包括定义、公理、定理等)和确定的规则(包括运算的定义、法则、顺序等)出发，按照逻辑推理的法则证明和计算"。

③ 指标7"解释验证"(V7)"用数学方法得到结论，验证数学结论与实际问题的相符程度"，表达不便于理解，修改为"求解结论、验证结果，反思和改进模型，最终解决问题"。

④ 指标9"运算策略"(V9)"选择合适的运算策略，简化运算过程的能力"，表达太过笼统，修改为"选择运算方法，设计运算程序，得到运算结果"。

⑤ 指标11"空间想象"(V11)"利用空间观念，想象认知事物的形态与变化"，

表述不够明晰，修改为“对客观事物的空间形式进行观察、分析和抽象的能力”。

⑥ 指标 13“加工数据”(V13)、指标 14“解释数据”(V14)“利用各类图表，表示数据的能力”“解释数据，获取知识的能力”，表述不便于理解，修改为“利用各类图表表示数据，构建模型分析数据”“解释数据蕴含的结论”。

通过以上的指标分析，最终确定了《数学核心素养评价二级指标咨询意见表》的复测版。

5.3.4　复测与评价指标层次分析

采用《数学核心素养评价二级指标咨询意见表》的复测版。该量表共 6 个一级指标、14 个二级指标。在第二届全国数学教育哲学暨数学教育高层论坛结束之后，采用网络问卷的方式，从参会人员中随机选取 32 名数学教育研究者参与调查。

由于《数学核心素养评价二级指标咨询意见表》的初测和复测版只有指标具体内涵的变化，而一级指标、二级指标数量没有变化，所以将两次统计的样本数据合并($N=62+32=94$)。虽然该样本数不是太大，但通过学习苏洪雨[①]、桂德怀[②]对学生几何素养、代数素养的评价研究，该样本数基本符合构建评价模型的要求。

1. 数学核心素养评价指标的模型建构

运用 Yaahp 10.3 软件进行评价指标权重系数的分析，首先需要建构层次结构模型(图 5－3)。

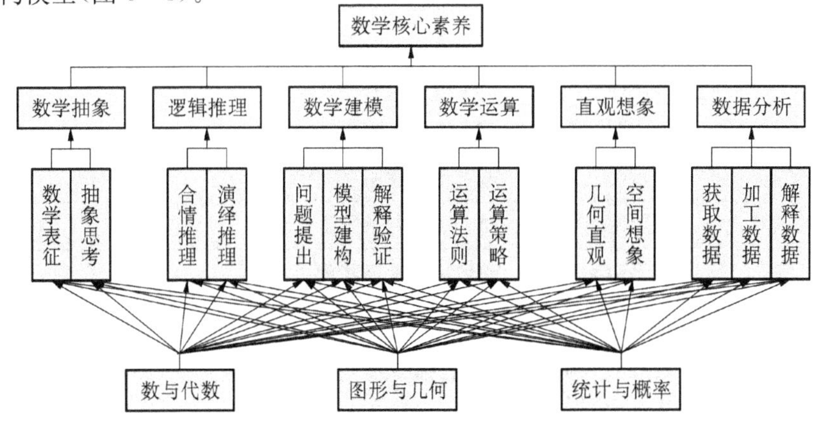

图 5－3　数学核心素养评价指标模型图

① 苏洪雨.学生几何素养的内涵与评价研究[D].上海：华东师范大学，2009：1－7.

② 桂德怀.中学生代数素养内涵与评价研究[D].上海：华东师范大学，2011：16－20.

将数学核心素养评价问题分解为三个层次：

最上层为目标层：数学核心素养。

第二层为一级指标层：数学抽象、逻辑推理、数学建模、数学运算、直观想象、数据分析。

第三层为二级指标层：数学表征、抽象思考；合情推理、演绎推理；问题提出、模型建构、解释验证；运算法则、运算策略；几何直观、空间想象；获取数据、加工数据、解释数据。

所有的数学核心素养都是建立在数学知识学习的基础上的，因此该评价模型的基础层为数与代数、图形与几何、统计与概率，即三大数学知识领域。

2. 构造数学核心素养评价指标判断矩阵

在数学核心素养评价指标的模型建构之后，进一步构造其判断矩阵，旨在判断各评价指标之间的相对重要性。因为数学核心素养评价的各一级指标权重相同，故设一级指标：数学抽象、逻辑推理、数学建模、数学运算、直观想象、数据分析的权重分别为 1/6。这个数值是以“1”为单位，确定 6 个数学核心素养一级指标权重，该数据只是相对数值，并不是 Yaaph 层次分析的权重，仅表明数学核心素养的 6 个一级指标同等重要。

对数学核心素养评价二级指标的权重计算中，采用萨蒂提出的 1—9 标度法构建两两判断矩阵，各级标度的含义如表 5－1 所示。

表 5－1　1—9 级判断矩阵标准度

重要性标度	含义
1	表示两元素相比，具有同等重要性
3	表示两元素相比，前者比后者稍微重要
5	表示两元素相比，前者比后者明显重要
7	表示两元素相比，前者比后者十分重要
9	表示两元素相比，前者比后者极其重要
2,4,6,8	表示上述两相邻判断的折中
倒　数	若元素 i 与元素 j 的重要性之比为 a_{ij}，则元素 j 与元素 i 的重要性之比为 $a_{ji}=1/a_{ij}$

通过确定初始权数来构造判断矩阵，采用专家打分与多因素统计相结合的方法，计算每个数学核心素养评价二级指标的重要度，从而得到初始权数，重要度的结果如表 5－2 所示。

表 5-2　数学核心素养评价各二级指标的重要度

二级指标	重要度	二级指标	重要度
数学表征	4.037	运算法则	3.537
抽象思考	3.944 4	运算策略	3.796 3
合情推理	3.814 8	几何直观	3.740 7
演绎推理	3.870 4	空间想象	3.703 7
问题提出	3.981 5	获取数据	3.703 7
模型建构	3.870 4	加工数据	3.685 2
解释验证	3.703 7	解释数据	3.703 7

得到初始权数之后，依据初始权数的大小，按照结构指标分类参照 1—9 标度法对指标进行两两比较，从而建立判断矩阵。

由图 5-4 可知，初始权数最小值为 3.537，最大值为 4.037，则对区间[3.537，4.037] 平均划分为 10 等分，在两两对比时，依据每个指标项的初始权数所在的区间来判断其标度。

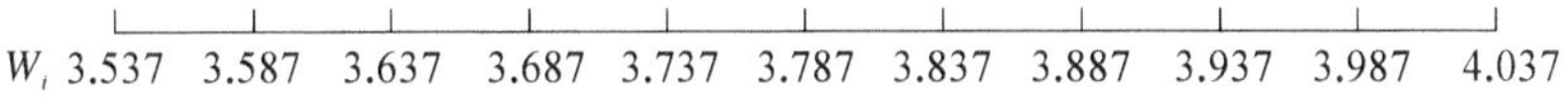

W_i 3.537　3.587　3.637　3.687　3.737　3.787　3.837　3.887　3.937　3.987　4.037

图 5-4　初始权数区间划分

以数学核心素养评价以及指标“数学抽象”下的各指标为例，数学表征和抽象思考的初始权数分别为 4.037、3.944 4，分别属于区间 10、9 内，计算其两两之间的绝对值差，若绝对值差为 0 或 1，则认为两个元素具有同等的重要性。依据 1—9 标度法，得到“数学抽象”各指标的判断矩阵如表 5-3 所示。

表 5-3　数学抽象各指标的判断矩阵

数学抽象	数学表征	抽象思考
数学表征	1	1
抽象思考	1	1

由上表可知，数学表征与抽象思考相比，具有同等重要性。

同理，对指标体系的要素用 1—9 标度法进行两两比较，相对一级指标的判断矩阵如表 5-4、表 5-5、表 5-6、表 5-7 和表 5-8 所示。

表 5-4　逻辑推理各指标的判断矩阵

逻辑推理	合情推理	演绎推理
合情推理	1	1
演绎推理	1	1

根据数学教育研究者对该指标重要性判断的相关数据，合情推理与演绎推理相比，具有同等重要性。

表 5-5　数学建模各指标的判断矩阵

数学建模	问题提出	模型建构	解释验证
问题提出	1	2	5
模型建构	1/2	1	3
解释验证	1/5	1/3	1

从上表所显示的矩阵可以看出，问题提出与模型建构的重要性之比为 2，即介于同等重要与前者比后者稍微重要之间；问题提出与解释验证的重要性之比为 5，即前者比后者明显重要；模型建构与解释验证的重要性之比为 3，即前者比后者稍微重要。

表 5-6　数学运算各指标的判断矩阵

数学运算	运算法则	运算策略
运算法则	1	1/5
运算策略	5	1

同理，运算策略与运算法则之比为 5，说明前者比后者明显重要。

表 5-7　直观想象各指标的判断矩阵

直观想象	几何直观	空间想象
几何直观	1	1
空间想象	1	1

同理，几何直观与空间想象相比，具有同等重要性。

表 5－8　数据分析各指标的判断矩阵

数据分析	获取数据	加工数据	解释数据
获取数据	1	1	1
加工数据	1	1	1
解释数据	1	1	1

同理，获取数据、加工数据与解释数据相比，均具有同等重要性。

3. 计算数学核心素养评价指标的层次单排序

在构造数学核心素养评价指标的判断矩阵之后，进一步计算评价指标之间的层次单排序，旨在判断各个二级评价指标之间的关系。

以数学核心素养评价一级指标“数学抽象”为例，单排序的计算过程具体如下所示：

① 采用乘积方根法计算判断矩阵各行的几何平均值($\overline{W_i}$)：

$$\overline{W_i}=(\prod_{j=1}^{n}a_{ij})^{\frac{1}{n}}\quad i,j=1,2,\cdots,n$$

上式中，a_{ij} 表示原始判断矩阵中第 i 行第 j 列的元素，n 表示指标个数，$\overline{W_i}$ 表示原判断矩阵第 i 行的几何平均值。

得到：

$$W=\begin{pmatrix}1\\1\end{pmatrix}$$

② 对各行的几何平均值进行归一化处理得到特征向量：

$$W_i=\frac{\overline{W_i}}{\sum_{j=1}^{n}\overline{W_j}}\quad i,j=1,2,\cdots,n$$

上式中，W_i 表示第 i 个指标的权重，n 表示指标个数，$\overline{W_i}$ 表示原判断矩阵第 i 行的几何平均值。

得到权重系数的计算结果如下所示：

$$W=(0.5\quad 0.5)$$

③ 计算判断矩阵的最大特征值 λ_{max}：

$$\lambda_{max}=\frac{1}{n}\sum_{i=1}^{n}\frac{(\sum_{j=1}^{n}a_{ij}W_j)}{W_i} \quad i,j=1,2,\cdots,n$$

上式中，a_{ij} 表示原始判断矩阵中第 i 行第 j 列的元素，n 表示指标个数，W_i 表示第 i 个指标的权重，λ_{max} 表示判断矩阵的最大特征值。

由此，可以计算最大特征值：

$$\lambda_{max}=2$$

④ 计算一致性指标 CI 和一致性比率 CR。公式如下：

$$CI=\frac{\lambda_{max}-n}{n-1}$$

当 $n=2$ 时，2 阶正互反矩阵总是一致的，所以不用进行一致性检验。当 n 大于 2 时，用 CR 表示矩阵的一致性。$CR=CI/RI$。RI 取值，如表 5-9 所示。

表 5-9　平均随机一致性指标

阶　数	1	2	3	4	5	6	7	8	9	10
RI	0	0	0.58	0.90	1.12	1.26	1.36	1.41	1.46	1.49

同理，可以计算剩余矩阵的权重和一致性。得到结果如表 5-10 所示：

表 5-10　数学抽象各指标的权重及一致性检验结果

数学抽象	数学表征	抽象思考	权　重
数学表征	1	1	0.5
抽象思考	1	1	0.5
一致性检验	$\lambda_{max}=2, CI=0$，通过一致性检验		

由结果可知，数学表征和抽象思考对数学抽象的影响程度相同，权重均为 0.5。矩阵通过一致性检验，即结果可信。

再对数学核心素养评价一级指标“逻辑推理”进行权重及一致性分析，如表 5-11 所示。

表 5-11　逻辑推理各指标的权重及一致性检验结果

逻辑推理	合情推理	演绎推理	权　重
合情推理	1	1	0.5

（续表）

逻辑推理	合情推理	演绎推理	权　重
演绎推理	1	1	0.5
一致性检验	$\lambda_{max}=2, CI=0$，通过一致性检验		

由结果可知，合情推理和演绎推理对逻辑推理的影响程度相同，权重均为 0.5。矩阵通过一致性检验，即结果可信。

接着，对数学核心素养评价一级指标“数学建模”进行权重及一致性分析，如表 5－12 所示。

表 5－12　数学建模各指标的权重及一致性检验结果

数学建模	问题提出	模型建构	解释验证	权　重
问题提出	1	2	5	0.581 6
模型建构	1/2	1	3	0.309 0
解释验证	1/5	1/3	1	0.109 5
一致性检验	$\lambda_{max}=3.0037, CI=0.0018, CR=0.0032<0.1$，通过一致性检验			

由结果可知，问题提出对数学建模的影响最大，权重为 0.581 6；其次是模型建构，权重为 0.309 0；最后是解释验证，权重为 0.109 5。矩阵通过一致性检验，即结果可信。

再对数学核心素养评价一级指标“数学运算”进行权重及一致性分析，如表 5－13 所示。

表 5－13　数学运算各指标的权重及一致性检验结果

数学运算	运算法则	运算策略	权　重
运算法则	1	1/5	0.166 7
运算策略	5	1	0.833 3
一致性检验	$\lambda_{max}=2, CI=0$，通过一致性检验		

由结果可知，运算策略对数学运算的影响较大，权重为 0.833 3，运算法则的权重为 0.166 7。矩阵通过一致性检验，即结果可信。

接着，对数学核心素养评价一级指标“直观想象”进行权重及一致性分析，如表 5－14 所示。

表 5-14　直观想象各指标的权重及一致性检验结果

直观想象	几何直观	空间想象	权　重
几何直观	1	1	0.5
空间想象	1	1	0.5
一致性检验	$\lambda_{max}=2, CI=0$，通过一致性检验		

由结果可知，几何直观和空间想象对直观想象的影响程度相同，权重均为 0.5。矩阵通过一致性检验，即结果可信。

最后，对数学核心素养评价一级指标“数据分析”进行权重及一致性分析，如表 5-15 所示。

表 5-15　数据分析各指标的权重及一致性检验结果

数据分析	获取数据	加工数据	解释数据	权　重
获取数据	1	1	1	0.333 3
加工数据	1	1	1	0.333 3
解释数据	1	1	1	0.333 3
一致性检验	$\lambda_{max}=3, CI=0, CR=0<0.1$，通过一致性检验			

由结果可知，获取数据、加工数据、解释数据对数据分析的影响程度相同，权重均为 0.333 3。矩阵通过一致性检验，即结果可信。

4. 数学核心素养评价指标的层次总排序

在对数学核心素养评价指标进行层次单排序之后，再进行层次总排序，旨在判断各个二级评价指标相对于目标层的权重。对数学核心素养评价指标进行层次总排序，得到分析结果如表 5-16。

表 5-16　数学核心素养评价指标的综合权重

一级指标	单排序	二级指标	单排序	总排序
数学抽象	1/6	数学表征	0.5	0.083 3
		抽象思考	0.5	0.083 3
逻辑推理	1/6	合情推理	0.5	0.083 3
		演绎推理	0.5	0.083 3

（续表）

一级指标	单排序	二级指标	单排序	总排序
数学建模	1/6	问题提出	0.581 6	0.096 9
		模型建构	0.309	0.051 5
		解释验证	0.109 5	0.018 2
数学运算	1/6	运算法则	0.166 7	0.027 8
		运算策略	0.833 3	0.138 9
直观想象	1/6	几何直观	0.5	0.083 3
		空间想象	0.5	0.083 3
数据分析	1/6	获取数据	0.333 3	0.055 6
		加工数据	0.333 3	0.055 6
		解释数据	0.333 3	0.055 6

综上，初步完成了数学核心素养评价指标体系的构建，其一级、二级评价指标的具体内容以及素养评价指标的权重如图 5 - 5 所示。

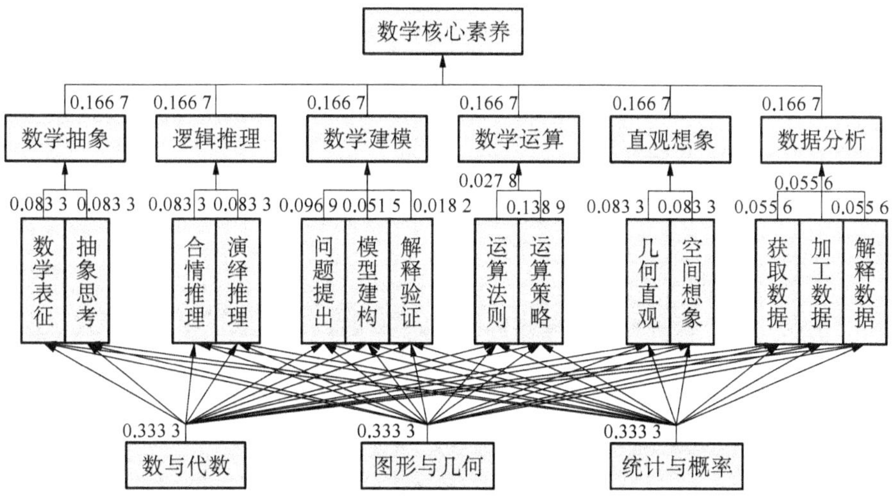

图 5 - 5　数学核心素养评价模型及指标权重图

5.3.5 信度与效度分析

1. 信度分析

本研究利用 SPSS 22.0 对《数学核心素养评价二级指标咨询意见表》(6 个一级指标,14 个二级指标)进行信度分析,分析指标主要有内部一致性系数、分半信度。问卷样本总体的一致性系数 0.993>0.8,说明问卷整体样本的信度较高。

《数学核心素养评价二级指标咨询意见表》的信度分析结果见表 5-17,数学核心素养各评价指标内部一致性系数在 0.946~0.978,总量表内部一致性系数为 0.993。可见,数学核心素养评价量表的 α 信度指标基本达到了测量学要求。

表 5-17 数学核心素养评价指标量表信度分析结果(α)

指　标	内部一致性系数
指标 1：数学抽象	0.964
指标 2：逻辑推理	0.978
指标 3：数学建模	0.972
指标 4：数学运算	0.946
指标 5：直观想象	0.965
指标 6：数据分析	0.964
总量表	0.993

2. 效度分析

在设计数学核心素养二级指标体系的时候,已经征求了专家的意见,他们对内容效度进行了评价,保证了该指标体系具有较高的内容效度。

5.4 研究结论

5.4.1 《数学核心素养评价二级指标咨询意见表》的编制与修订

《数学核心素养评价二级指标咨询意见表》正式版共计 14 个项目(附录

C),包括数学抽象(2 个项目)、逻辑推理(2 个项目)、数学建模(3 个项目)、数学运算(2 个项目)、直观想象(2 个项目)和数据分析(3 个项目)。

数学核心素养评价各指标的内部一致性系数在 0.946～0.978,说明数学核心素养各评价指标的整体概念一致并且具有很好的信度。结合专家评价,对评价指标的效度保障,《数学核心素养评价二级指标咨询意见表》达到测量学要求。

在量表中,对每一个数学核心素养评价指标下的二级指标进行了提炼、概括和阐释,对二级指标进行了层次排序,这也是数学核心素养评价体系和模型建构的基础。

5.4.2　数学核心素养评价模型的建构

随后,通过建立一个评价模型,设定每个评价指标的权重,从而构建较为完整的数学核心素养评价体系。通过 Yaahp 层次分析,构造数学核心素养评价指标的判断矩阵,通过对评价指标的层次单排序、层次总排序,得到评价指标的综合权重。由此,可以进一步建立数学核心素养评价公式如下:

$$C(A,L,M,O,I,D)=(0.166\,7\quad 0.166\,7\quad 0.166\,7\quad 0.166\,7\quad 0.166\,7\quad 0.166\,7)\begin{pmatrix}0.083\,3V_1+0.083\,3V_2\\0.083\,3V_3+0.083\,3V_4\\0.096\,9V_5+0.051\,5V_6+0.018\,2V_7\\0.027\,8V_8+0.138\,9V_9\\0.083\,3V_{10}+0.083\,3V_{11}\\0.055\,6V_{12}+0.055\,6V_{13}+0.055\,6V_{14}\end{pmatrix}$$

(C:数学核心素养;A:数学抽象;L:逻辑推理;M:数学建模;O:数学运算;I:直观想象;D:数据分析。V_1:数学表征;V_2:抽象思考。V_3:合情推理;V_4:演绎推理。V_5:问题提出;V_6:模型建构;V_7:解释验证。V_8:运算法则;V_9:运算策略。V_{10}:几何直观;V_{11}:空间想象。V_{12}:获取数据;V_{13}:加工数据;V_{14}:解释数据)

总体而言,数学核心素养可以通过这 14 个二级指标来评价,上面的公式就是初步评价数学核心素养的基本依据。当然,考虑到数学核心素养的评价,与数学教学实际、教学任务难度、年级等因素相关,各个指标承担的功能也会有差异。所以,每一个指标的权重,还需要在大规模测试、调研后不断修正,使得这个评价模型更加科学、合理。

第 6 章

数学核心素养评价问卷的建立

本章主要介绍数学核心素养评价问卷的建立过程，这个问卷主要是通过问题解决来反映学生的数学核心素养发展水平，因此，设计问题是问卷制作的关键。

第一节是数学核心素养评价问卷的初步建立，第二节是预研究及问卷修改，第三节是数学核心素养评价问卷的正式建立。

6.1　数学核心素养评价问卷的初步建立

6.1.1　数学核心素养评价框架的建立

1. 数学核心素养概念的界定

在第 2 章，着重梳理了数学素养和数学核心素养研究的相关文献，分析了学者们有代表性的观点，阐明了数学核心素养研究的现状及发展趋势。综合已有的研究成果，本研究将数学核心素养理解为：学生应具备的适应终身发展和社会发展需要的、与数学相关的必备品格和关键能力。其核心要点为：学生学习数学之后形成的、具有数学学科特点的关键成就，是数学学科育人价值的集中体现；是学生进行数学学习所必须具备的基本专业素质，其以内隐、稳定的方式存在于主体之中，是数学基础知识、基本技能、基本经验、基本思维品质、基本态度、价值观的有机融合。

2. 数学核心素养评价指标的确定

在第 4 章，着重分析了数学核心素养的评价指标，在此基础上，将数学核心素养的评价确定在 6 个一级指标（数学抽象、逻辑推理、数学建模、数学运算、直观想象和数据分析），14 个二级指标。并对每个一级、二级指标的内涵进行探析，确定评价的重点，与此同时，充分考虑到指标与指标之间的隶属性、交叉性、融通性等特点。

一方面，由于数学核心素养评价不同于普通的数学测试，所以在第 5 章中，分析确定数学核心素养评价二级指标在评价模型中的权重，以期构建较科学、合理的数学核心素养评价体系。另一方面，由于数学核心素养评价更多地体现为一种过程性评价，因此，有必要关注高中生在每个评价指标上的发展水平以及高中生在不同发展水平（知识技能水平、问题解决水平、综合发展水平）上的素养表现。

3. 数学核心素养评价框架的建立

本研究建立高中生数学核心素养评价框架，主要包括 5 个维度：数学内容、评价指标、水平、情境和问题类型维度，具体如表 6－1 所示。

表 6－1　本研究的数学核心素养评价框架

维　度	观测点
数学内容维度	(1) 数与代数
	(2) 图形与几何
	(3) 统计与概率
数学核心素养评价指标维度	(4) 数学抽象
	(5) 逻辑推理
	(6) 数学建模
	(7) 数学运算
	(8) 直观想象
	(9) 数据分析
数学核心素养水平维度	(10) 知识技能
	(11) 问题解决
	(12) 综合发展
数学核心素养情境维度	(13) 个人情境
	(14) 教育和职业情境
	(15) 公共情境
	(16) 科学情境

(续表)

维　度	观测点
数学核心素养问题类型维度	(17) 选择题
	(18) 填空题
	(19) 判断题
	(20) 解答题
	(21) 开放型建构题
	(22) 证明题

6.1.2　评价内容主题的选择

首先,根据《普通高中数学课程标准(2010 年版)》确定数学核心素养评价测试问卷所涵盖的内容主题,主要包括数与代数、图形与几何、统计与概率三个方面,具体内容的选择如表 6－2 所示。

表 6－2　高中生数学核心素养评价测试内容主题一览表

内容领域	内容主题	学段(问卷)分布
数与代数	数列	高一卷(试题二)
	算法的应用	高一卷(试题四)
	二元一次方程	高二卷(试题一)
	函数	高二卷(试题二)
	算法	高二卷(试题四)
	函数的简单性质	高三卷(试题一)
	函数表达式	高三卷(试题二)
	算法的含义	高三卷(试题三)
	流程图	高三卷(试题四)
图形与几何	点、线、面之间的位置关系	高一卷(试题一)
	空间几何体	高一卷(试题三)
	函数的图像	高一卷(试题五)
	空间几何体的表面积、体积	高二卷(试题三)

（续表）

内容领域	内容主题	学段(问卷)分布
	空间直角坐标系	高二卷(试题五)
	三角函数	高三卷(试题五)
统计与概率	统计	高一卷(试题六)
	概率	高二卷(试题六)
	统计与概率	高三卷(试题六)

6.1.3　评价问卷的初步编制

数学核心素养评价测试问卷的大部分试题选自国内外已有研究，包括PISA公布的测试样题、台湾林福来教授研究团队公布的数学素养评量样本试题、数学素养评价博硕论文中使用的试题等。这部分测试题由一批优秀的数学教育研究工作者集体研发，不但经过实证研究的检验，而且适用于大范围素养评价的测试。

《数学核心素养测试问卷(高一～高三预测卷)》的选题依据即高中数学主要教学内容，每套问卷 6 道大题，依次考察学生的数学抽象、逻辑推理、数学建模、数学运算、直观想象、数据分析核心素养。

具体而言，《数学核心素养测试问卷(高一预测卷)》主要测试对象是高一学生，共包括 6 个内容主题，有与 6 个任务情境相关的 18 道题，如表 6 - 3 所示，问卷总分值为 36 分，共 5 种题型：选择题、解答题、填空题、开放型建构题和判断题。

表 6 - 3　数学核心素养测试问卷(高一预测卷)预研究试题的分布

序　号	内　容	情　境	题　数	题　号	题　型	试题来源
1	点、线、面之间的位置关系	农场与牛	3	1(1)	选择题	鲁名凯(改编)
				1(2)	选择题	
				1(3)	解答题	
2	数列	方格游戏	3	2(1)	填空题	国内测试题(改编)
				2(2)	填空题	
				2(3)	填空题	

（续表）

序　号	内　容	情　境	题　数	题　号	题　型	试题来源
3	空间几何体	粉笔	3	3(1)	开放型建构题	纪雪颖（改编）
				3(2)	开放型建构题	
				3(3)	开放型建构题	
4	算法的应用	印度数学	3	4(1)	解答题	林信宏（改编）
				4(2)	开放型建构题	
				4(3)	开放型建构题	
5	函数的图像	胶带	3	5(1)	开放型建构题	王侦权（改编）
				5(2)	选择题	
				5(3)	开放型建构题	
6	统计	死亡率	3	6(1)	解答题	邓家骏（改编）
				6(2)	开放型建构题	
				6(3)	判断题	

《数学核心素养测试问卷(高二预测卷)》主要测试对象是高二学生，共包括 6 个内容主题，有与 6 个任务情境相关的 18 道题，如表 6－4 所示，问卷总分值为 36 分，共 4 种题型：解答题、证明题、开放型建构题和填空题。

表 6－4　数学核心素养测试问卷(高二预测卷)预研究试题的分布

序　号	内　容	情　境	题　数	题　号	题　型	试题来源
1	二元一次方程	产乳量变化	3	1(1)	解答题	杨国诚（改编）
				1(2)	解答题	
				1(3)	开放型建构题	
2	函数	福娃迎迎	3	2(1)	解答题	国内测试题（改编）
				2(2)	解答题	
				2(3)	证明题	
3	空间几何体的表面积、体积	新闻真假	3	3(1)	开放型建构题	纪雪颖
				3(2)	开放型建构题	
				3(3)	开放型建构题	

（续表）

序　号	内　容	情　境	题　数	题　号	题　型	试题来源
4	算法	购物	3	4(1)	解答题	陈少宇（改编）
				4(2)	开放型建构题	
				4(3)	解答题	
5	空间直角坐标系	小小工程师	3	5(1)	解答题	杨佳颖（改编）
				5(2)	开放型建构题	
				5(3)	开放型建构题	
6	概率	足球比赛	3	6(1)	解答题	曹亮吉
				6(2)	填空题	
				6(3)	填空题	

《数学核心素养测试问卷(高三预测卷)》主要测试对象是高三学生，共包括 6 个内容主题，有与 6 个任务情境相关的 18 道题，如表 6－5 所示，问卷总分值为 36 分，共 4 种题型：选择题、解答题、填空题和开放型建构题。

表 6－5　数学核心素养测试问卷(高三预测卷)预研究试题的分布

序　号	内　容	情　境	题　数	题　号	题　型	试题来源
1	函数的简单性质	数位色彩	3	1(1)	选择题	资讯教育（改编）
				1(2)	解答题	
				1(3)	解答题	
2	函数表达式	多边形数	3	2(1)	填空题	国内测试题（改编）
				2(2)	解答题	
				2(3)	解答题	
3	算法的含义	打折销售	3	3(1)	开放型建构题	纪雪颖
				3(2)	开放型建构题	
				3(3)	开放型建构题	
4	流程图	算法流程图	3	4(1)	解答题	潘倩（改编）
				4(2)	解答题	
				4(3)	解答题	

（续表）

序　号	内　容	情　境	题　数	题　号	题　型	试题来源
5	三角函数	旋转门	3	5(1)	解答题	PISA 2012 数学样题（改编）
				5(2)	解答题	
				5(3)	解答题	
6	统计与概率	营养配餐	3	6(1)	选择题	国内测试题（改编）
				6(2)	解答题	
				6(3)	开放型建构题	

6.2　预研究及问卷修改

6.2.1　预研究样本

预研究主要是对问卷的测试内容、题目难度、试题表达方式、解答情况等进行预调查，旨在让问卷更适合高中生数学核心素养评价。

以随机取样的方式，在江苏省选择 3 所高中的 2 041 位学生进行预研究，预研究样本如表 6－6 和表 6－7 所示。选取三个地区、三所学校作为预研究对象，学校主要集中在主城区，且均为公办学校，以市一级学校为主体开展调研。

表 6－6　数学核心素养预测样本学校基本情况一览表

序　号	类　别	子类别	样本数
1	地区	苏南地区	1 448
		苏北地区	593
2	学校类型	主城区	1 078
		城乡接合部	963
3	学校性质	公办	2 041
4	学校级别	省一级	370
		市一级	1 078
		区一级	593

表6-7 数学核心素养预测样本学生基本情况一览表

序 号	类 别	子类别	样本数
1	性别	男	980
		女	1 061
2	年级	高一	771
		高二	648
		高三	622

在参加预研究的学生中，男女比例基本相当，年级包括高一～高三，不同年级学生比例也基本相当。

6.2.2 预研究实施

预研究时间由各个学校自主安排，学生在规定的时间、地点集中完成测试。共发放问卷2 041份，回收问卷2 041份，具体预测情况如表6-8所示。

表6-8 数学核心素养评价预研究施测情况一览表

学 校	类 型	人 数	时 间	地 点	测试形式
A高中	省一级	370	9月7日	教室	集中
B高中	市一级	1 078	9月14日	教室	集中
C高中	区一级	593	9月21日	教室	集中

6.2.3 预研究信度与效度检验

1. 信度检验

信度是测验可靠性和稳定性的指标，采用内在一致性信度(within-Test consistency)测量方法，对《高中生数学核心素养测试问卷(预测卷)》进行信度检验，内在一致性系数反映的是量表内部的一致性，即项目同质性。

检验结果表明，《高中生数学核心素养测试问卷(高一预测卷)》(6个评价指标)各指标内部一致性系数在0.739～0.801，总问卷内部一致性系数为0.714(见表6-9)。其中，每项指标内部一致性系数均在0.7以上，逻辑推理指标内部一致性系数在0.8以上，说明研究的测量工具信度达到测量学要求。

表 6-9　数学核心素养测试问卷(高一预测卷)信度分析结果(α)

指　标	内部一致性系数
指标 1：数学抽象	0.739
指标 2：逻辑推理	0.801
指标 3：数学建模	0.796
指标 4：数学运算	0.755
指标 5：直观想象	0.755
指标 6：数据分析	0.799
总问卷	0.714

《高中生数学核心素养测试问卷(高二预测卷)》(6 个评价指标)各指标内部一致性系数在 0.721～0.818,总问卷内部一致性系数为 0.711(见表 6-10)。其中,每项指标内部一致性系数均在 0.7 以上,直观想象、数据分析指标内部一致性系数在 0.8 以上,说明该问卷的 α 信度指标基本达到了测量学要求。

表 6-10　数学核心素养测试问卷(高二预测卷)信度分析结果(α)

指　标	内部一致性系数
指标 1：数学抽象	0.721
指标 2：逻辑推理	0.745
指标 3：数学建模	0.759
指标 4：数学运算	0.748
指标 5：直观想象	0.818
指标 6：数据分析	0.817
总问卷	0.711

《高中生数学核心素养测试问卷(高三预测卷)》(6 个评价指标)各指标内部一致性系数在 0.738～0.822,总问卷内部一致性系数为 0.718(见表6-11)。其中,每项指标内部一致性系数均在 0.7 以上,逻辑推理、数学建模、数学运算指标内部一致性系数在 0.8 以上,说明该问卷所设置的指标项目总体较完整全面、结构较合理,适宜测量高三学生数学核心素养。

表 6-11　数学核心素养测试问卷(高三卷)信度分析结果(α)

指　标	内部一致性系数
指标 1：数学抽象	0.741
指标 2：逻辑推理	0.822
指标 3：数学建模	0.803
指标 4：数学运算	0.821
指标 5：直观想象	0.738
指标 6：数据分析	0.788
总问卷	0.718

综上，从数学核心素养测试问卷(高一～高三预测卷)的总问卷内部一致性系数均在 0.7 左右，有些指标项目需要修订。总体而言，预测卷能够基本达到预期的评价目的。

2. 效度检验

(1) 内容效度

内容效度(content validity)研究的目的是要评估测试题是否充分代表了所要评价的内容范围，它所关注的是数学核心素养评价的内容方面。本研究主要通过以下三种方式验证数学核心素养预测问卷具有一定的内容效度：

一是预测问卷项目内容的代表性。"数学核心素养"概念是在阅读、梳理国内外数学核心素养的相关研究文献基础上提出来的，评价指标的确定综合考虑了数学素养的核心内涵，并结合了指标调查。所以，问卷各个指标的内容，能够代表数学核心素养的研究主题。

二是预测被试对象的合理性。问卷指标、内容初步拟定后，以讨论班的形式，请数学教育专业的部分教师和研究生评价这些测试题，同时，一线中学数学教师及相关任课教师对测试题的适宜性及可读性进行了评价，对预测结果进行统计分析和进一步访谈，再次对测试题目进行修改。问卷的修编研究所采用的被试全部是公办学校中未参加过数学竞赛辅导的高中生，具有一定的代表性。

三是预测问卷编制方法的科学性。《高中生数学核心素养测试问卷(高一～高三预测卷)》共 18 个题项，每个一级评价指标 3 个题项，分别指向二级评价指标。问卷测试题均以国内外较为成熟的评价测试项目为依据，进行改编，不但能保证问卷的效度，而且具有一定的科学性。

(2) 结构效度

结构效度(construct validity)就是测验能说明心理学上的理论结构或特质的程度，研究采用维度分析法考察预测卷的结构效度。

首先，考察高一数学核心素养预测问卷各指标之间的相关性，结果如表 6－12 所示，6 个评价指标之间，绝大多数指标两两之间的相关达到了 0.01 的显著性水平，相关系数在 0.148～0.381，均为正相关。6 个评价指标与总问卷之间的相关在 0.399～0.648，为中等程度正相关，表明各评价指标与问卷总体评价一致。

表 6－12　数学核心素养测试问卷(高一预测卷)各指标及总问卷的相关矩阵(γ)

	指标 1	指标 2	指标 3	指标 4	指标 5	指标 6	总问卷
指标 1：数学抽象	—						
指标 2：逻辑推理	0.050	—					
指标 3：数学建模	0.189**	0.036	—				
指标 4：数学运算	0.156**	0.201**	0.148**	—			
指标 5：直观想象	0.172**	0.065	0.160**	0.247**	—		
指标 6：数据分析	0.158**	0.053	0.134**	0.229**	0.381**	—	
总问卷	0.554**	0.399**	0.423**	0.648**	0.576**	0.579**	—

注：* $p<0.05$，** $p<0.01$

其次，考察高二数学核心素养预测问卷各指标之间的相关性，结果如表 6－13 所示，6 个评价指标之间，一部分指标两两之间的相关达到了 0.01 的显著性水平，另一部分指标两两之间的相关达到了 0.05 的显著性水平，相关系数在 0.086～0.410。6 个评价指标与总问卷之间的相关在 0.390～0.746，为中等程度正相关，表明各评价指标与问卷总体评价一致。

表 6－13　数学核心素养测试问卷(高二预测卷)各指标及总问卷的相关矩阵(γ)

	指标 1	指标 2	指标 3	指标 4	指标 5	指标 6	总问卷
指标 1：数学抽象	—						
指标 2：逻辑推理	0.246**	—					
指标 3：数学建模	0.086*	0.108**	—				

（续表）

	指标 1	指标 2	指标 3	指标 4	指标 5	指标 6	总问卷
指标 4：数学运算	0.156**	0.266**	0.214**	—			
指标 5：直观想象	0.056	0.244**	0.244**	0.226**	—		
指标 6：数据分析	−0.009	0.062	0.150**	0.039	0.410**	—	
总问卷	0.390**	0.518**	0.469**	0.408**	0.746**	0.636**	—

注：* $p<0.05$，** $p<0.01$

最后，考察高三数学核心素养预测问卷各指标之间的相关性，结果如表 6－14 所示，6 个评价指标之间，绝大多数指标两两之间的相关达到了 0.01 的显著性水平，相关系数在 0.133～0.345。6 个评价指标与总问卷之间的相关在 0.439～0.592，为中等程度正相关，表明各评价指标与问卷总体评价一致。

表 6－14　数学核心素养测试问卷（高三预测卷）各指标及总问卷的相关矩阵（γ）

	指标 1	指标 2	指标 3	指标 4	指标 5	指标 6	总问卷
指标 1：数学抽象	—						
指标 2：逻辑推理	0.268**	—					
指标 3：数学建模	0.154**	0.133**	—				
指标 4：数学运算	0.145**	0.240**	0.345**	—			
指标 5：直观想象	0.180**	0.152**	0.339**	0.254**	—		
指标 6：数据分析	−0.004	−0.026	0.254**	0.136**	0.199**	—	
总问卷	0.526**	0.592**	0.571**	0.589**	0.581**	0.439**	—

注：* $p<0.05$，** $p<0.01$

综上，统计结果表明，数学核心素养预测卷各指标之间呈中等程度正相关，各指标与总问卷之间呈中等程度正相关，数学核心素养评价各指标与问卷的整体概念一致并且具有独立的结构内涵；但需在正式问卷中对测试题修改完善，以进一步提高问卷的效度。

6.2.4 预研究结果统计与分析

1. 数学核心素养评价各题测试结果及分析

(1) 数学核心素养测试问卷(高一预测卷)预测试结果分析

数学核心素养测试问卷(高一预测卷)18 道题的平均分和得分率如表 6-15所示。

表 6-15 数学核心素养测试问卷(高一预测卷)得分情况一览表

题 号	平均分	满 分	得分率/%	水平达标人数	总人数	水平达标率/%
1(1)	0.84	1	84	644	771	83.5
1(2)	0.84	2	42	323	771	41.9
1(3)	0.8	3	26.7	174	771	22.6
2(1)	0.85	1	85	649	771	84.2
2(2)	2.38	3	79.3	498	771	64.6
2(3)	1.49	2	74.5	462	771	59.9
3(1)	0.72	1	72	553	771	71.7
3(2)	0.48	3	16	52	771	6.7
3(3)	0.17	2	8.5	15	771	1.9
4(1)	0.8	1	80	616	771	79.9
4(2)	1.49	2	74.5	548	771	71.1
4(3)	1.27	3	42.3	270	771	35.0
5(1)	0.67	1	67	516	771	66.9
5(2)	1.04	2	52	402	771	52.1
5(3)	0.11	3	3.7	20	771	2.6
6(1)	0.53	1	53	409	771	53.0
6(2)	0.39	2	19.5	31	771	4.0
6(3)	1.26	3	42	17	771	2.2

由上表可知,数学核心素养测试问卷(高一预测卷)有 3 道题的正确率超过 80%,分别为 1(1)、2(1)、4(1),这 3 道题均为水平 1 的题,难度较低,学生容易答对。有 5 道题的水平达标率低于 10%,分别是 3(2)、3(3)、5(3)、6(2)、

6(3);大多是开放型建构题,题目难度较高。究其原因,一是建模类试题,为了便于学生回答,提问方式应进一步调整;二是部分试题的题干较长,学生不容易读懂,也影响了解题能力的呈现。

(2) 数学核心素养测试问卷(高二预测卷)预测试结果分析

数学核心素养测试问卷(高二预测卷)18 道题的平均分和得分率如表 6 - 16 所示。

表 6 - 16　数学核心素养测试问卷(高二预测卷)得分情况一览表

题　号	平均分	满　分	得分率/%	水平达标人数	总人数	水平达标率/%
1(1)	0.93	1	93.0	600	648	92.6
1(2)	1.82	2	91.0	578	648	89.2
1(3)	1.68	3	56.0	288	648	44.4
2(1)	0.88	1	88.0	569	648	87.8
2(2)	1.79	3	59.7	13	648	2.0
2(3)	0.13	2	6.5	279	648	43.1
3(1)	0.85	1	85.0	549	648	84.7
3(2)	0.88	3	29.3	75	648	11.6
3(3)	0.42	2	21.0	11	648	1.7
4(1)	0.14	1	14.0	88	648	13.6
4(2)	0.29	2	14.5	69	648	10.6
4(3)	0.03	3	1.0	0	648	0.0
5(1)	1.4	2	70.0	447	648	69.0
5(2)	0.58	1	58.0	370	648	57.1
5(3)	1.44	3	48.0	249	648	38.4
6(1)	0.53	1	53.0	345	648	53.2
6(2)	0.42	2	21.0	112	648	17.3
6(3)	1.22	3	40.7	224	648	34.6

由上表可知,数学核心素养测试问卷(高二预测卷)有 4 道题的正确率超过 80%,分别为 1(1)、1(2)、2(1)、3(1),这 4 道题均为难度较低的解答题,学生易答对。有 3 道题的水平达标率低于 10%,分别是 2(2)、3(3)、4(3);一方面,推理论证类试题难度较大;另一方面,高水平(水平 3)试题得分率较低,学

生在将语言文字转化为数学模型的过程中，所表现出的数学素养较弱。

(3) 数学核心素养测试问卷(高三预测卷)预测试结果分析

数学核心素养测试问卷(高三预测卷)18 道题的平均分和得分率如表 6-17 所示。

表 6-17　数学核心素养测试问卷(高三预测卷)得分情况一览表

题　号	平均分	满　分	得分率/%	水平达标人数	总人数	水平达标率/%
1(1)	0.76	1	76.0	472	622	75.9
1(2)	1.59	2	79.5	457	622	73.5
1(3)	1.69	3	56.3	345	622	55.5
2(1)	0.85	1	85.0	528	622	84.9
2(2)	1.75	3	58.3	273	622	43.9
2(3)	1.18	2	59.0	355	622	57.1
3(1)	0.6	1	60.0	376	622	60.5
3(2)	0.78	3	26.0	80	622	12.9
3(3)	0.18	2	9.0	3	622	0.5
4(1)	0.4	1	40.0	248	622	39.9
4(2)	0.48	2	24.0	129	622	20.7
4(3)	0.39	3	13.0	72	622	11.6
5(1)	0.77	1	77.0	480	622	77.2
5(2)	0.22	2	11.0	63	622	10.1
5(3)	1.14	3	38.0	227	622	36.5
6(1)	0.58	1	58.0	359	622	57.7
6(2)	1.06	2	53.0	315	622	50.6
6(3)	0.74	3	24.7	82	622	13.2

由上表可知，数学核心素养测试问卷(高三预测卷)有 4 道题的正确率超过 70%，分别为 1(1)、1(2)、2(1)、5(1)，这 4 道题均为难度较低的选择题、解答题，相比较而言，学生更擅长解答难度较低的选择题。有 5 道题的水平达标率低于 20%，分别是 3(2)、3(3)、4(3)、5(2)、6(3)；大多为水平 2、3 层次的试题，究其原因，其一，数学建模试题的表述应更利于学生解答；其二，学生在解答高水平(水平 3)的试题过程中，更容易出错。

2. 数学核心素养评价预测中的问题分析

(1) 问卷记名问题

接受问卷调查的学生要填写学校和姓名,感觉有压力,影响他们答题的心态;也有少数学生选择不填写姓名等相关信息。

(2) 问卷容量问题

参与预测试的学生,大多在60分钟内完成问卷。总体而言,数学核心素养测试问卷(高一预测卷)难度较高,也有可能是预测时间在高一学期开学初的原因,应略降低高一卷试题的难度;数学核心素养测试问卷(高三预测卷)难度偏低,可以略微增加高三卷试题的难度。

(3) 部分测试题质量问题

① 数学核心素养测试问卷(高一～高三预测卷)试题3评价的是数学建模素养,应增加3(1)、3(2)、3(3)题目表述的区分度,让问题更加聚焦。

② 数学核心素养测试问卷高二预测卷、高三预测卷中,有一些解答题,应明确让学生写出具体计算过程,以便于测量学生的不同素养水平。

③ 数学核心素养测试问卷高一预测卷难度较高,学生对题目的理解能力稍弱,降低试题6整体的难度,考察素养不变。

④ 数学核心素养测试问卷高二预测卷、高三预测卷难度较低,学生答题时间较为宽松,增加高二卷和高三卷试题6的整体难度,考察素养不变。

(4) 问卷总分问题

预研究卷的总分均为36分,可能不太符合高中试卷100分的习惯,在后期统计分析的时候,应进行分数的转换。

6.2.5 对问卷的修改

根据对预研究结果及存在问题的分析,对预测问卷进行以下修改:

1. 数学核心素养测试问卷(高一预测卷)

(1) 试题3:粉笔

加大试题3(1)、3(2)提问表述方式的区分度,让学生的回答更有针对性;另外,将试题3(3)修改为:“基于以上的解答和论证,你能提出哪些新的问题?”

(2) 试题5:胶带

试题5(3)有一定的难度,学生往往局限于如何计算出胶带的厚度Y与胶带的长度X的关系,因此,对试题进行延展,让学生“尽可能使用数学式子、数学符号或数学图形”描述胶带的厚度Y与胶带长度X的关系。

(3) 试题 6:死亡率

试题 6 的数字比较大,且高一学生对于死亡率的数学理解有一定的难度,因此,将这道题更改为“营养配餐”问题,降低高一卷的整体难度。

2. 数学核心素养测试问卷(高二预测卷)

(1) 试题 2:福娃迎迎

问题 2(3)是不等式证明题,预测发现,该题难度较大,因此,对该题进行了改编,并要求学生写出具体的求解过程,旨在考察学生的演绎推理能力。

(2) 试题 3:新闻真假

数学建模类试题,以调查问卷的形式展示,从学生的字面解答中,不一定能够全面了解学生素养水平。因此,将测试题修改为开放性问题,让学生有更大的解答空间。

(3) 试题 4:购物

问题 4(2)需要学生能够读懂题目的信息,在题目改编的过程中,加入一些词语,让题意更加清晰,并使用一些开放性语句来替代选择性语句,例如:用“请你对文忠的两种购买方案做出评价,并说明理由”替代“你认为文忠应按照哪种方案购买?”

(4) 试题 6:足球比赛

增加试题 6 的难度,将 6(3)的填空题,更改为开放型建构题,例如:304 班与 301、310、314 班在同一组,现在知道 304 班的初赛积分为 6 分,那么,你认为 304 班在什么情况下会遭到淘汰?利用答案不唯一的测试题,来观察学生数据分析素养的层次和水平。

3. 数学核心素养测试问卷(高三预测卷)

(1) 试题 2:多边形数

问题 2(2)、2(3)是解答题和填空题,均增加要求:学生要写出计算过程,一方面,对题目的评分更为细致;另一方面,在解答的过程中,评价逻辑推理素养的水平。

(2) 试题 3:打折销售

简化问题 3(1)的表述方式,让学生能够区别 3(1)与 3(2)的问题指向;将问题 3(3)修改得更具开放性和建构性,让学生有空间,创造性地应用数学建模素养。

(3) 试题 5:旋转门

通过预测,发现问题 5(2)比问题 5(3)难度更大,因此,对两道题的顺序及水平进行调整。

(4) 试题 6:营养配餐

预测发现,高三卷的整体难度较低,因此,增加试题 6 的难度,将其替换成“死亡率”问题,在更为复杂的现实情境和知识背景下,考察高三学生的数据分析素养水平。

6.3 数学核心素养评价问卷的正式建立

6.3.1 问卷概况

在前期预研究的基础上,进行修改完善,形成正式问卷《数学核心素养测试问卷(高一~高三卷)》。正式卷包括与 6 个教学任务情境相关的 18 道题目,问卷内容覆盖了数与代数、图形与几何、统计与概率三个内容领域,每道测试题都对应着不同的内容主题和数学核心素养评价维度,具体如表 6-18、表 6-19 和表 6-20 所示。

表 6-18 数学核心素养测试问卷(高一卷)题目分布一览表

题号	维度	内容领域	内容主题	标题	题型	答案	分值
1(1)	数学抽象—数学表征	图形与几何	点、线、面之间的位置关系	农场与牛	选择题	B	1
1(2)	数学抽象—抽象思考				选择题	D	2
1(3)	数学抽象—抽象思考				解答题	参见评分标准	3
2(1)	逻辑推理—合情推理	数与代数	数列	方格游戏	填空题	110	1
2(2)	逻辑推理—合情推理				填空题	参见评分标准	3
2(3)	逻辑推理—演绎推理				填空题	参见评分标准	2
3(1)	数学建模—问题提出	图形与几何	空间几何体	粉笔	开放型建构题	参见评分标准	1
3(2)	数学建模—模型建构				开放型建构题	参见评分标准	3
3(3)	数学建模—解释验证				开放型建构题	参见评分标准	2

（续表）

题　号	维　度	内容领域	内容主题	标　题	题　型	答　案	分　值
4(1)	数学运算—运算法则	数与代数	算法的应用	印度数学	解答题	9 025	1
4(2)	数学运算—运算策略				开放型建构题	参见评分标准	2
4(3)	数学运算—运算法则				开放型建构题	参见评分标准	3
5(1)	直观想象—几何直观	图形与几何	函数的图像	胶带	开放型建构题	不能	1
5(2)	直观想象—空间想象				选择题	B	2
5(3)	直观想象—空间想象				开放型建构题	参见评分标准	3
6(1)	数据分析—获取数据	统计与概率	统计与概率	营养配餐	选择题	C	1
6(2)	数据分析—加工数据				解答题	3 种	2
6(3)	数据分析—解释数据				开放型建构题	参见评分标准	3

表 6-19　数学核心素养测试问卷(高二卷)题目分布一览表

题　号	维　度	内容领域	内容主题	标　题	题　型	答　案	分　值
1(1)	数学抽象—数学表征	数与代数	二元一次方程	产乳量变化	解答题	2 100	1
1(2)	数学抽象—抽象思考				解答题	20,40	2
1(3)	数学抽象—数学表征				开放型建构题	参见评分标准	3
2(1)	逻辑推理—合情推理	数与代数	函数	福娃迎迎	解答题	41,61	1
2(2)	逻辑推理—合情推理				解答题	参见评分标准	3
2(3)	逻辑推理—演绎推理				解答题	参见评分标准	2

（续表）

题　号	维　度	内容领域	内容主题	标　题	题　型	答　案	分　值
3(1)	数学建模—问题提出	图形与几何	空间几何体的表面积、体积	新闻真假	开放型建构题	参见评分标准	1
3(2)	数学建模—模型建构				开放型建构题	参见评分标准	3
3(3)	数学建模—解释验证				开放型建构题	参见评分标准	2
4(1)	数学运算—运算法则	数与代数	算法	购物	解答题	C 品牌	1
4(2)	数学运算—运算策略				开放型建构题	参见评分标准	2
4(3)	数学运算—运算策略				解答题	参见评分标准	3
5(1)	直观想象—几何直观	图形与几何	空间直角坐标系	小小工程师	解答题	参见评分标准	2
5(2)	直观想象—空间想象				开放型建构题	参见评分标准	1
5(3)	直观想象—空间想象				开放型建构题	参见评分标准	3
6(1)	数据分析—获取数据	统计与概率	概率	足球比赛	解答题	303、307 班	1
6(2)	数据分析—加工数据				填空题	18、12 分	2
6(3)	数据分析—解释数据				开放型建构题	参见评分标准	3

表 6 - 20　数学核心素养测试问卷(高三卷)题目分布一览表

题　号	维　度	内容领域	内容主题	标　题	题　型	答　案	分　值
1(1)	数学抽象—数学表征	数与代数	函数的简单性质	数位色彩	选择题	B	1
1(2)	数学抽象—数学表征				解答题	参见评分标准	2
1(3)	数学抽象—抽象思考				解答题	参见评分标准	3

（续表）

题　号	维　度	内容领域	内容主题	标　题	题　型	答　案	分　值
2(1)	逻辑推理—合情推理	数与代数	函数表达式	多边形数	填空题	参见评分标准	1
2(2)	逻辑推理—合情推理				解答题	参见评分标准	3
2(3)	逻辑推理—演绎推理				解答题	参见评分标准	2
3(1)	数学建模—问题提出	数与代数	算法的含义	打折销售	开放型建构题	参见评分标准	1
3(2)	数学建模—模型建构				开放型建构题	参见评分标准	3
3(3)	数学建模—解释验证				开放型建构题	参见评分标准	2
4(1)	数学运算—运算法则	数与代数	流程图	算法流程图	解答题	0,20	1
4(2)	数学运算—运算法则				解答题	参见评分标准	2
4(3)	数学运算—运算策略				解答题	参见评分标准	3
5(1)	直观想象—几何直观	图形与几何	三角函数	旋转门	解答题	120 度	1
5(2)	直观想象—空间想象				解答题	720 人	2
5(3)	直观想象—空间想象				解答题	参见评分标准	3
6(1)	数据分析—获取数据	统计与概率	统计	死亡率	解答题	新加坡	1
6(2)	数据分析—加工数据				开放型建构题	参见评分标准	2
6(3)	数据分析—解释数据				判断题	参见评分标准	3

6.3.2 试题分布

1. 数学核心素养测试问卷的试题分布

数学核心素养测试问卷在各评价指标及内容领域试题的分布情况，如表

6－21 和表 6－22 所示，不同题型所占权重如表 6－23 所示。

表 6－21　数学核心素养测试问卷(高一～高三卷)各评价指标题号及分值

指　标	题号(高一～高三卷)	分　值
数学抽象	1	6
逻辑推理	2	6
数学建模	3	6
数学运算	4	6
直观想象	5	6
数据分析	6	6
总分		36

数学核心素养测试问卷(高一～高三卷)格式、题例基本一致，均以评价指标顺序呈现，总分值均为 36 分。

表 6－22　数学核心素养测试问卷(高一～高三卷)各内容领域题号及分值

内容领域	题号(高一卷)	分值	内容领域	题号(高二卷)	分值	内容领域	题号(高三卷)	分值
数与代数	2、4	12	数与代数	1、2、4	18	数与代数	1、2、3、4	24
图形与几何	1、3、5	18	图形与几何	3、5	12	图形与几何	5	6
统计与概率	6	6	统计与概率	6	6	统计与概率	6	6
总分		36	总分		36	总分		36

数学核心素养测试问卷(高一～高三卷)在三大内容领域的分布基本一致，均为最后一题为统计与概率内容，其余题以数与代数、图形与几何相关内容为主。

表 6－23　数学核心素养测试问卷(高一～高三卷)不同题型所占分值

题型(高一卷)	分值	题型(高二卷)	分值	题型(高三卷)	分值
选择题	6	选择题		选择题	1
填空题	6	填空题	2	填空题	1
判断题		判断题		判断题	3
解答题	6	解答题	13	解答题	23

（续表）

题型（高一卷）	分值	题型（高二卷）	分值	题型（高三卷）	分值
开放型建构题	18	开放型建构题	21	开放型建构题	8
总分	36		36		36

数学核心素养测试问卷（高一～高三卷）题型分布略有不同，在高一卷中，以开放型建构题为主；在高二卷中，以开放型建构题、解答题为主；在高三卷中，以解答题为主。

2. 数学核心素养测试问卷的水平分布

在数学核心素养测试问卷（高一～高三卷）中，数学内容、素养水平和题目数量、题型之间的关系，如表 6－24、表 6－25 和表 6－26 所示。

表 6－24　数学核心素养水平和题型关系一览表

水平 题型	知识技能水平	问题解决水平	综合发展水平	总计（%）
选择题	3	2		5(9.3%)
填空题	2	2	1	5(9.3%)
判断题			1	1(1.8%)
解答题	8	8	7	23(42.6%)
开放型建构题	5	6	9	20(37%)
总计（%）	18(33.3%)	18(33.3%)	18(33.4%)	54(100%)

从上表可以看出，在三份问卷中，三种水平的测试题数量相当，以解答题、开放型建构题为主；并且解答题、开放型建构题分别平均分布在三个水平维度，选择题、填空题以知识技能水平、问题解决水平为主，判断题为综合发展水平类测试题。

表 6－25　数学核心素养水平和数学内容关系一览表

水平 数学内容	知识技能水平	问题解决水平	综合发展水平	总计（%）
数与代数	9	9	9	27(50%)
图形与几何	6	6	6	18(33.3%)
统计与概率	3	3	3	9(16.7%)
总计（%）	18(33.3%)	18(33.3%)	18(33.4%)	54(100%)

从上表可见，在三份问卷中，三种水平的测试题所涵盖的数学内容相当，以综合发展水平评价为主；数与代数测试题为主、图形与几何测试题次之、统计与概率测试题占最小比例。其中，高一卷以图形与几何为主、高二和高三卷以数与代数为主。

表 6-26　数学核心素养测试题型和数学内容关系一览表

题型＼数学内容	数与代数	图形与几何	统计与概率	总计(%)
选择题	1	3	1	5(9.3%)
填空题	4		1	5(9.3%)
判断题			1	1(1.9%)
解答题	15	5	3	23(42.5%)
开放型建构题	7	10	3	20(37%)
总计(%)	27(50%)	18(33.3%)	9(16.7%)	54(100%)

从上表可见，在三份问卷中，数与代数的测试内容占主体，解答题占主体，开放型建构题次之；在选择题中，以图形与几何测试内容为主；在填空题中，以数与代数测试内容为主；在解答题中，以数与代数内容为主；在开放型建构题中，以图形与几何内容为主。

3. 数学核心素养测试问卷的百分比分布

在数学核心素养测试问卷(高一～高三卷)中，数学内容、素养水平和数学情境百分比分布情况，如表 6-27、表 6-28 和表 6-29 所示。

表 6-27　数学核心素养测试问卷数学内容分布一览表

内容类别	题目数	所占百分比/%
数与代数	9	50
图形与几何	6	33.3
统计与概率	3	16.7
总计	18	100

表 6-28　数学核心素养测试问卷水平分布一览表

水平类别	题目数	所占百分比/%
知识技能水平	18	33.3

(续表)

水平类别	题目数	所占百分比/%
问题解决水平	18	33.3
综合发展水平	18	33.4
总计	54	100

表 6-29　数学核心素养数学情境分布一览表

情境类别	题目数(高一卷)	题目数(高二卷)	题目数(高三卷)	总计(%)
个人情境	1	1	1	3(16.6%)
教育和职业情境	3	2		5(27.8%)
公共情境		3	2	5(27.8%)
科学情境	2		3	5(27.8%)
总计(%)	6(33.3%)	6(33.3%)	6(33.4%)	18(100%)

从上述三表可见,数学核心素养测试问卷(高一～高三卷)涉及的数学内容、评价的三个水平层次、测试题采用的情境大致均衡;以教育和职业情境、公共情境、科学情境为主体;高一卷以教育和职业情境为主,高二卷以公共情境为主,高三卷以科学情境为主。

6.3.3　试题示例

1. 数学抽象试题示例

数学核心素养测试问卷(高三卷)

试题 1:数位色彩

很多软件中,都会遇到设定颜色值的问题,十六进制颜色码就是在软件中设定颜色值的代码。在电脑中可用色码来表示颜色,如(255,255,255)是指白色、(255,0,0)是指红色。判断方法为:3 个数字依序代表三个原色光——红光、绿光、蓝光的亮度,如(200,0,150)表示红光 200、绿光 0、蓝光 150,合成的颜色是偏红的紫色。每种原色光的亮度以 0～255 的整数表示,数字越大代表亮度越高。

问题(1):(127,127,127)是指什么颜色?

A. 浅蓝色　　B. 中灰色　　C. 浅灰色　　D. 中蓝色

问题(2):标准黄色可由亮度最高的红光和绿光合成,请写出一个"标准黄色”和一个“较偏红之黄色”的色码。

问题(3)：每种原色光都分别有256种层次，以0～255间的整数表示。请问：一般电脑屏幕可显示出多少不同的颜色？

试题评析：该题考查的是高三学生数学抽象核心素养，问题(1)着重于数学表征素养，是一道水平1的测试试题，需要学生从色码数字中，抽象出颜色的一般规律。问题(2)较之问题(1)，是一道反向表征题，素养水平2级，需要学生用数字表征出颜色色码的结构。问题(3)着重于抽象思考素养，是一道水平3的测试题，需要学生从数量之间的关系之中，抽象出颜色与色码之间的关系。

2. 逻辑推理试题示例

数学核心素养测试问卷(高三卷)

试题2：多边形数

古希腊毕达哥拉斯学派的数学家研究过各种多边形数(如下图)，如三角形数1，3，6，10，…，第n个三角形数为$\frac{n(n+1)}{2}=\frac{1}{2}n^2+\frac{1}{2}n$，记第$n$个$k$边形数位$N(n,k)(k\geqslant 3)$。

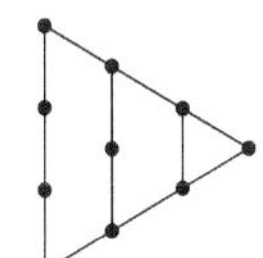 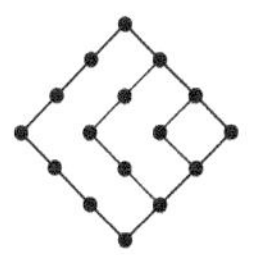 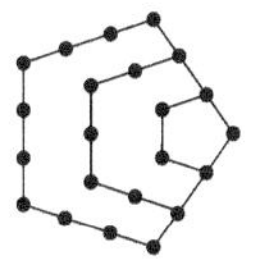 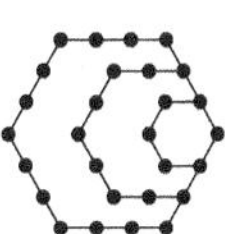

以下列出了部分k边形数中第n个数的表达式：

三角形数　　$N(n,3)=\frac{1}{2}n^2+\frac{1}{2}n$

正方形数　　$N(n,4)=n^2$

五边形数　　$N(n,5)=\frac{3}{2}n^2-\frac{1}{2}n$

六边形数　　$N(n,6)=2n^2-n$

…

问题(1)：按此规律，七边形数$N(n,7)=$________，八边形数$N(n,8)=$________。

问题(2)：试推测出$N(n,k)$的表达式(写出计算过程)。

问题(3)：$N(10,24)=$________(写出计算过程)。

试题评析：该题考查的是高三学生逻辑推理核心素养，问题(1)评价学生合情推理素养，是一道水平1的测试题，需要学生从已有的多边形数表达式出发，推断出七边形数、八边形数的表达式。问题(2)也是评价合情推理素养，素养水平3级，需要学生从已有的多边形表达式出发，通过归纳和类比，推断出多边形数的一般表达式。问题(3)侧重于演绎推理素养，是一道水平2的测试题，需要学生从多边形一般表达式出发，计算十边形数的表达式。

3. 数学建模试题示例

数学核心素养测试问卷(高一卷)

试题3:粉笔

粉笔是校园里最平常的必备品，是师生最熟悉的工具。最初，课堂里用的粉笔都是圆形的，而今，我们教室里见到的粉笔许多是六角形的。通过对粉笔生产厂家所生产的粉笔规格了解得知，六角形粉笔的直径略大于圆形粉笔的直径。

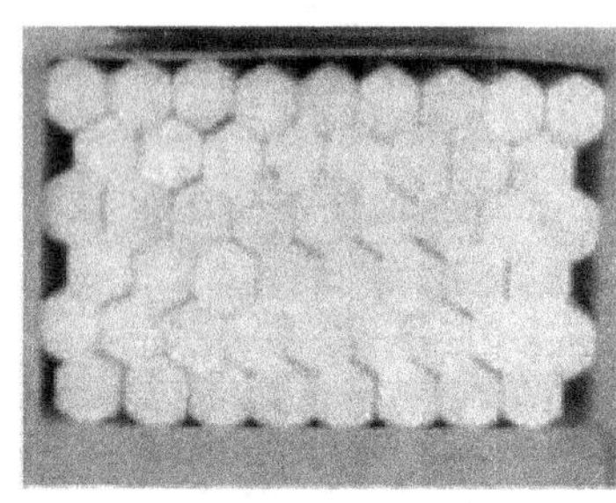

一整盒六角形粉笔

部分圆形粉笔

问题(1):人们为什么制造六角形的粉笔，你的观点是什么？

问题(2):请你从数学的角度(尽可能使用数学式子、数学符号或数学图形)论证你的观点。

问题(3):基于以上的解答和论证，你能提出哪些新的问题？

试题评析:该题考查的是高一学生数学建模核心素养，问题(1)评价学生问题提出素养，是一道水平1的测试题，需要学生从实际情境出发，用数学的视角分析问题。问题(2)评价学生模型建构素养，素养水平3级，需要学生用数学语言表达粉笔问题，用数学知识论证观点。问题(3)旨在评价解释验证素养，是一道水平2的测试题，需要利用迁移性思维，来验证对粉笔问题的理解。

4. 数学运算试题示例

数学核心素养测试问卷(高一卷)

试题4:印度数学

在印度数学中，95×95=？

有以下法则可以迅速解答“个位数字是 5 的两位数的平方运算”：

步骤一：十位的数字乘以比它本身大 1 的数；

步骤二：在步骤一乘积后面紧接着写上 25。

问题(1)：依照上面的法则，请你计算 95×95=？写出你的方法。

问题(2)：下图左一个大正方形切割成四块，请分别计算出四块四边形面积(由大到小)。

重新排列组合成下图右，请利用上述问题 1 法则的原理，说明十位的数字乘以比它本身大 1 的数，在乘积后面紧接着写上 25 的由来。(以算式表达，并简单说明即可)

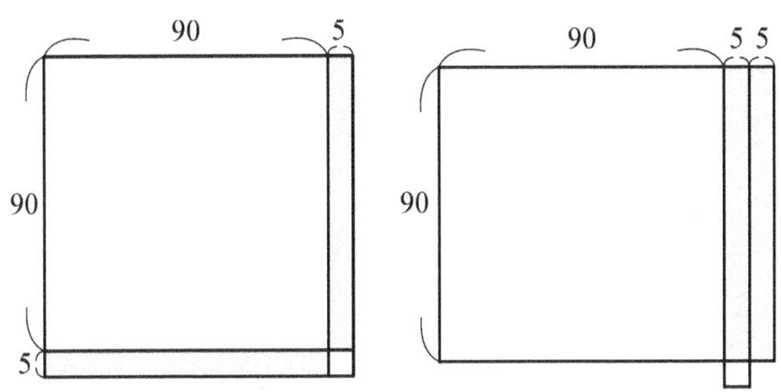

问题(3)：模拟问题(1)的法则，你能说明 293×297=？有何速算法则，请写出你提供的速算法则的原理。

试题评析：该题考查的是高一学生数学运算核心素养，问题(1)评价学生运算法则素养，是一道水平 1 的测试题，需要学生选择合理的运算法则，解决数学问题。问题(2)评价学生运算策略素养，素养水平 2 级，需要学生选择运算方法，借助图形之间的关系来解释代数式运算。问题(3)评价运算法则素养，是一道水平 3 的测试题，需要学生运用正确的运算法则，得到运算结果的同时，能够解释运算原理。

5. 直观想象试题示例

数学核心素养测试问卷(高二卷)

试题 5：小小工程师

鲁夫是个电脑程序设计师，已知现在有个科学绘图程序，只要输入数学方程式即可自动绘成直角坐标图形。

问题(1)：若是鲁夫打了下列四个方程式，则电脑屏幕中的直角坐标平面出现的图形，会像什么字？

$x=0(-3\leqslant y\leqslant 3)$

$y=0(-2\leqslant x\leqslant 2)$

$y=3(-3\leqslant x\leqslant 3)$

$y=-3(-3\leqslant x\leqslant 3)$

问题(2)：若是鲁夫想绘出「二」符号，请问他必须写出哪些方程式，才可以完成这个任务？

问题(3)：若是鲁夫想绘出「卍」符号，请问他必须写出哪些方程式，才可以完成这个任务？

试题评析：该题考查的是高二学生直观想象核心素养，问题(1)评价学生几何直观素养，是一道水平 2 的测试题，需要学生利用几何图形，数形结合，解决数学问题。问题(2)评价学生空间想象素养，素养水平 1 级，需要学生利用空间想象，写出该符号的数学方程式。问题(3)也是评价空间想象素养，是一道水平 3 的测试题，需要学生数形结合，感知图形的形态与变化，写出该符号的数学方程式。

6. 数据分析试题示例

数学核心素养测试问卷(高一卷)

试题 6：营养配餐

营养师帮学生准备了 7 道菜，每一道菜中，热量、脂肪、蛋白质的含量如下表所示：

编　号	菜　名	热量/kcal	脂肪/g	蛋白质/g
(1)	炸鸡排	300	19	29
(2)	炖牛肉	280	14	23
(3)	辣豆腐	260	20	19
(4)	番茄炒蛋	230	20	10
(5)	鱼香肉片	200	16	11
(6)	香菇花椰	190	12	21
(7)	韭菜豆芽	130	15	3

根据学生营养需求，学生需要从午餐获取的总热量不得低于 700 kcal，脂肪总和必须在 35～55 g，每一位学生的午餐要由 3 道不同的菜来搭配。

问题(1)：学生甲想吃辣豆腐，若不考虑脂肪与蛋白质，那么符合热量要求的另 2 道搭配的菜，共有多少种选择？

A. 5　　　　B. 6　　　　C. 7　　　　D. 8

问题(2):学生乙想吃炸鸡排与鱼香肉片,又要符合营养需求,那么可以搭配的第 3 道菜,有多少种选择? 请以编号(1)、(2)、(3)……作答。

问题(3):学生丙既想获取更多的蛋白质,又要符合营养需求,请为他搭配出最佳菜谱,并说明理由。请以编号(1)、(2)、(3)……作答。

试题评析:该题考查的是高一学生数据分析核心素养,问题(1)评价学生获取数据素养,是一道水平 1 的测试题,需要学生提取数据中蕴含的信息,来搭配满足条件的菜谱。问题(2)评价学生加工数据素养,素养水平 2 级,需要学生利用数据与数据之间的关系,搭配菜谱分析数据。问题(3)评价解释数据素养,是一道水平 3 的测试题,需要学生通过搭配菜谱,解释该菜谱是否符合题目要求。

6.3.4　测试题评分标准

数学核心素养测试问卷的题型有 5 类:选择题、填空题、判断题、解答题和开放型建构题。前四类有明确的答案,按照评分标准评分即可;后一类属于开放题,需要独立研制评价标准。

数学核心素养测试问卷评分标准的研制包括如下过程:首先,由研究者拟定评分标准;其次,组织高中数学专家教师讨论,然后进行修改;再次,进行试评分,根据评分结果,完善评分标准;最后,在对预测问卷进行正式评分时,针对遇到的问题,进行讨论修改。

数学核心素养问卷的评价结果主要包括三类:一是该题的解答是否达到了预期的水平等级;二是对题目的解答情况给予评分;三是对题目的完成度,进行代码评定。以下分类介绍不同题型的评价标准,详细内容参见附录 D。

1. 选择题评分标准示例

数学核心素养测试问卷(高一卷)

试题 1:农场与牛

农夫在一片长满草的大草原农场中央建了一间边长为 5 米的牛棚($ABCD$,假设牛棚部分没有草,$a=b=c=d$),农夫在一个墙角拴了一头牛,如果绳子(BE)长 12 米($e=12$ m),若绳子可自由弯曲,请问牛共可吃多少面积的草?

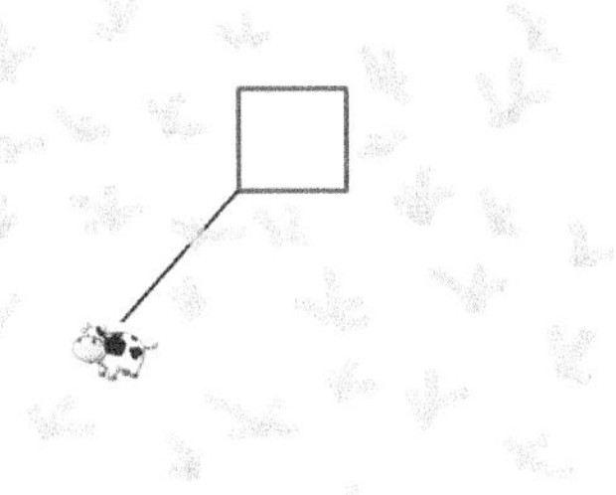

问题(1):请问下列哪一个图是正确的?

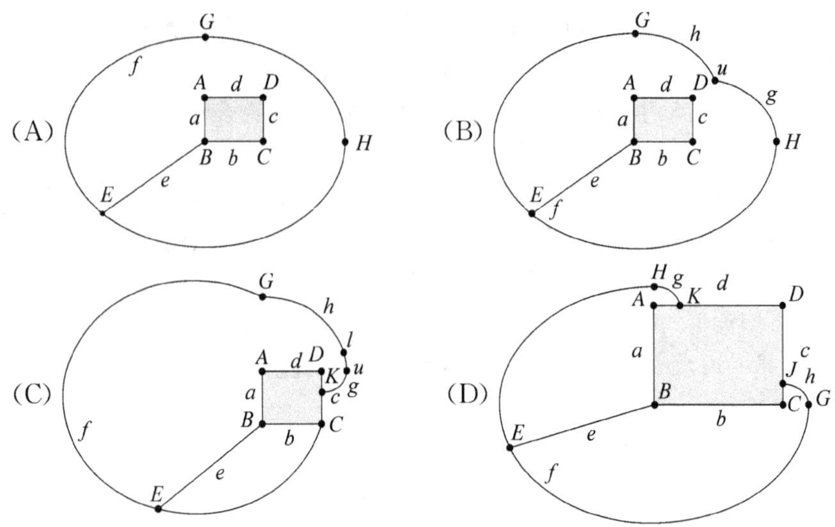

试题与评分编码：

试题 1-(1)评价指标：数学抽象—数学表征			
教学内容：图形与几何	水平等级：水平 1	题型：选择题	情境：教育和职业情境
评分编码			
满分(1 分)	代码 1：B		
零分(0 分)	代码 0：A、C、D		
	代码 9：没有作答		

问题(2)：请问牛吃了多少面积的草？

(A) 约 452 平方米

(B) 约 427 平方米

(C) 约 416 平方米

(D) 少于 413 平方米

试题与评分编码：

试题 1-(2)评价指标：数学抽象—抽象思考			
教学内容：图形与几何	水平等级：水平 2	题型：选择题	情境：教育和职业情境
评分编码			
满分(2 分)	代码 2：D		
零分(0 分)	代码 0：A、B、C		
	代码 9：没有作答		

问题(3):略。

选择题的答案一般比较明确,按照正确答案,直接对水平等级、分值、代码进行评定即可。

2. 填空题评分标准示例

数学核心素养测试问卷(高二卷)

试题6:足球比赛

某中学为了帮助高三的同学舒缓高考所带来的压力,特别在第一次模考结束后举行一连串的班级足球比赛。首先,将参加比赛的16个班级分成A、B、C、D 4组,每组4个班级进行初赛,初赛时,每班需与同组的每一班级各比赛一场,每组只有两个班获得晋级、两个班淘汰,其积分计算方式为胜一场得3分、负一场得0分、和局则两班各得1分,然后取积分较高的两个班晋级,若有积分相同者再比进球数,高者晋级,若进球数相同再比失球数,较少者晋级。

以下为A组初赛成绩表:

组　别	班　级	胜	和	负	进球数	失球数	积　分
A	302	2	1	0	4	2	7
	303	1	0	2	2	4	3
	306	1	1	1	4	3	4
	307	1	0	2	2	3	3

问题(1):略。

问题(2):依照上述之计分方式,你觉得其他B、C、D任一组初赛的总积分(也就是任一组内的4个班的积分和)最高可能为________分,最低可能为________分。

试题与评分编码:

<table>
<tr><td colspan="4">试题6-(2)评价指标:数据分析—加工数据</td></tr>
<tr><td>教学内容:统计与概率</td><td>水平等级:水平2</td><td>题型:填空题</td><td>情境:公共情境</td></tr>
<tr><td colspan="4">评分编码</td></tr>
<tr><td>满分(2分)</td><td colspan="3">代码2:例如:18、12</td></tr>
<tr><td rowspan="3">部分得分(1分)</td><td colspan="3">代码1:两个数,仅对一个</td></tr>
<tr><td colspan="3">代码11:例如,最高18分对,但最低12分错</td></tr>
<tr><td colspan="3">代码12:例如,最低12分对,但最高18分错</td></tr>
</table>

（续表）

试题 6-(2)评价指标：数据分析—加工数据	
零分(0 分)	代码 0：其他答案
	代码 9：没有作答

问题(3)：略。

填空题的答案一般比较明确，主要按照正确答案、部分正确答案、不正确答案和未作答归类评分。同样，评分者从水平、得分、代码三个方面进行评价。

3. 判断题评分标准示例

数学核心素养测试问卷(高三卷)

试题 6：死亡率

死亡率是用来衡量一部分人口中、一定规模的人口大小、每单位时间的死亡数目。死亡率通常以每年每 1 000 人为单位来表示，例如：在死亡率为 9.5 的 10 万人口中，表示这一人口中每年死亡 950 人。

下表列出一些国家(地区)在 2010 年的人口估计值与死亡率估计值。

国家(地区)	人　口	死亡率
中国台湾	23 071 779	7
日本	126 475 664	10.09
新加坡	4 740 737	4.95
中国大陆	1 336 718 015	7.03
印度	1 189 172 906	7.48
加拿大	34 030 589	7.98
埃及	82 079 636	4.82

问题(1)：略。

问题(2)：略。

问题(3)：在以上这些国家(地区)的死亡率调查中，我们可以发现日本的死亡率最高。以下有许多调查得到的结果，从这些结果是否可以说明日本死亡率最高的原因？请根据每一个结果，圈出“是”或“否”。

调查的结果	是否可以说明日本死亡率高的原因
性别比：平均 0.95 个男性/1 个女性	是/否
年龄结构：0～14 岁 13.7%，15～64 岁 64.7%，65 岁及以上 21.6%	是/否
婴儿死亡率：总计 2.8/1 000	是/否
出生时预期寿命：平均 82.25 岁	是/否
艾滋病患者、艾滋病毒携带者：12 000	是/否
感染艾滋病人口比例：少于 0.1%	是/否

试题与评分编码：

试题 6－(3)评价指标：数据分析—解释数据			
教学内容：统计与概率	水平等级：水平 3	题型：判断题	情境：公共情境
评分编码			
满分(3 分)	代码 3：由于是判断题，全对满分，人口分布日趋老年化为主因，否、是、否、是、否、否		
部分得分(2 分)	代码 2：三道题及以上正确，得 2 分		
部分得分(1 分)	代码 1：一道题及以上正确，得 1 分		
零分(0 分)	代码 0：其他答案		
	代码 9：没有作答		

数学核心素养测试问卷中的判断题较少，其答案也非常明确，即“是”“否”两类，在评价的时候，考虑到对学生数据分析整体素养的评价以及 6 道判断题综合评分，通过不同的水平、评分、代码分值，来评价学生素养发展情况。

4. 解答题评分标准示例

数学核心素养测试问卷(高三卷)

试题 4：算法流程图

已知数列$\{a_n\}$是等差数列，设 $T_n=|a_1|+|a_2|+\cdots+|a_n|(n\in\mathbf{N}^*)$，某同学设计了一个求 T_n 的部分算法流程图(如图)，图中空白处理框中是用 n 的表达式对 T_n 赋值。

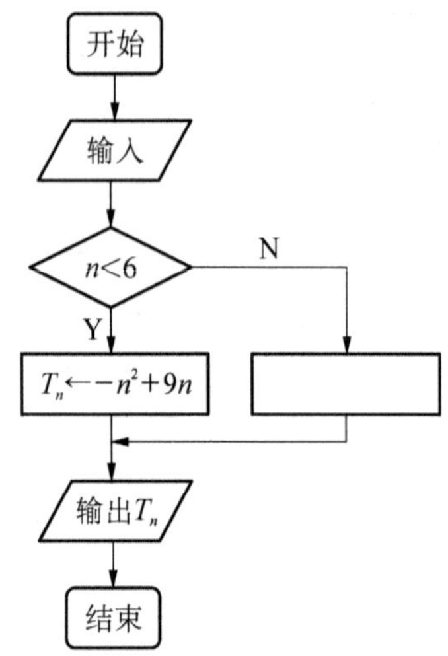

问题(1):若 $a_n>0$,当 $n=5$ 时,$a_5=$_______,$S_5=$_______(写出计算过程)。

试题与评分编码:

试题 4-(1)评价指标:数学运算—运算法则			
教学内容:数与代数	水平等级:水平 1	题型:解答题	情境:科学情境
评分编码			
满分(1 分)	代码 1:$a_5=0$,$S_5=20$,计算过程正确		
零分(0 分)	代码 0:其他答案		
	代码 9:没有作答		

问题(2):若 $a_n>0$,当 $n<6$ 时,请写出 a_n 与 S_n 的一般表达式。

试题与评分编码:

试题 4-(2)评价指标:数学运算—运算法则			
教学内容:数与代数	水平等级:水平 2	题型:解答题	情境:科学情境
评分编码			
满分(2 分)	代码 2:$a_n=-2n+10$,$S_n=\frac{n[8+(-2n+10)]}{2}=-n^2+9n$		
部分得分(1 分)	代码 1:两个答案,只有一个正确,则部分得分		
零分(0 分)	代码 0:其他答案		
	代码 9:没有作答		

问题(3):请在空白处理框中填入 $T_n=$________,并写出求解过程。

试题与评分编码:

<table>
<tr><td colspan="4">试题 4 -(3)评价指标:数学运算—运算策略</td></tr>
<tr><td>教学内容:数与代数</td><td>水平等级:水平 3</td><td>题型:解答题</td><td>情境:科学情境</td></tr>
<tr><td colspan="4">评分编码</td></tr>
<tr><td>满分(3 分)</td><td colspan="3">代码 3:$n^2-9n+40$
当 $n\leqslant5$ 时,$a_n\geqslant0$;当 $n>5$ 时,$a_n<0$
当 $n>5$ 时
$T_n=|a_1|+|a_2|+\cdots+|a_5|+|a_6|+\cdots+|a_n|$
$=a_1+a_1+a_2+\cdots+a_5-a_6-\cdots-a_n$
$=a_1+a_2+\cdots+a_5-(a_6+\cdots+a_n)$
$=S_5-(S_n-S_5)$
$=n^2-9n+40$</td></tr>
<tr><td>部分得分(2 分)</td><td colspan="3">代码 2:表达式正确,但未写出具体求解过程</td></tr>
<tr><td>部分得分(1 分)</td><td colspan="3">代码 1:求解过程正确,但表达式有误</td></tr>
<tr><td rowspan="2">零分(0 分)</td><td colspan="3">代码 0:其他答案</td></tr>
<tr><td colspan="3">代码 9:没有作答</td></tr>
</table>

解答题有一定的开放性,因此设计评分标准时,一方面预设了评价的具体标准,另一方面给出评分示例。例如:什么样的答案,能够评价满分;对求解过程有什么要求;什么样的答案能够部分得分等。

5. 开放建构题评分标准示例

数学核心素养测试问卷(高二卷)

试题 3:新闻真假

信息时代,网络上各类新闻层出不穷,真假难辨。某网站最新报道:A 市某银行发生一起严重的抢劫案,劫匪独自一人在无任何车辆等交通工具的情况下,劫走现金 1 000 万元,所有现金均为捆扎整齐的百元人民币(如图)。

问题(1):请你判断该新闻的真假?

试题与评分编码:

试题 3-(1)评价指标:数学建模—问题提出			
教学内容:图形与几何	水平等级:水平 1	题型:开放型建构题	情境:公共情境
评分编码			
满分(1 分)	代码 1:假(理由合理,尝试建构现实情境与数学之间的关系)		
零分(0 分)	代码 0:其他答案		
	代码 9:没有作答		

问题(2):请从数学角度(尽可能使用数学式子、数学符号和数学图形等)论证你的判断。

试题与评分编码:

试题 3-(2)评价指标:数学建模—模型建构			
教学内容:图形与几何	水平等级:水平 3	题型:开放型建构题	情境:公共情境
评分编码			
满分(3 分)	代码 3:能从数学角度合理论证判断 例如:计算 1 000 万人民币的重量或体积、大小等相关信息		
部分得分(2 分)	代码 2:能够合理论证,但没有从数学角度论证判断		
部分得分(1 分)	代码 1:数学论证过程部分合理		
零分(0 分)	代码 0:其他答案		
	代码 9:没有作答		

问题(3):基于以上的解答和论证,你能提出哪些新的问题?

试题与评分编码:

试题 3-(3)评价指标:数学建模—解释验证			
教学内容:图形与几何	水平等级:水平 2	题型:开放型建构题	情境:公共情境
评分编码			
满分(2 分)	代码 2:能提出既符合现实情境,又科学合理的迁移性数学问题		
部分得分(1 分)	代码 1:提出的问题仅仅符合现实情境,或者仅仅是典型的数学问题		

（续表）

试题 3-(3)评价指标:数学建模—解释验证	
零分(0 分)	代码 0:其他答案
	代码 9:没有作答

开放型建构题完全是开放性、建构性的，因此，在评分时，主要根据学生解答的情况，通过主观判断进行评分，评价的自由度更大一些，对学生的回答情况更多的是质性判断，量化评分。

6.4　研究结论

6.4.1　《数学核心素养测试问卷(预测卷)》的编制与试测

在数学核心素养概念的界定以及数学核心素养评价 6 个一级指标、14 个二级指标确定的基础上，初步确定高中生数学核心素养评价框架的 5 个维度：数学内容、评价指标、水平、情境和问题类型维度，共 22 个观测点。评价内容主题的选择，主要来源于高中数学课程内容的三个方面：数与代数、图形与几何、统计与概率。

确定了数学核心素养预测问卷的评价框架后，以国内外较大规模数学素养测试样题为依据，进行了部分测试题的改编，形成《数学核心素养测试问卷(高一～高三预测卷)》，每套问卷包含 6 个内容主题，有与 6 个任务情境相关的 18 道题，问卷总分均为 36 分，共 5 种题型：选择题、填空题、判断题、解答题和开放型建构题。

为了检验《数学核心素养测试问卷(预测卷)》的信度与效度，选择江苏省不同地区的 3 所高中进行预测，预研究样本量为 2 041，测试对象的地区、学校、性别、年级分布合理，测试采用集中闭卷考试的方式进行。

对《数学核心素养测试问卷(高一～高三预测卷)》进行信度检验，三套问卷的内部一致性系数均在 0.7 以上，部分一级评价指标的内部一致性系数在 0.8 以上，说明预测卷基本能够达到预期评价目标，部分测试题需要进一步修改完善。

对《数学核心素养测试问卷(高一～高三预测卷)》进行内容效度和结构效度的检验，预测问卷项目内容具有一定的代表性、预测被试对象合理、预测问卷编制方法科学，有效保障了预测问卷的内容效度；统计结果表明，数学核心素养预测卷各指标之间呈中等程度正相关，各指标与总问卷之间呈中等程度正相关，绝大多数评价指标两两间呈非常显著性相关，说明数学核心素养评价各指标与问卷的整体概念一致并且具有独立的结构内涵。

随后，对《数学核心素养测试问卷（高一～高三预测卷）》的测试题进行正确率和水平达标率的分析，通过对数据的统计，发现预测卷试题存在的问题以及其产生的原因，并对部分测试题进行修改。

6.4.2 数学核心素养评价问卷的建立

通过数学核心素养评价的预研究，对数学核心素养评价问卷测试题进行修改，正式建立高中生数学核心素养测试问卷。对问卷的题号、维度、内容领域、内容主题、标题、题型、答案、分值等基本要素进行梳理。

《数学核心素养测试问卷（高一～高三卷）》的 6 个一级评价指标测试题相当；试题分布主要集中在数与代数、图形与几何领域，统计与概率方面的题较少；题型以开放型建构题、解答题为主；知识技能、问题解决、综合发展三种水平的测试题数量相当；测试题情境以教育和职业情境、公共情境、科学情境为主，个人情境次之。

结合数学核心素养评价 6 个一级指标，给出试题示例，并进行评析，分析试题评价的重点、水平层次以及核心素养指向等因素。数学核心素养测试问卷评价标准的研制也非常重要，通过标准拟定、教师研讨、标准完善、讨论修改四个环节，制定数学核心素养评价测试题评分标准，以测试问卷的 5 类题型（选择题、填空题、判断题、解答题和开放型建构题）为例，进行 7 个变量的评定：评价指标、教学内容、水平等级、题型、情境、评分和代码，以期对测试题的解答情况进行全面评价。

综上，通过对数学核心素养评价问卷的初步建立、预测、修改、正式问卷的确定等工作，为第 7 章高中生数学核心素养的测评分析做好准备。

第7章

高中生数学核心素养测评分析

7.1 研究目的

应用《数学核心素养测试问卷(高一～高三卷)》对高中生数学核心素养水平进行测评，分析高中生数学核心素养在教学内容、评价指标、水平、情境、问题类型等维度的具体表现；分析不同地区、年级、性别学生在数学核心素养上是否存在差异；分析高中生数学核心素养的发展与数学成绩是否相关等。

7.2 研究方法

7.2.1 被试选择

研究采用分层整群抽样的方法，在高一～高三年级学生中选择被试样本：首先，选取不同地区的5个城市；然后，在每个城市中选取不同层次的2所学校(为了比较不同年级高中生数学核心素养的水平差异，有一个城市选取1所学校，高一～高三学生采用同一套问卷进行测试)；最后，在每个样本学校中，选取高一～高三，各一个班学生(见表7-1)，参加数学核心素养测试，所有测试学生均未参加过数学竞赛培训。

表 7－1　数学核心素养测试被试学生分布情况

地区	北京	南京	常州	徐州	扬州	总计
学校数	1	2	2	2	2	9
学生数	110	278	275	206	277	1 146

综合考虑各种因素，9 所学校共计 1 146 名高中生参与调查（见表 7－2），最终收回数学核心素养测试问卷 1 146 份，有效样表 1 141 份，量表回收有效率为 99.6％。

表 7－2　数学核心素养测试样本学生基本情况一览表

序号	年级	样本数	有效样本数	性别（样本数）
1	高一	427	425	男（218）
				女（207）
2	高二	384	381	男（223）
				女（158）
3	高三	335	335	男（184）
				女（151）

在参加正式测试的江苏省学生中，男女比例基本相当（男生 563 人、女生 468 人），年级包括高一～高三，不同年级学生比例也基本相当。

7.2.2　研究工具与统计方法

采用《数学核心素养测试问卷（高一～高三卷）》，使用 SPSS 22.0 进行数据处理。统计方法主要采用描述性统计、t 检验、方差分析以及回归分析等。

7.2.3　正式测试与试题分析

高中生数学核心素养的正式测试安排在 2016—2017 学年第一学期期中阶段，各个学校自行安排测试时间，按照统一的测试要求和规范进行测试。

正式测评试题主要有五种题型，选择题、填空题、判断题均不需要写出详细的解题过程；解答题、开放型建构题均要明确解题步骤，详细写出解题过程。

测试题指标分析与水平划分，与预测卷基本一致，包括：数学核心素养的

6 个一级指标、14 个二级指标和 3 个发展水平。在判定每一道题的评价指标和具体水平时，有些题目往往会涉及几个评价指标，例如：高二卷试题 4 购物，不但涉及“数学运算”，而且也属于“数学建模”，因此在判定的时候，选取其最为接近的评价指标。根据前面的水平划分，我们用数值来表示 3 个水平：知识技能水平——1、问题解决水平——2、综合发展水平——3。依此来确定测试卷中每道测试题的一级指标、二级指标和水平，如表 7－3 至表 7－5 所示。

表 7－3　数学核心素养测试问卷（高一卷）测试指标及水平分析表

指标 水平 题号	数学抽象		逻辑推理		数学建模			数学运算		直观想象		数据分析		
	数学表征	抽象思考	合情推理	演绎推理	问题提出	模型建构	解释验证	运算法则	运算策略	几何直观	空间想象	获取数据	加工数据	解释数据
1(1)	1													
1(2)		2												
1(3)		3												
2(1)			1											
2(2)			3											
2(3)				2										
3(1)					1									
3(2)						3								
3(3)							2							
4(1)								1						
4(2)									2					
4(3)								3						
5(1)										1				
5(2)											2			
5(3)											3			
6(1)												1		
6(2)													2	
6(3)														3

表 7-4　数学核心素养测试问卷（高二卷）测试指标及水平分析表

指标/水平/题号	数学抽象		逻辑推理		数学建模			数学运算		直观想象		数据分析		
	数学表征	抽象思考	合情推理	演绎推理	问题提出	模型建构	解释验证	运算法则	运算策略	几何直观	空间想象	获取数据	加工数据	解释数据
1(1)	1													
1(2)		2												
1(3)	3													
2(1)			1											
2(2)			3											
2(3)				2										
3(1)					1									
3(2)						3								
3(3)							2							
4(1)								1						
4(2)									2					
4(3)									3					
5(1)										2				
5(2)											1			
5(3)											3			
6(1)												1		
6(2)													2	
6(3)														3

表 7-5　数学核心素养测试问卷（高三卷）测试指标及水平分析表

指标/水平/题号	数学抽象		逻辑推理		数学建模			数学运算		直观想象		数据分析		
	数学表征	抽象思考	合情推理	演绎推理	问题提出	模型建构	解释验证	运算法则	运算策略	几何直观	空间想象	获取数据	加工数据	解释数据
1(1)	1													
1(2)	2													

（续表）

指标 / 水平 / 题号	数学抽象		逻辑推理		数学建模			数学运算		直观想象		数据分析		
	数学表征	抽象思考	合情推理	演绎推理	问题提出	模型建构	解释验证	运算法则	运算策略	几何直观	空间想象	获取数据	加工数据	解释数据
1(3)		3												
2(1)			1											
2(2)			3											
2(3)				2										
3(1)					1									
3(2)						3								
3(3)							2							
4(1)								1						
4(2)								2						
4(3)									3					
5(1)										1				
5(2)											2			
5(3)											3			
6(1)												1		
6(2)													2	
6(3)														3

基于第 5 章对数学核心素养评价的模型分析与建构，可以进一步得到，整个测试问卷的 14 个二级指标与评价权重之间的关系，如表 7－6 所示。

表 7－6　数学核心素养测试问卷(高一～高三卷)测试指标权重表

二级指标	数学表征	抽象思考	合情推理	演绎推理	问题提出	模型建构	解释验证
权重	0.083 3	0.083 3	0.083 3	0.083 3	0.096 9	0.051 5	0.018 2
二级指标	运算法则	运算策略	几何直观	空间想象	获取数据	加工数据	解释数据
权重	0.027 8	0.138 9	0.083 3	0.083 3	0.055 6	0.055 6	0.055 6

综上，在正式测试的时候，研究以该问卷为工具，来测量高中生在不同素养指标上的表现及水平；随后，根据数学核心素养二级指标评价权重，使用数学核心素养评价模型，来综合评价高中生数学核心素养的整体情况。

7.2.4 信息编码与数据统计

1. 信息编码

为了保证问卷信息的真实性和完整性，用 ABCDEFGHI 的形式对每份问卷进行编码。

A ——表示测试学校所在地区，1—5

B ——表示学校，1—9

CD ——表示年级，10—12

EF ——表示班号，01—20

GH——表示学生试卷编号，01—60

I ——表示学生的性别，男生(1)/女生(0)

例如：161108160，表示测试学校是地区 1 的学校 6，该学生在高二年级 8 班学习，所做问卷序号为 16，是女生(0)。

2. 数据统计

为了方便学生测试成绩的记录、计算和分析，用 abcdefg 的形式对每道试题进行评价，记录该学生的解答情况。

a——表示该测试题所涉及的数学内容，数与代数(1)/图形与几何(2)/统计与概率(3)

b——表示该测试题的题型，选择题(1)/填空题(2)/判断题(3)/解答题(4)/开放型建构题(5)

c——表示该测试题的情境，个人情境(1)/教育和职业情境(2)/公共情境(3)/科学情境(4)

d——表示该学生在回答此题时所表现出来的水平，知识技能水平(1)/问题解决水平(2)/综合发展水平(3)

e——表示该学生在回答此题时的得分情况，1—3

fg——表示该学生在回答此题时的答案代码，0—40

例如：2533331，表示该测试题是以图形与几何数学内容为材料，是一道开放型建构题，依托情境为公共情境，该学生在解决这道测试题的时候，表现出综合发展水平，得分为 3 分，具体答案所属代码为 31。

7.3　数据处理

第 7 章分析所使用的数据，均根据第 5 章构建的数学核心素养评价模型，计算出该高中生的数学核心素养分；具体可以参考 7.3.1 和 7.3.2 数学核心素养成绩的计算与转换、不同数学核心素养水平划分的依据等内容。除此之外，只有北京高中数据在文中做出特殊说明，其他未说明的数据均为江苏省各学校高中生相关数据。

7.3.1　数学核心素养成绩的计算

根据第 5 章数学核心素养评价的模型分析与建构，当我们计算出学生在每道测试题上的得分，即数学核心素养每个评价指标下的分值（$V_1 \sim V_{14}$）之后，利用如下公式就可以求出每个学生的数学核心素养成绩（C）。

$$C(A,L,M,O,I,D)=(0.166\ 7\quad 0.166\ 7\quad 0.166\ 7\quad 0.166\ 7\quad 0.166\ 7\quad 0.166\ 7)\begin{pmatrix}0.083\ 3V_1+0.083\ 3V_2\\0.083\ 3V_3+0.083\ 3V_4\\0.096\ 9V_5+0.051\ 5V_6+0.018\ 2V_7\\0.027\ 8V_8+0.138\ 9V_9\\0.083\ 3V_{10}+0.083\ 3V_{11}\\0.055\ 6V_{12}+0.055\ 6V_{13}+0.055\ 6V_{14}\end{pmatrix}$$

（C：数学核心素养；A：数学抽象；L：逻辑推理；M：数学建模；O：数学运算；I：直观想象；D：数据分析。V_1：数学表征；V_2：抽象思考。V_3：合情推理；V_4：演绎推理。V_5：问题提出；V_6：模型建构；V_7：解释验证。V_8：运算法则；V_9：运算策略。V_{10}：几何直观；V_{11}：空间想象。V_{12}：获取数据；V_{13}：加工数据；V_{14}：解释数据。）

下面以编号为 161108160 的学生为例，来计算她的数学核心素养成绩。若她在测试中每一道题的得分情况如表 7－7 所示。

表 7－7　编号为 161108160 的学生在测试中的得分情况

题号	1(1) 数学表征	1(2) 抽象思考	1(3) 抽象思考	2(1) 合情推理	2(2) 合情推理	2(3) 演绎推理	3(1) 问题提出	3(2) 模型建构	3(3) 解释验证
得分	1	2	3	1	3	1	1	2	1

（续表）

题号	4(1) 运算 法则	4(2) 运算 策略	4(3) 运算 法则	5(1) 几何 直观	5(2) 空间 想象	5(3) 空间 想象	6(1) 获取 数据	6(2) 加工 数据	6(3) 解释 数据
得分	1	2	2	2	2	2	1	2	3

由该学生每道题的得分，可以得出其在各个指标上的分值（见表 7－8）：

表 7－8　编号为 161108160 的学生在各个评价指标上的得分情况

题号	V_1数学表征	V_2抽象思考	V_3合情推理	V_4演绎推理	V_5问题提出	V_6模型建构	V_7解释验证
得分	1	5	4	1	1	2	1
题号	V_8运算法则	V_9运算策略	V_{10}几何直观	V_{11}空间想象	V_{12}获取数据	V_{13}加工数据	V_{14}解释数据
得分	3	2	2	4	1	2	3

由此，可以计算出学生 161108160 的数学核心素养成绩（C）：

$$C(A,L,M,O,I,D)=(0.1667\quad 0.1667\quad 0.1667\quad 0.1667\quad 0.1667\quad 0.1667)\begin{pmatrix}0.0833\times1+0.0833\times5\\0.0833\times4+0.0833\times1\\0.0969\times1+0.0515\times2+0.0182\times1\\0.0278\times3+0.1389\times2\\0.0833\times2+0.0833\times4\\0.0556\times1+0.0556\times2+0.0556\times3\end{pmatrix}$$

$$=0.3882$$

根据这个方法，我们可以计算出每一位学生数学核心素养的原始成绩。可以看出，这些原始成绩普遍偏小，相互之间较为接近，不利于大样本学生之间的分析。因此，为了增加区分度，我们将原始成绩转化为标准分，并不改变原始成绩的分布形态①。标准分的换算，选用大学入学考试和毕业考试学业能力倾向测验中常用的标准分数——CEEB 分数。

首先，根据 $Z=\dfrac{X-\bar{X}}{SD}$（X 为原始分数，$\bar{X}$ 为原始分数的平均值）求出 $Z=0.2$；

其次，根据 CEEB 分数＝$100Z+500$，可以求得，编号为 161108160 学生

① 桂德怀.中学生代数素养内涵与评价研究[D].上海：华东师范大学，2011：195.

的数学核心素养水平 CEEB 标准分是 520 分。

这样一种分值的转换是线性转换，不改变原始分的分布形态、顺序，只是扩大分值，便于区分学生的差异性①。

7.3.2　数学核心素养水平的评定

在评定高中生数学核心素养水平的时候，我们是根据学生解答问题过程中，所呈现出来的基本特征来判定的。具体分析如下：

1. 知识技能水平的基本特征

这个水平的学生在解答数学问题时，具体表现为：能理解数学的某个知识，或者会使用某种数学技能，去解决包含一个概念或一个条件的数学问题；在数学问题的解决过程中，呈现出单向度、单纬度的特点，还不太能够利用问题中的多个信息去分析和解决问题。

知识技能水平的数学核心素养基本特征如表 7-9 所示。

表 7-9　知识技能水平的数学核心素养

水平 1		知识技能水平	认知特点		单一性
含义		使用数学知识、数学能力解决单一性的问题			
特征			举例		
1.1	能够从现实、数学或科学情境中抽象出单一的数学概念或者数学问题		※	根据“数位色彩”的概念，能够判断某个用数字表示的色码是什么颜色	
1.2	能够处理从数到式的单向归纳问题，并能够处理同一数学结构中的类比，能够处理较为复杂的判断、命题演算等问题		※	根据多边形数的递归规律，能写出七边形数的代数式	
1.3	能够从数学问题的角度，去解决社会或科学背景下的各类问题		※	能从数学的角度，去了解六角形粉笔与圆形粉笔的差异	
1.4	能够用单个规则或方法，去解决数、式的运算等问题		※	根据“个位数字是 5 的两位数平方运算”法则，求 95×95=?	
1.5	能够通过直观图形理解、描述和表达数学问题		※	根据直角坐标系中呈现的图形，写出该图所表示的数学方程式	
1.6	能够根据数据特征，判断某一组数据所表达的内涵及意义		※	根据“死亡率”概念，比较不同人口基数、不同死亡率的国家，死亡人数的多少	

① 苏洪雨.学生几何素养的内涵与评价研究[D].上海：华东师范大学，2009：113.

2. 问题解决水平的基本特征

这个水平的学生在解答数学问题时，具体表现为：能发现数学问题涉及的不同知识，能利用问题的多个信息，去解决问题；在问题的解决过程中，能对有效信息进行比较、筛选和选择，呈现出多维度、整体性的特点。但是，还不太能够利用没有直接涉及的、又与问题本身有联系的信息，即与问题相关的间接信息去分析和解决问题。这个水平的数学核心素养基本特征如表 7 - 10 所示。

表 7 - 10 问题解决水平的数学核心素养

水平 2	问题解决水平	认知特点	整体性
含义	综合使用所有与问题直接相关的信息，整体性地解决问题		
特征		举例	
1.1 能够从现实、数学、科学情境中抽象出数学问题，抽象过程涉及多个信息条件		※ 能够根据“数位色彩”的定义，写出“标准黄色”和“较偏红之黄色”的色码	
1.2 能够解决数、式、形之间的综合归纳问题，能够解决同一或不同数学结构中的类比问题，能够处理较为复杂的判断、命题演算等问题		※ 能够根据 $f(n+1)$ 与 $f(n)$ 之间的关系式，写出 $f(n)-f(n-1)$ 的表达式	
1.3 能够选择合适的数学模式表达所要解决的数学问题，并根据问题的实际意义，用数学方法加以检验		※ 能提出既符合现实情境，又科学合理的迁移性数学问题	
1.4 能够用多个规则或方法，去解决数、式的运算等问题		※ 能够用几何图形面积的计算方法，来验证代数式的运算法则	
1.5 能够发现图形与图形、数量之间的关系，通过计算、分析等方法，解决数学问题		※ 用函数图像表示圆形胶带厚度 Y 随着胶带长度 X 变化的情形	
1.6 能够针对研究对象获取数据，运用统计方法整理、分析和判断数据，在解决问题的过程中，掌握数据的规律		※ 根据足球比赛的计分规则，判断组 B、C、D 任一组比赛的总积分可能的最大值和最小值	

3. 综合发展水平的基本特征

这个水平的学生在解答数学问题时表现为：能够较全面地理解数学问题及其所涉及的各类情境，能够利用与数学问题直接或间接相关的各类信息，并在相互关联和整合的基础上，对问题有较高水平的理解和概括，具有开放性、综合性、发展性的数学思维。这个水平的数学核心素养基本特征如表 7 - 11 所示。

表 7-11　综合发展水平的数学核心素养

水平 3	综合发展水平	认知特点	开放性
含义	综合使用各种与数学问题相互影响的信息，形成对问题更一般的推广		
特征		举例	
1.1　能够对从现实、数学、科学情境中抽象出数学问题，有更为一般的解决问题策略		※　能够根据“原色光”的层次及表示方法，写出一般电脑屏幕可显示出多少不同的颜色	
1.2　能够掌握数学问题中逻辑推理方法的规则，并从问题的不同假设前提出发，推断一般性的结论		※　能够根据部分 k 边形数中第 n 个数的表达式，推测出 $N(n,k)$ 的表达式	
1.3　能够在具体情境中，综合运用数学建模的一般方法和知识，开放性地建立数学模型，解决问题		※　能从数学的角度（数学式子、数学符号或数学图形）论证，“六角形粉笔”较之“圆形粉笔”的优劣问题	
1.4　能够将问题转化为运算问题，并对运算问题，构造运算法则，解决数学问题		※　根据已提供的“个位数字是 5 的两位数的平方运算”法则，为 $293\times297=?$ 构建运算法则，并说明原理	
1.5　能够在综合情境中，借助图形，通过直观想象提出数学问题，并利用图形、数量之间的关系，对复杂数学问题进行直观表达		※　若圆形胶带的外半径为 R，内半径为 r（已知圆的面积公式为：$S=\pi r^2$），请从数学的角度（尽可能使用数学式子、数学符号或数学图形）描述胶带的厚度 Y 与胶带长 X 的关系	
1.6　能够针对不同的问题，综合或开放性地运用统计概率知识，发现规律，构造数学模型，解决问题		※　根据调查研究得到的数据，从“性别比、年龄结构、婴儿死亡率、出生时预期寿命、艾滋病患者、感染艾滋病人口比例”等数据中，辨别哪些是能够判断某个国家死亡率高的原因	

7.4　高中生数学核心素养总体状况分析

本节主要回答的问题是高中生数学核心素养的总体状况如何？共包含两个方面的内容，一方面是对高中生数学核心素养总体表现的描述，另一方面是高中生数学核心素养在五个维度的具体表现。

7.4.1 高中生数学核心素养的总体表现

研究采用“数学核心素养测试成绩”“等级分布”两种方式呈现高中生数学核心素养的总体表现。在PISA测试中，PISA 2003对数学素养定义了六个水平，各水平的分界点依次是358.3、420.4、582.4、544.4、606.6和688.7，素养水平是通过难度逐渐上升的任务群来描述的，水平6最高，水平1最低①。在本研究中，根据PISA提出的评价标尺，来判断学生核心素养的等级分布情况。

1. 高一学生数学核心素养的状况描述

(1) 江苏省高一学生数学核心素养的成绩描述

参加测试的江苏省高一学生有388人，实际有效试卷386份，其中男生197人，女生189人。高一学生数学核心素养成绩的直方图、正态概率图分别见图7-1、图7-2所示。数据偏度指数为−0.544，小于0，所以成绩呈负偏态，此时的平均数(501.83)小于中位数(512.05)，但由于偏度指数介于−1.0到+1.0之间，这个分布仍然被看作是对称分布。数据峰度指数为−0.023，小于0，呈低峰态；高一学生数学核心素养在总体上呈比较合理的正态分布。

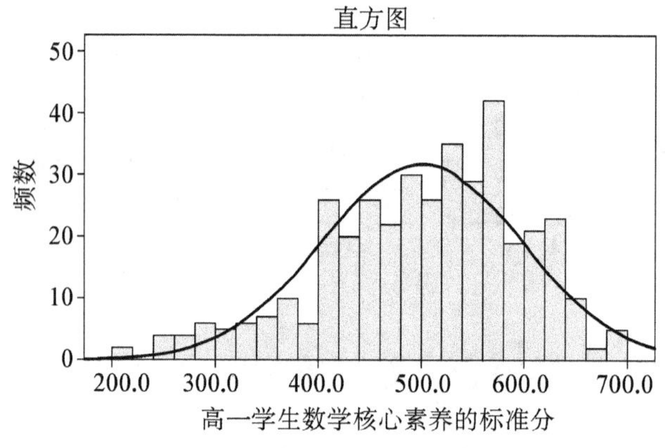

图7-1 高一学生数学核心素养成绩直方图

① OECD. Learning For Tomorrow's World: First Results From PISA 2003[M]. Paris: OECD, 2004: 45-48.

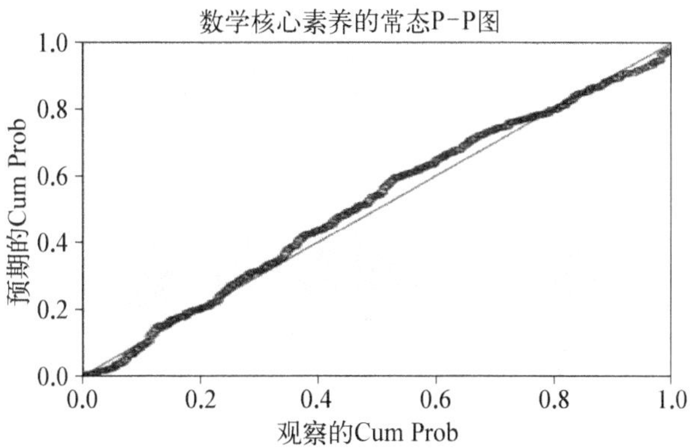

图7-2　高一学生数学核心素养成绩正态概率图

(2) 江苏省高一学生数学核心素养的等级分布描述

对高一学生数学核心素养在各个等级上的分布情况进行分析(见表7-12)，结果显示：① 数学核心素养达到等级6的人数只占1.81%；② 数学核心素养达到等级3和4的人数最多；③ 数学核心素养处于等级0的学生仍有8.55%。

表7-12　高一学生数学核心素养等级分布情况一览表

等级	标准分值	整体情况		男生情况		女生情况	
		人数	百分比/%	人数	百分比/%	人数	百分比/%
0	<358.3	33	8.55	16	8.12	17	8.99
1	[358.3,420.4)	44	11.40	19	9.64	25	13.23
2	[420.4,482.4)	70	18.13	32	16.24	38	20.11
3	[482.4,544.4)	96	24.87	42	21.32	54	28.57
4	[544.4,606.6)	90	23.32	54	27.41	36	19.05
5	[606.6,668.7)	46	11.92	30	15.23	16	8.47
6	≥668.7	7	1.81	4	2.03	3	1.59
总计		386	100	197	100	189	100

根据上表，我们可以做出男、女生数学核心素养在各个等级上的分布图，如图7-3所示。在等级1到等级3上，女生的比例均高于男生；在等级4和

等级 5 上，女生的比例均低于男生；在等级 0 和等级 6 上，男生和女生的比例相当。

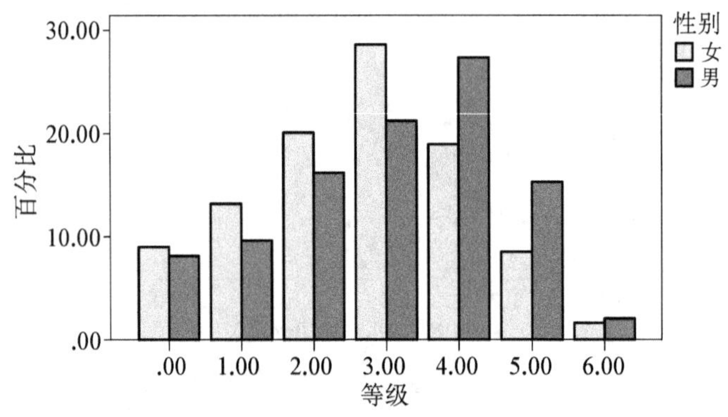

图 7-3　高一学生数学核心素养等级分布图

2. 高二学生数学核心素养的状况描述

(1) 江苏省高二学生数学核心素养的成绩描述

参与本次测试的高二学生有 338 人，实际有效试卷 335 份，其中男生 196 人，女生 139 人。高二学生数学核心素养成绩的直方图、正态概率图分别见图 7-4、图 7-5 所示。数据偏度指数为－0.456，小于 0，所以成绩呈负偏态，此时的平均数(503.20)小于中位数(515.70)，但由于偏度指数介于－1.0 到＋1.0 之间，这个分布仍然看作对称分布。数据峰度指数为－0.053，小于 0，呈低峰态，表明高二学生数学核心素养在总体上呈比较合理的正态分布。

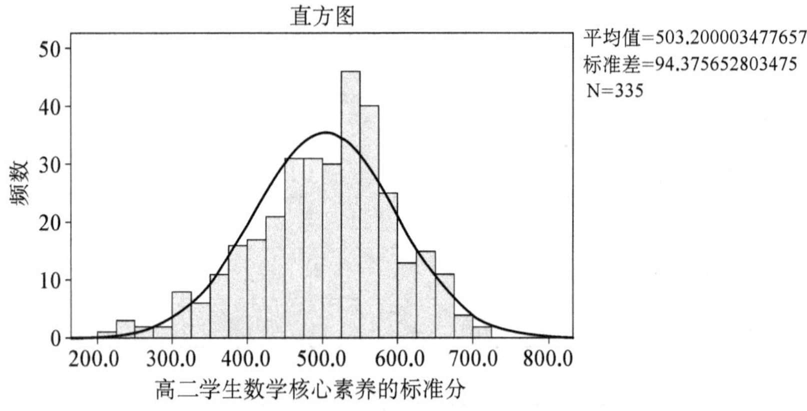

图 7-4　高二学生数学核心素养成绩直方图

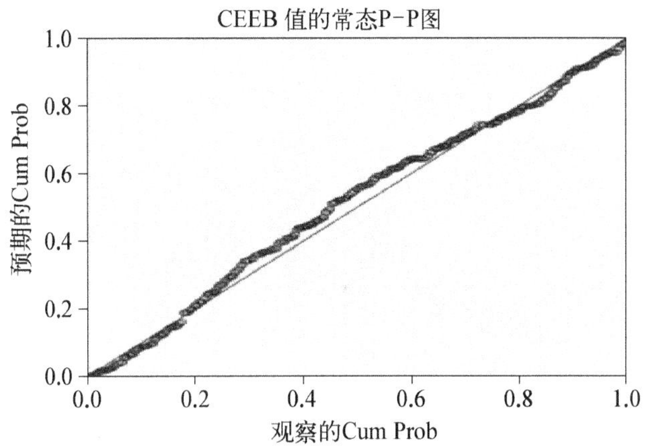

图 7-5　高二学生数学核心素养成绩正态概率图

(2) 江苏省高二学生数学核心素养的等级分布描述

对高二学生数学核心素养在各个等级上的分布情况进行分析(表 7-13),结果显示:① 数学核心素养达到等级 6 的人数只占 1.79%;② 数学核心素养达到等级 3 和 4 的人数最多;③ 数学核心素养处于等级 0 的学生仍有 7.46%。

表 7-13　高二学生数学核心素养等级分布情况一览表

等级	标准分值	整体情况		男生情况		女生情况	
		人数	百分比/%	人数	百分比/%	人数	百分比/%
0	<358.3	25	7.46	16	8.16	9	6.47
1	[358.3,420.4)	38	11.34	21	10.71	17	12.23
2	[420.4,482.4)	65	19.40	38	19.39	27	19.42
3	[482.4,544.4)	87	25.97	57	29.08	30	21.58
4	[544.4,606.6)	78	23.28	43	21.94	35	25.18
5	[606.6.668.7)	36	10.75	17	8.67	19	13.67
6	≥668.7	6	1.79	4	2.04	2	1.44
总计		335	100	196	100	139	100

根据上表,我们可以进一步做出男、女生数学核心素养在各个等级上的分

布图,如图 7-6 所示。在等级 4 和等级 5 上,女生的比例高于男生;在等级 3 上,男生的比例高于女生;其他等级上,男女比例相当。

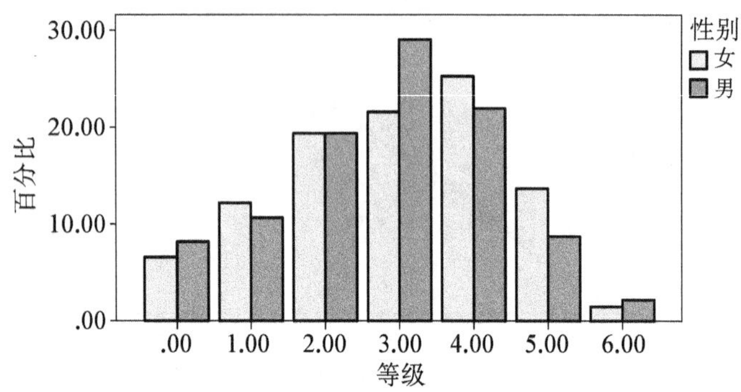

图 7-6 高二学生数学核心素养等级分布图

3. 高三学生数学核心素养的状况描述

(1) 江苏省高三学生数学核心素养的成绩描述

参与本次测试的高三学生有 310 人,实际有效试卷 310 份,其中男生 170 人,女生 140 人。高三学生数学核心素养成绩的直方图、正态概率图分别见图 7-7、图 7-8 所示。数据偏度指数为 0.036,大于 0,所以成绩呈正偏态,此时的平均数(500.00)小于中位数(500.75),但由于偏度指数介于 -1.0到 +1.0 之间,这个分布仍然看作是对称分布。数据峰度指数为 -0.723,小于 0,呈低峰态;因此,高三学生数学核心素养在总体上呈比较合理的正态分布。

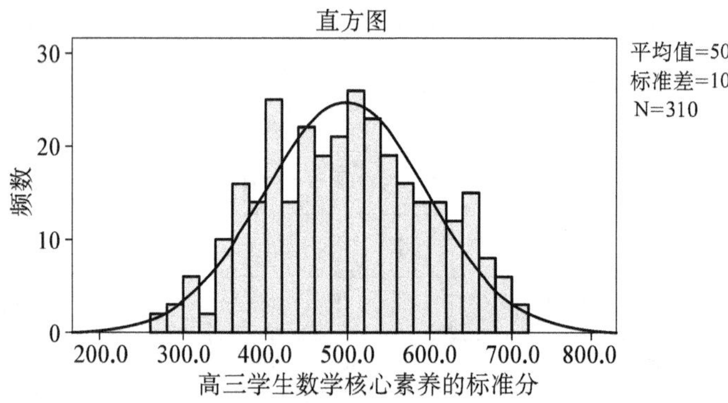

图 7-7 高三学生数学核心素养成绩直方图

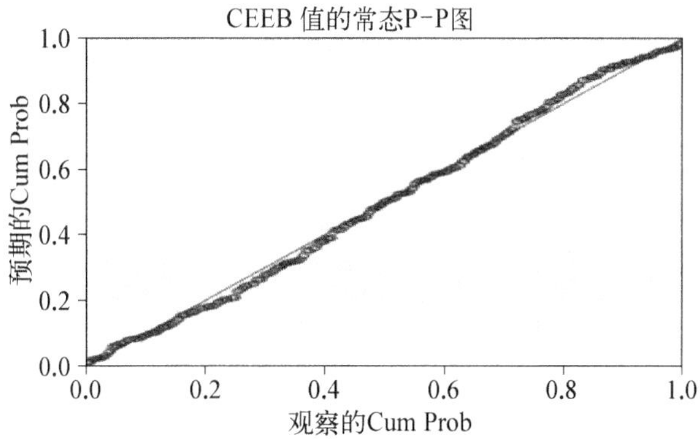

图 7-8 高三学生数学核心素养成绩正态概率图

(2) 江苏省高三学生数学核心素养的等级分布描述

对高三学生数学核心素养在各个等级上的分布情况进行分析(表 7-14),结果显示:① 数学核心素养达到等级 6 的人数只占 4.84%;② 数学核心素养达到等级 3 的人数最多;③ 数学核心素养处于等级 0 的学生仍有 6.77%。

表 7-14 高三学生数学核心素养等级分布情况一览表

等级	标准分值	整体情况		男生情况		女生情况	
		人数	百分比/%	人数	百分比/%	人数	百分比/%
0	<358.3	21	6.77	12	7.06	9	6.43
1	[358.3,420.4)	57	18.39	23	13.53	34	24.29
2	[420.4,482.4)	57	18.39	28	16.47	29	20.71
3	[482.4,544.4)	74	23.87	42	24.71	32	22.86
4	[544.4,606.6)	48	15.48	31	18.24	17	12.14
5	[606.6.668.7)	38	12.26	25	14.71	13	9.29
6	≥668.7	15	4.84	9	5.29	6	4.29
总计		310	100	170	100	140	100

根据上表,进一步做出男、女生数学核心素养在各个等级上的分布图,如图 7-9 所示。在等级 1 和等级 2 上,女生的比例高于男生;在等级 4 和等级 5 上,男生的比例高于女生;其他等级上,男女比例相当。

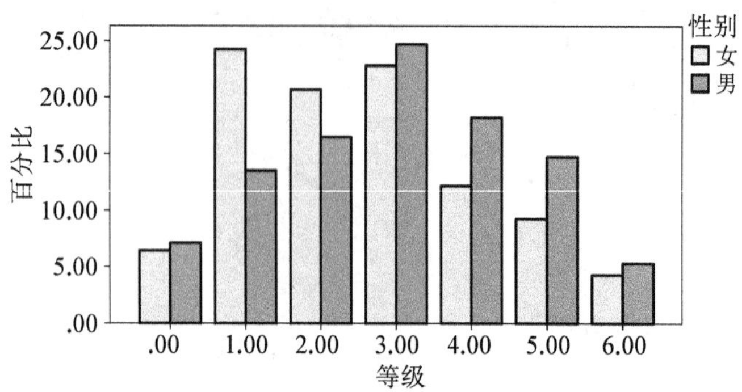

图 7－9　高三学生数学核心素养等级分布图

在高中生数学核心素养的总体表现中，仅对江苏省 8 所学校的高中生测试数据进行了统计分析。北京市中学三个年级学生使用的是同一套测试问卷，未对其进行总体情况的统计分析，仅对其 5 个评价纬度，进行了数据分析。

7.4.2　高中生数学核心素养在教学内容维度的具体表现

1. 江苏省高一学生数学核心素养在教学内容维度的具体表现

从不同教学内容维度来看高一学生数学核心素养(表 7－15)，在数与代数、图形与几何、统计与概率三个不同的数学教学内容方面，高一学生所表现出的数学核心素养基本相当；学生在统计与概率问题的处理上，所表现出的数学核心素养略高一些。

表 7－15　高一学生数学核心素养在不同教学内容维度的得分情况

维度	均值	最低分	最高分	中位数	众数	标准差
数与代数	500.52	47.99	660.54	513.78	469.12	99.86
图形与几何	500.63	31.31	667.35	511.21	482.69	99.84
统计与概率	501.16	276.87	579.32	543.91	543.91	98.95

2. 江苏省高二学生数学核心素养在教学内容维度的具体表现

从不同教学内容维度来看高二学生数学核心素养(表 7－16)，在数与代数、图形与几何、统计与概率三个不同的数学教学内容方面，高二学生所表现出的数学核心素养基本类似；最高分出现在数与代数内容维度，最低分出现在图形与几何内容维度。

表7-16　高二学生数学核心素养在不同教学内容维度的得分情况

维度	均值	最低分	最高分	中位数	众数	标准差
数与代数	502.54	227.94	830.06	500.55	534.58	96.56
图形与几何	502.53	182.38	605.30	523.14	585.78	96.74
统计与概率	501.15	371.53	674.48	523.01	523.01	99.70

3. 江苏省高三学生数学核心素养在教学内容维度的具体表现

从不同教学内容维度来看高三学生数学核心素养(表7-17)，在数与代数、图形与几何、统计与概率三个不同的数学教学内容方面，高三学生所表现出的数学核心素养基本类似；最低分、最高分也基本相当。标准差也相接近，表明高三数据比较趋近正态分布。

表7-17　高三学生数学核心素养在不同教学内容维度的得分情况

维度	均值	最低分	最高分	中位数	众数	标准差
数与代数	501.21	261.50	685.19	487.70	461.81	99.23
图形与几何	500.04	344.66	659.75	502.20	502.20	98.64
统计与概率	502.11	265.43	684.55	544.84	544.84	99.12

4. 北京地区学生数学核心素养在教学内容维度的具体表现

以上三个年级的分析，采用的是江苏省8所学校学生的相关数据；接着，我们单独对北京地区1所学校3个年级(使用同一套测试卷)高中生数学核心素养进行分析，先从不同教学内容维度来看北京地区高中生数学核心素养(表7-18)。

表7-18　北京地区高中生数学核心素养在不同教学内容维度的得分情况

	维度	N	均值	最低分	最高分	中位数	众数	标准差
高一年级	数与代数	39	485.54	180.08	571.95	513.20	571.95	101.87
	图形与几何		463.43	235.77	635.48	476.00	508.17	90.59
	统计与概率		457.09	349.75	611.40	480.57	349.75	103.89
高二年级	数与代数	46	514.88	258.44	571.95	552.34	571.95	80.70
	图形与几何		514.48	317.20	734.04	519.47	423.98	97.23
	统计与概率		522.28	349.75	611.40	545.99	611.40	86.22

（续表）

	维度	N	均值	最低分	最高分	中位数	众数	标准差
高三年级	数与代数	25	495.16	199.69	571.95	571.95	571.95	126.45
	图形与几何		530.40	279.56	696.39	566.33	621.11	105.65
	统计与概率		525.93	349.75	611.40	567.79	611.40	98.71

结果表明：北京高一年级学生在三个教学内容维度的得分，均低于三个年级平均值(M＝500)，并且每个教学内容维度得分均低于高二、高三水平。

7.4.3 高中生数学核心素养在评价指标维度的具体表现

1. 江苏省高一学生数学核心素养在不同评价指标的表现

从不同数学核心素养评价指标来看高一学生数学核心素养(表7－19)，均值最高的数学核心素养评价指标是逻辑推理，高一学生在数学抽象、数学建模、数学运算、直观想象、数据分析5个指标上数学核心素养均值相当。最高分出现在直观想象评价指标，最低分出现在数学运算评价指标。并且，在逻辑推理指标维度上，最大值与最小值很接近，数据分布很集中，所以标准差很小。

表7－19 高一学生数学核心素养在不同评价指标的得分情况

维度	均值	最低分	最高分	中位数	众数	标准差
数学抽象	500.74	304.36	616.96	512.76	616.96	99.72
逻辑推理	546.85	500.00	551.98	551.98	551.98	9.76
数学建模	500.86	268.96	661.12	459.97	495.97	99.43
数学运算	501.34	215.65	566.21	566.21	566.21	98.49
直观想象	500.14	290.53	725.54	508.03	508.03	100.21
数据分析	501.16	276.87	597.32	543.91	543.91	98.95

2. 江苏省高二学生数学核心素养在不同评价指标的表现

从不同数学核心素养评价指标来看高二学生数学核心素养(表7－20)，高二学生在数学抽象、逻辑推理、数学建模、数学运算、直观想象、数据分析6个指标上数学核心素养均值相当。最高分出现在数学运算评价指标，最低分出现在数学抽象评价指标。

表 7-20　高二学生数学核心素养在不同评价指标的得分情况

维度	均值	最低分	最高分	中位数	众数	标准差
数学抽象	502.29	173.56	593.62	523.61	593.62	97.29
逻辑推理	501.87	178.83	581.38	514.29	581.38	98.13
数学建模	501.32	276.50	614.11	532.35	592.76	99.33
数学运算	500.91	398.54	826.38	520.75	398.54	99.98
直观想象	502.18	255.97	560.14	560.14	560.14	97.72
数据分析	501.15	371.53	674.48	523.01	523.01	99.70

3. 江苏省高三学生数学核心素养在不同评价指标的表现

从不同数学核心素养评价指标来看高三学生数学核心素养(表 7-21)，高三学生在数学抽象、逻辑推理、数学建模、数学运算、直观想象、数据分析 6 个指标上数学核心素养均值、标准差均相当，说明数据较为趋近正态分布。最高分出现在数据分析评价指标，最低分出现在数学抽象评价指标。

表 7-21　高三学生数学核心素养在不同评价指标的得分情况

维度	均值	最低分	最高分	中位数	众数	标准差
数学抽象	500.82	193.92	578.85	578.85	578.85	99.50
逻辑推理	501.03	275.18	600.60	546.36	546.36	96.62
数学建模	500.32	367.93	657.71	517.35	367.93	98.82
数学运算	501.16	383.70	622.81	511.80	383.70	99.74
直观想象	500.91	344.66	659.75	502.20	344.66	99.05
数据分析	502.06	349.38	683.10	413.00	349.38	98.22

4. 北京地区学生数学核心素养在不同评价指标的表现

以上三个年级的分析，采用的是江苏省 8 所学校学生的相关数据。接着，我们单独对北京地区 1 所学校 3 个年级(使用同一套测试卷)高中生数学核心素养进行分析，从不同评价指标来看北京地区高中生数学核心素养(表 7-22)。

表 7 - 22　北京地区高中生数学核心素养在不同评价指标的得分情况

	维度	N	均值	最低分	最高分	中位数	众数	标准差
高一年级	数学抽象	39	485.47	288.14	613.32	504.93	450.73	92.62
	逻辑推理		483.89	147.79	526.60	562.60	562.60	104.16
	数学建模		486.63	217.82	599.61	479.52	453.75	95.53
	数学运算		495.16	107.31	543.95	543.95	543.95	95.41
	直观想象		451.94	278.58	604.42	522.96	522.96	100.95
	数据分析		457.09	349.75	611.40	480.57	349.75	103.89
高二年级	数学抽象	46	489.61	288.14	613.32	504.93	504.93	103.88
	逻辑推理		512.10	147.79	562.60	562.60	562.60	86.53
	数学建模		516.79	217.82	625.38	526.68	599.61	97.56
	数学运算		510.05	138.51	543.95	543.95	543.95	83.90
	直观想象		535.36	360.04	767.34	522.96	522.96	101.55
	数据分析		522.29	349.75	611.40	545.99	611.40	86.22
高三年级	数学抽象	25	541.78	342.34	613.32	613.32	613.32	96.09
	逻辑推理		502.87	147.79	562.60	562.60	562.60	116.15
	数学建模		489.95	217.82	625.38	500.91	500.91	110.38
	数学运算		489.06	138.51	543.95	543.95	543.95	132.09
	直观想象		509.93	360.04	685.88	522.96	522.96	60.78
	数据分析		525.93	349.75	611.40	567.79	567.79	98.71

结果表明：高一年级学生在六个评价指标的得分均低于三个年级平均值(M=500)，并且每个评价指标得分均低于高二、高三年级。

7.4.4　高中生数学核心素养在水平维度的具体表现

1. 江苏省高一学生数学核心素养在不同水平的表现

(1) 高一学生数学核心素养在不同水平上的定量分析

根据前面的水平划分，我们进一步分析高中生数学核心素养在水平维度的具体表现，水平 1 表示知识技能水平、水平 2 表示问题解决水平、水平 3 表示综合发展水平。对高一年级学生数学核心素养水平进行频数分析，如表 7 - 23 所示。

表 7－23　高一年级学生数学核心素养水平统计一览表

指标 / 占比 / 水平	数学抽象/%			逻辑推理/%			数学建模/%		
	1(1)	1(2)	1(3)	2(1)	2(2)	2(3)	3(1)	3(2)	3(3)
水平 1:知识技能	92.3	5.7	9.8	93		17.8	92.3	35.3	41.5
水平 2:问题解决		57	6.2		12.1	77.6		16.8	21.1
水平 3:综合发展			47.2		83.5			19.1	
指标 / 占比 / 水平	数学运算/%			直观想象/%			数据分析/%		
	4(1)	4(2)	4(3)	5(1)	5(2)	5(3)	6(1)	6(2)	6(3)
水平 1:知识技能	91.8	19.1	8.5	85.6		11.9	72.2	12.4	6.2
水平 2:问题解决		71.4	5.9		81.7	2.1		72.2	24
水平 3:综合发展			71.4			8			44.8

从上表数据,可以得到以下结论:

① 高一学生数学核心素养在不同指标上,表现出水平 3 的人数比例不均衡。在数学抽象、逻辑推理、数学运算、数据分析 4 个指标上具有较高水平的表现;在数学建模、直观想象两个指标上,仅有较少的高一学生达到了水平 3。

② 在水平 2 的高一学生还占有相当的比例,在数学抽象、逻辑推理、数学运算、直观想象、数据分析 5 个指标上具有较高水平的表现;在数学建模指标上,仅有较少的高一学生达到了水平 2。

③ 超过 70%的高一学生,能够较好地解决水平 1 类型的题目。

④ 总体而言,高一学生在 3(2)、3(3)、5(3)题上,较难达到更高一级的数学核心素养水平。

(2) 高一学生数学核心素养在不同水平上的定性分析

接着,以《高中生数学核心素养测试问卷(高一卷)》为例,对有代表性的 3(2)、3(3)和 5(3)题,进行高一学生数学核心素养在不同水平上的分析。

测试题 3:粉笔

粉笔是校园里最平常的必备品,是师生最熟悉的工具。最初,课堂里用的粉笔都是圆形的,而今,我们教室里见到的粉笔许多是六角形的。通过对粉笔生产厂家所生产的粉笔规格了解得知,六角形粉笔的直径略大于圆形粉笔的直径。

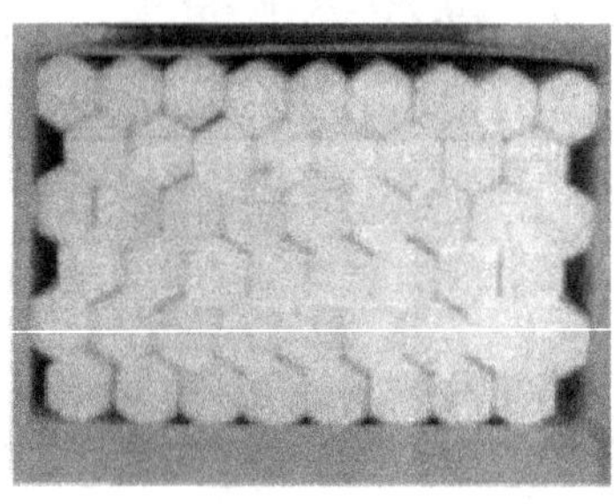
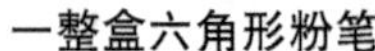
一整盒六角形粉笔

部分圆形粉笔

问题(1):略。

问题(2):请你从数学的角度(尽可能使用数学式子、数学符号或数学图形)论证你的观点。

问题(3):基于以上的解答和论证,你能提出哪些新的问题?

学生解答情况分析(详见表 7-24 和表 7-25):

表 7-24 测试问卷(高一卷)3(2)题学生数学核心素养水平举例

数学核心素养的水平	达到该水平学生的行为情况或举例
水平 3:综合发展	·通过计算面积比较两种类型的粉笔 ·比较相同容积的盒子中,圆形与六角形粉笔的多少 ·以一整盒粉笔为例,计算排列粉笔的多少 ·假设盒子长、宽,计算面积等相关信息,判断粉笔的多少
水平 2:问题解决	·从不同图形的角度出发,加以论证 ·画图加以论证 ·从六边形拼接,中间有无缝隙的角度,来论证是否节约空间
水平 1:知识技能	·论证的过程只与现实情境有关,与数学知识无关 ·仅表明观点,未提供论证过程

表 7-25 测试问卷(高一卷)3(3)题学生数学核心素养水平举例

数学核心素养的水平	达到该水平学生的行为情况或举例
水平 2:问题解决	·类比蜂巢造型,提出既符合现实情境,又科学合理的数学问题 ·对问题进行迁移,例如:为什么粉笔不制造成其他图形
水平 1:知识技能	·仅仅提出符合现实情境的问题 ·仅仅提出典型的数学问题

测试题 5:胶带

如图,某一款圆形胶带在使用 X 米后,胶带厚度上下 Y 米。

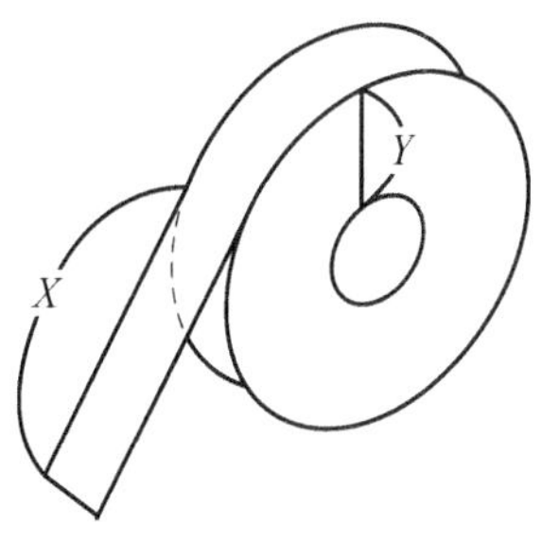

请回答下列问题：

问题(1)：略。

问题(2)：略。

问题(3)：若该胶带的外半径为 R，内半径为 r(已知圆的面积公式为：$S=\pi r^2$)，请从数学的角度(尽可能使用数学式子、数学符号或数学图形)描述胶带的厚度 Y 与胶带长 X 的关系。

学生解答情况分析(详见表 7-26)：

表 7-26　测试问卷(高一卷)5(3)题学生数学核心素养水平举例

数学核心素养的水平	达到该水平学生的行为情况或举例
水平 3：综合发展	· 能用数学式子，描述 Y 与 X 的关系 · 能利用上面两道题目的结论，推论 Y 与 X 的关系 · 能作出数学图形，判断出 Y 与 X 的反比关系
水平 2：问题解决	· 借助数学图形回答，但并没有描述 Y 与 X 的关系 · 写出表达式，但并没有描述 Y 与 X 的关系 · 能发现 XY 的乘积是一个定值，但定值表述不正确
水平 1：知识技能	· 仅用文字表达 X 与 Y 之间的反比关系，例如：胶带越厚，长度越短 · 仅作出数学图形，未能够判断 Y 与 X 的关系

2. 江苏省高二学生数学核心素养在不同水平的表现

(1) 高二学生数学核心素养在不同水平上的定量分析

接着，对高二年级学生数学核心素养水平进行频数分析，如表 7-27 所示。

表 7-27　高二年级学生数学核心素养水平统计一览表

指标 / 占比 / 水平	数学抽象/%			逻辑推理/%			数学建模/%		
	1(1)	1(2)	1(3)	2(1)	2(2)	2(3)	3(1)	3(2)	3(3)
水平 1：知识技能	91.1	2.7	16.3	93.8	5.3	8.3	89.9	13.9	38.2
水平 2：问题解决		93.8	13.3		32.8	71.9		14.5	14.2
水平 3：综合发展			47.3		54.1			44.7	

指标 / 占比 / 水平	数学运算/%			直观想象/%			数据分析/%		
	4(1)	4(2)	4(3)	5(1)	5(2)	5(3)	6(1)	6(2)	6(3)
水平 1：知识技能	41.7	18.6	0.6	0.3	81.4	2.4	76.3	12.1	15.7

（续表）

指标 / 占比 / 水平	数学运算/%			直观想象/%			数据分析/%		
	4(1)	4(2)	4(3)	5(1)	5(2)	5(3)	6(1)	6(2)	6(3)
水平 2:问题解决		27.5	3.6	84		12.1		41.1	10.9
水平 3:综合发展			0.9			68.3			15.4

从上表可以看出：

① 高二学生数学核心素养在不同指标上，表现出水平 3 的人数比例不均衡。在数学抽象、逻辑推理、数学建模、直观想象 4 个指标上具有较高水平的表现；在数学运算、数据分析两个指标上，仅有较少的高二学生达到了水平 3。

② 部分高二学生处于水平 2 的层次，在数学抽象、逻辑推理、直观想象、数据分析 4 个指标上具有较高水平的表现；在数学建模、数学运算两个指标上，仅有低于 30%的高二学生达到了水平 2。

③ 超过 70%的高二学生，能够较好地解决水平 1 类型的题目。

④ 总体而言，高二学生在 4(3)、6(3)题上，较难达到更高一级的数学核心素养水平。

(2) 高二学生数学核心素养在不同水平上的定性分析

接着，以《高中生数学核心素养测试问卷(高二卷)》为例，对有代表性的 4(3)、6(3)题，进行高二学生数学核心素养在不同水平上的分析。

测试题 4:购物

某日文忠帮妈妈到商店购买卫生纸，在架上看到琳琅满目的卫生纸广告促销活动和价位，文忠细心地将其整理如下表：

品牌	组合	单价/元	活动
A	一组 8 包，每包 120 抽	108	买三组送一组
B	一组 10 包，每包 110 抽	119	第二组打六折
C	一组 12 包，每包 105 抽	124	每买两组送 50 元折扣券，消费每满 300 元折抵 1 张，当次消费即可使用

精打细算的文忠此时陷入苦思，让我们来帮助他解决以下问题：

问题(1)：略。

问题(2)：略。

问题(3):为了增加产品竞争力,B 牌厂商打算增加每包卫生纸的纸张数来刺激销售量,请问厂商最少需要在每包卫生纸中增加多少纸张,才可在这场价格战中获得消费者的青睐?

学生解答情况分析(详见表 7-28):

表 7-28　测试卷(高二卷)4(3)题学生数学核心素养水平举例

数学核心素养的水平	达到该水平学生的行为情况或举例
水平 3:综合发展	· 能根据题目中“最少”的关键词,提出正确的运算策略 · 能借助于问题(2)的计算式,直接迁移到问题(3)的运算策略 · 表达式正确,计算结果正确
水平 2:问题解决	· 有不同运算策略的比较,但结果有误 · 尝试通过作出函数图像来运算,但结果有误 · 列出正确的表达式,但结果有误
水平 1:知识技能	· 能够读懂题目意思,但未做出解答 · 能够用“试误法”得出正确答案,但不会列出计算过程

测试题 6:足球比赛

某中学为了帮助高三的同学舒缓高考所带来的压力,特别在第一次模考结束后举行一连串的班级足球比赛。首先,将参加比赛的 16 个班级分成 A、B、C、D 4 组,每组 4 个班级进行初赛,初赛时,每班需与同组的每一班级各比赛一场,每组只有两个班获得晋级、两个班淘汰,其积分计算方式为胜一场得 3 分、负一场得 0 分、和局则两班各得 1 分,然后取积分较高的两个班晋级,若有积分相同者再比进球数,高者晋级,若进球数相同再比失球数,较少者晋级。

以下为 A 组初赛成绩表:

组别	班级	胜	和	负	进球数	失球数	积分
A	302	2	1	0	4	2	7
	303	1	0	2	2	4	3
	306	1	1	1	4	3	4
	307	1	0	2	2	3	3

问题(1):略。

问题(2):略。

问题(3):304 班与 301、310、314 班在同一组,现在知道 304 班的初赛积分为 6 分,那么,你认为 304 班在什么情况下会遭到淘汰?

学生解答情况分析(详见表7-29):

表7-29　测试卷(高二卷)6(3)题学生数学核心素养水平举例

数学核心素养的水平	达到该水平学生的行为情况或举例
水平3:综合发展	·对数据进行合理的解释 ·有两班也是2胜1负,但304班的进球数最少或进球数与同样2胜1负的班级并列第二,而失球数比较多时,304班会遭到淘汰 ·304班和其他两班的积分都是6分,但304班的进球数最少或进球数与同样是6分的班级并列第二,而失球数比较多时,304班会遭到淘汰
水平2:问题解决	·数据解释部分合理 ·有两班成绩与304班相同,比进球数输了 ·有两班成绩与304班相同,比失球数输了
水平1:知识技能	·仅对304班初赛积分做出解释,没有将其与其他班级积分进行比较 ·304班胜2场,和0场,负1场

3. 江苏省高三学生数学核心素养在不同水平的表现

(1) 高三学生数学核心素养在不同水平上的定量分析

最后,对高三年级学生数学核心素养水平进行频数分析,如表7-30所示。

表7-30　高三年级学生数学核心素养水平统计一览表

指标/占比/水平	数学抽象/%			逻辑推理/%			数学建模/%		
	1(1)	1(2)	1(3)	2(1)	2(2)	2(3)	3(1)	3(2)	3(3)
水平1:知识技能	79	8.4	1.0	91.3	3.2	8.4	43.5	27.4	29.0
水平2:问题解决		85.8	2.6		49.7	64.5		11	30.0
水平3:综合发展			70.6		27.7			30.6	
指标/占比/水平	**数学运算/%**			**直观想象/%**			**数据分析/%**		
	4(1)	4(2)	4(3)	5(1)	5(2)	5(3)	6(1)	6(2)	6(3)
水平1:知识技能	59.7	12.9	3.2	91.3	6.8	2.3	74.8	45.8	12.6
水平2:问题解决		45.2	4.5		54.2	4.8		23.2	70.3
水平3:综合发展			31.0			25.8			5.2

从上表可得出如下结论:

① 高三学生数学核心素养在不同指标上，表现出水平3的人数比例不均衡，但略有提升。超过70%的学生在数学抽象指标上具有较高水平的表现，30%左右的学生在逻辑推理、数学建模、数学运算、直观想象指标上具有一定水平的表现；在数据分析指标上，仅有较少的高三学生达到了水平3。

② 处于水平2层次的高三学生有所递增，超过80%的学生在数学抽象指标上达到水平2；50%左右的学生在逻辑推理、数学运算、直观想象指标上达到水平2；20%左右的学生在数学建模、数据分析指标上达到水平2。

③ 绝大多数高三学生，能够较好地解决水平1类型的题目。

④ 总体而言，高三学生在2(2)、6(2)、6(3)题上，较难达到更高一级的数学核心素养水平。

(2) 高三学生数学核心素养在不同水平上的定性分析

接着，以《高中生数学核心素养测试问卷(高三卷)》为例，对有代表性的2(2)、6(2)、6(3)题，进行高三学生数学核心素养在不同水平上的分析。

测试题2：多边形数

古希腊毕达哥拉斯学派的数学家研究过各种多边形数(如图)，如三角形数1,3,6,10,…，第n个三角形数为$\frac{n(n+1)}{2}=\frac{1}{2}n^2+\frac{1}{2}n$，记第$n$个$k$边形数位$N(n,k)(k\geqslant 3)$。

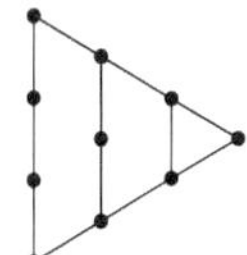
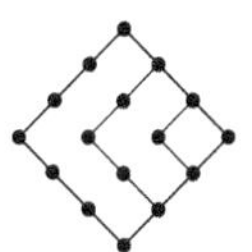

以下列出了部分k边形数中第n个数的表达式：

三角形数　　$N(n,3)=\frac{1}{2}n^2+\frac{1}{2}n$

正方形数　　$N(n,4)=n^2$

五边形数　　$N(n,5)=\frac{3}{2}n^2-\frac{1}{2}n$

六边形数　　$N(n,6)=2n^2-n$

…

问题(1)：略。

问题(2)：试推测出$N(n,k)$的表达式(**写出计算过程**)。

学生解答情况分析(详见表7-31)：

表 7－31 测试卷(高三卷)2(2)题学生数学核心素养水平举例

数学核心素养的水平	达到该水平学生的行为情况或举例
水平 3:综合发展	· 会使用合情推理,推导出 $N(n,k)$ 的表达式 · $N(n,k)=\frac{k-2}{2}n^2+\frac{4-k}{2}n$ 已知式子可化为: $N(n,3)=\frac{1}{2}n^2+\frac{1}{2}n=\frac{3-2}{2}n^2+\frac{4-3}{2}n$ $N(n,4)=n^2=\frac{4-2}{2}n^2+\frac{4-4}{2}n$ $N(n,5)=\frac{3}{2}n^2-\frac{1}{2}n=\frac{5-2}{2}n^2+\frac{4-5}{2}n$ $N(n,6)=2n^2-n=\frac{6-2}{2}n^2+\frac{4-6}{2}n$ 由归纳推理,可得到 $N(n,k)$ 的表达式
水平 2:问题解决	· 直接列出 $N(n,k)$ 的表达式,没有写出推理过程 · 会利用猜想,通过逻辑推理,但未得出正确结果
水平 1:知识技能	· 推理过程正确,$N(n,k)$ 的表达式错误 · 能根据问题(1),推导出 $N(n,7)$、$N(n,8)$ 等的表达式,但不能推理出 $N(n,k)$ 的表达式

问题(3):略。

测试题 6:死亡率

死亡率是用来衡量一部分人口中、一定规模的人口大小、每单位时间的死亡数目。死亡率通常以每年每 1 000 人为单位来表示,例如:在死亡率为 9.5 的 10 万人口中,表示这一人口中每年死亡 950 人。

下表列出一些国家(地区)在 2010 年的人口估计值与死亡率估计值。

国家(地区)	人口	死亡率
中国台湾	23 071 779	7
日本	126 475 664	10.09
新加坡	4 740 737	4.95
中国大陆	1 336 718 015	7.03
印度	1 189 172 906	7.48
加拿大	34 030 589	7.98
埃及	82 079 636	4.82

问题(1):略。

问题(2)：阿昌说："中国大陆每 4 秒死亡一个人，中国台湾每 4 分钟死亡一个人，台湾人民比他们生活安全。"阿良说："阿昌这样讲不对！"请利用数学式子计算说明阿昌为什么会得出"中国大陆每 4 秒死亡一个人"这样的结论？并说明阿良为何会说阿昌的讲法不对？

学生解答情况分析(详见表 7－32)：

表 7－32　测试卷(高三卷)6(2)题学生数学核心素养水平举例

水平	表现
水平 2：问题解决	· 数据分析正确，观点解释合理 · 正确的式子与计算出 1 336 718 015×7.03÷1 000÷365÷24÷60＝17，约 1 分钟死 17 人，并得到约每 3～4 秒死亡 1 人；且说明以死亡率来看，中国台湾与大陆的死亡率差不多，是总人口的差异造成的 · 计算出 1 分钟大约 17 人死亡即可，并且提及死亡率一样来支持阿良的论点
水平 1：知识技能	· 数据分析不完全正确，或者解释不完全合理 · 正确式子列出，计算出错，但仍能依据死亡率来支持阿良的观点 · 正确得到阿昌计算出来的结果，但是不能提出论点或提出错误的论点来支持阿良 · 仅指出可以利用时间来计算死亡人数，但没有列出式子甚至计算 · 仅指出因为总人口差异，才造成阿昌的错误想法，所以阿良不支持

问题(3)：在以上这些国家(地区)的死亡率调查中，我们可以发现日本的死亡率最高。以下有许多调查得到的结果，从这些结果是否可以说明日本死亡率最高的原因？请根据每一个结果，圈出"是"或"否"。

调查的结果	是否可以说明日本死亡率高的原因
性别比：平均 0.95 个男性/1 个女性	是/否
年龄结构：0～14 岁 13.7%，15～64 岁 64.7%，65 岁及以上 21.6%	是/否
婴儿死亡率：总计 2.8/1 000	是/否
出生时预期寿命：平均 82.25 岁	是/否
艾滋病患者、艾滋病毒携带者：12 000	是/否
感染艾滋病人口比例：少于 0.1%	是/否

学生解答情况分析(详见表 7－33)：

表 7-33 测试卷(高三卷)6(3)题学生数学核心素养水平举例

数学核心素养的水平	达到该水平学生的行为情况或举例
水平 3:综合发展	· 对数据正确理解,并能够进行合理的解释 · 认识到人口分布日趋老年化为主因,进行判断
水平 2:问题解决	· 对部分数据正确理解,并能够进行部分合理的解释 · 能够基本判断死亡率高的原因
水平 1:知识技能	· 对个别数据正确理解,尝试对数据进行合理的解释 · 能够对不同数据进行分析,但对数据实质缺乏理解

4. 北京地区学生数学核心素养在不同水平维度的表现

以上三个年级的分析,采用的是江苏省 8 所学校学生的相关数据;接着,我们单独对北京地区 1 所学校 3 个年级(使用同一套测试卷)高中生数学核心素养进行分析,从不同水平维度来看北京地区高中生数学核心素养(表 7-34)。

表 7-34 北京地区高中生数学核心素养在不同水平维度的得分情况

	维度	N	均值	最低分	最高分	中位数	众数	标准差
高一年级	水平 1	39	464.20	264.03	637.68	477.35	541.53	83.75
	水平 2		475.30	289.37	598.30	484.44	598.30	101.32
	水平 3		457.24	266.24	630.58	445.31	445.31	84.76
高二年级	水平 1	46	528.85	349.10	829.99	498.35	541.53	112.95
	水平 2		507.46	273.16	598.30	500.77	598.30	84.28
	水平 3		522.61	350.90	656.70	524.91	572.09	77.78
高三年级	水平 1	25	502.76	333.52	733.84	520.52	541.53	81.90
	水平 2		524.80	224.27	598.30	598.30	598.30	118.77
	水平 3		525.09	226.06	656.70	588.32	602.37	134.50

结果表明:高一年级学生在三个水平维度的得分均低于三个年级平均值($M=500$),且每个水平维度得分均低于高二、高三水平。

7.4.5 高中生数学核心素养在情境维度的具体表现

1. 江苏省高一学生数学核心素养在不同情境维度的表现

高一学生在不同情境类型(个人情境、教育与职业情境、科学情境)题目上所表现出的数学核心素养基本相当，最高分出现在个人情境类数学测试题，最低分出现在科学情境类数学测试题(表7－35)。

表7－35 高一学生数学核心素养在不同情境维度的得分情况

维度	均值	最低分	最高分	中位数	众数	标准差
个人情境	500.14	290.53	725.54	508.03	508.03	100.20
教育与职业情境	501.28	232.28	672.40	509.18	621.00	98.64
科学情境	502.41	87.71	579.28	526.63	579.28	94.46

2. 江苏省高二学生数学核心素养在不同情境维度的表现

高二学生在不同情境类型(个人情境、教育与职业情境、公共情境)题目上所表现出的数学核心素养均值基本相近，最高分出现在个人情境类数学测试题，最低分出现在教育与职业情境类数学测试题(表7－36)。

表7－36 高二学生数学核心素养在不同情境维度的得分情况

维度	均值	最低分	最高分	中位数	众数	标准差
个人情境	500.91	398.54	826.38	520.75	398.54	99.98
教育与职业情境	502.92	173.86	597.10	520.15	597.10	95.48
公共情境	502.27	223.66	688.09	518.62	509.85	97.26

3. 江苏省高三学生数学核心素养在不同情境维度的表现

高三学生在不同情境类型(个人情境、公共情境、科学情境)题目上所表现出的数学核心素养均值相接近，最高分、最低分均出现在公共情境类数学测试题中，整体数据趋近正态分布(表7－37)。

表7－37 高三学生数学核心素养在不同情境维度的得分情况

维度	均值	最低分	最高分	中位数	众数	标准差
个人情境	500.21	344.66	659.75	502.20	502.20	99.68
公共情境	501.01	245.96	724.57	497.22	379.26	98.59
科学情境	500.28	260.21	659.47	494.98	635.98	99.48

4. 北京地区学生数学核心素养在不同情境维度的表现

以上三个年级的分析，采用的是江苏省8所学校学生的相关数据。接着，我们单独对北京地区1所学校3个年级(使用同一套测试卷)高中生数学核心素养进行分析，从不同情境维度来看北京地区高中生数学核心素养（表 7 - 38）。

表 7 - 38　北京地区高中生数学核心素养在不同情境维度的情况

	维度	N	均值	最低分	最高分	中位数	众数	标准差
高一年级	个人情境	39	451.94	278.58	604.42	522.96	522.96	100.95
	教育与职业情境		463.05	265.10	643.13	448.84	407.45	89.79
	科学情境		485.55	180.08	571.95	513.20	571.95	101.87
高二年级	个人情境	46	523.36	360.04	767.34	522.96	522.96	101.55
	教育与职业情境		510.38	306.50	649.15	522.66	549.96	79.87
	科学情境		514.88	258.44	571.95	552.34	571.95	80.70
高三年级	个人情境	25	509.93	360.04	685.88	522.96	522.96	60.78
	教育与职业情境		538.52	229.52	672.91	591.35	270.91	129.31
	科学情境		495.16	199.69	571.95	571.95	571.95	126.45

结果表明：高一年级学生在三个情境维度的得分均低于三个年级平均值（M=500），并且每个情境维度得分均低于高二、高三水平。

7.4.6　高中生数学核心素养在问题类型维度的具体表现

1. 江苏省高一学生数学核心素养在不同问题类型维度的表现

高一学生在不同题型（选择题、填空题、解答题、开放型建构题）上所表现出的数学核心素养均值相近，最高分出现在开放型建构题、最低分出现在填空题，在选择题上学生的数学核心素养分值更加趋近正态分布（表 7 - 39）。

表 7 - 39　高一学生数学核心素养在不同题型维度的得分情况

维度	均值	最低分	最高分	中位数	众数	标准差
选择题	500.44	212.17	597.27	529.32	597.27	100.08
填空题	502.34	48.64	552.36	552.36	552.36	94.80
解答题	500.91	301.71	611.45	522.89	611.45	99.45
开放型建构题	501.34	201.91	713.86	515.63	548.51	98.47

2. 江苏省高二学生数学核心素养在不同问题类型维度的表现

高二学生在不同题型（填空题、解答题、开放型建构题）上所表现出的数学核心素养均值相近，最高分、最低分均出现在解答题上，在填空题上学生的数学核心素养分值更加趋近正态分布(表 7 - 40)。

表 7 - 40　高二学生数学核心素养在不同题型维度的得分情况

维度	均值	最低分	最高分	中位数	众数	标准差
填空题	500.90	399.29	612.71	506.00	399.29	99.99
解答题	502.83	183.91	779.74	512.10	512.10	95.61
开放型建构题	502.41	243.29	719.35	503.90	538.55	97.11

3. 江苏省高三学生数学核心素养在不同问题类型维度的表现

高三学生在不同题型(选择题、填空题、判断题、解答题、开放型建构题)上所表现出的数学核心素养均值接近，最高分出现在开放型建构题、最低分出现在填空题上，在各类题型上学生的数学核心素养分值都趋近正态分布(表 7 - 41)。

表 7 - 41　高三学生数学核心素养在不同题型维度的得分情况

维度	均值	最低分	最高分	中位数	众数	标准差
选择题	500.80	306.17	551.42	551.42	551.42	98.89
填空题	501.24	176.77	530.84	530.84	530.84	99.32
判断题	500.16	274.30	675.64	541.86	541.86	98.90
解答题	501.10	283.20	686.16	494.24	628.60	99.15
开放型建构题	500.27	330.83	700.76	505.00	382.38	99.59

4. 北京地区学生数学核心素养在不同问题类型维度的表现

以上三个年级的分析，采用的是江苏省 8 所学校学生的相关数据。接着，我们单独对北京地区 1 所学校 3 个年级(使用同一套测试卷)高中生数学核心素养进行分析，从不同问题类型维度来看北京地区高中生数学核心素养(表 7 - 42)。

表 7 - 42　北京地区高中生数学核心素养在不同题型维度的得分情况

<table>
<tr><th></th><th>维度</th><th>N</th><th>均值</th><th>最低分</th><th>最高分</th><th>中位数</th><th>众数</th><th>标准差</th></tr>
<tr><td rowspan="4">高一年级</td><td>选择题</td><td rowspan="4">39</td><td>480.01</td><td>232.09</td><td>652.49</td><td>547.35</td><td>589.44</td><td>119.31</td></tr>
<tr><td>填空题</td><td>483.89</td><td>147.79</td><td>562.60</td><td>562.60</td><td>562.60</td><td>104.16</td></tr>
<tr><td>解答题</td><td>459.69</td><td>326.01</td><td>619.40</td><td>461.37</td><td>326.01</td><td>94.10</td></tr>
<tr><td>开放型建构题</td><td>463.24</td><td>234.85</td><td>624.15</td><td>477.95</td><td>402.73</td><td>79.67</td></tr>
</table>

（续表）

	维度	N	均值	最低分	最高分	中位数	众数	标准差
高二年级	选择题	46	493.01	232.09	589.44	473.82	589.44	85.30
	填空题		512.10	147.79	562.60	562.60	562.60	86.53
	解答题		514.91	326.01	619.40	529.05	619.40	88.52
	开放型建构题		534.67	234.85	703.97	544.26	605.86	87.15
高三年级	选择题	25	544.03	295.14	589.44	589.44	589.44	80.43
	填空题		502.87	147.79	562.60	562.60	562.60	116.17
	解答题		535.45	326.01	619.40	619.40	619.40	111.06
	开放型建构题		493.55	147.15	701.67	533.80	410.61	128.78

结果表明：高一年级学生在四种题型维度的得分均低于三个年级平均值（$M=500$），并且，每个问题类型维度得分均低于高二、高三水平。

7.4.7 小结

“高中生数学核心素养的状况如何？”围绕这一研究问题，本节展开数据统计与分析，研究发现，高中生数学核心素养发展水平中等，不同年级男女生的数学核心素养特点各异；数学核心素养与五个维度（教学内容、评价指标、水平、情境、问题类型）显著相关，但具体表现又各不相同。

1. 高中生数学核心素养成绩总体呈正态分布，并集中在中间等级（3～4等级），不同年级男女生在数学核心素养上具有不同的特点

① 江苏省高一学生数学核心素养成绩在总体上呈比较合理的正态分布，绝大部分高一学生能够达到等级 3 和 4，极少数学生处于低等级 0、高等级 6；并且，在等级 1～3 范围的女生数高于男生数，等级 4～5 范围的男生数高于女生数，在等级 0、等级 6 上男女生数相当。

② 江苏省高二学生数学核心素养成绩在总体上也呈比较合理的正态分布，绝大部分高二学生能够达到等级 3 和 4，极少数学生处于低等级 0、高等级 6；并且，在等级 4～5 范围的女生数高于男生数，等级 3 上男生数高于女生数；在其他等级上，男女生数相当。

③ 江苏省高三学生数学核心素养成绩在总体上同样呈比较合理的正态分布，绝大部分高三学生能够达到等级 3，极少数学生处于低等级 0、高等级 6；并且，在等级 1～2 范围的女生数高于男生数，等级 4～5 范围的男生数高于

女生数;在其他等级上,男女生数相当。

2. 高中生数学核心素养成绩在不同教学内容(数与代数、图形与几何、概率与统计)上的表现基本一致

① 江苏省高一学生在不同教学内容维度(数与代数、图形与几何、概率与统计)所表现出来的数学核心素养相当,在统计与概率数学内容上表现较好。

② 江苏省高二学生在不同教学内容维度(数与代数、图形与几何、概率与统计)所表现出来的数学核心素养也基本相当,在数与代数、图形与几何数学内容上表现较好。

③ 江苏省高三学生在不同教学内容维度(数与代数、图形与几何、概率与统计)所表现出来的数学核心素养也基本类似,在数与代数内容上表现较好。

④ 北京地区高中生在不同教学内容维度(数与代数、图形与几何、概率与统计)所表现出来的数学核心素养无显著差异,高一年级略低于高二、高三年级。

3. 高中生数学核心素养在各个评价指标(数学抽象、逻辑推理、数学建模、数学运算、直观想象、数据分析)上成绩相当

① 江苏省高一学生数学核心素养在逻辑推理指标上的表现最佳,其他指标(数学抽象、数学建模、数学运算、直观想象、数据分析)成绩相当;并且,高中生数学核心素养在数学抽象、直观想象评价指标上表现较好。

② 江苏省高二学生数学核心素养在 6 个指标上成绩相当,并且,数学核心素养在直观想象、数据分析评价指标上表现较好。

③ 江苏省高三学生数学核心素养在 6 个指标上的成绩也相当,且呈正态分布;数学核心素养在数据分析、直观想象评价指标上表现较好。

④ 北京地区高中生数学核心素养在 6 个指标上表现大致一致,高一年级略低于高二、高三年级。

4. 高中生数学核心素养以水平 1、水平 2 居多,更多的高三学生具有水平 3 的数学核心素养

① 江苏省绝大多数高一学生具备水平 1(知识技能水平)数学核心素养,部分高一学生在某些数学核心素养评价指标上具备水平 2(问题解决水平)数学核心素养,仅有少数高一学生能够达到水平 3(综合发展水平)数学核心素养。

② 江苏省高二学生数学核心素养水平与高一学生基本相类似,在绝大多数评价指标上呈现出水平 2、水平 1 的特征,少数学生能够达到水平 3 数学核心素养。

③ 江苏省高三学生数学核心素养水平较之高一、高二学生略有增长,在 3

个水平层次上，均有所提升，部分学生能够达到数学核心素养水平3。

④ 北京地区大部分高一、高二学生具备水平2的数学核心素养，大部分高三学生具备水平3的数学核心素养。

5. 高中生在不同情境类型（个人情境、教育与职业情境、公共情境、科学情境）题目所表现出的数学核心素养相当，并且更善于解决与个人情境、教育与职业情境相关的题目

① 江苏省高一学生在不同情境类型（个人情境、教育与职业情境、科学情境）题目上所表现出的数学核心素养基本一致，更善于解决与个人情境相关的测试题；高一学生数学核心素养在教育与职业情境题上表现较好。

② 江苏省高二学生在不同情境类型（个人情境、教育与职业情境、公共情境）题目上所表现出的数学核心素养也基本相近，更善于解决与个人情境相关的测试题；高二学生数学核心素养也是在教育与职业情境题上表现较好。

③ 江苏省高三学生在不同情境类型（个人情境、公共情境、科学情境）题目上所表现出的数学核心素养也基本一致，学生数学核心素养在个人情境题上表现较好。

④ 北京地区高中生在不同情境类型（个人情境、公共情境、科学情境）上的得分大致一致，高一年级略低于高二、高三年级；学生数学核心素养在教育与职业情境题上表现较好。

6. 高中生在不同题型（选择题、填空题、判断题、解答题、开放型建构题）上的数学核心素养表现无显著差异

① 江苏省高一学生在不同题型（选择题、填空题、解答题、开放型建构题）上所表现出的数学核心素养相近，在开放型建构题上表现出较好的数学核心素养。

② 江苏省高二学生在不同题型（填空题、解答题、开放型建构题）上所表现出的数学核心素养均值相近，也在开放型建构题上表现出较好的数学核心素养。

③ 江苏省高三学生在不同题型（选择题、填空题、判断题、解答题、开放型建构题）上所表现出的数学核心素养均值一样，在解答题、开放型建构题上表现出较好的数学核心素养。

④ 北京地区高中生在不同题型（选择题、填空题、解答题、开放型建构题）上的得分大致一致，高一年级略低于高二、高三年级；在选择题、解答题上表现出较好的数学核心素养。

7.5　不同类型高中生数学核心素养的差异分析

本节要分析的问题是不同地区、年级、性别的高中生，数学核心素养是否存在差异。

7.5.1　不同地区高中生数学核心素养的差异分析

1. 江苏省不同地区高一学生数学核心素养的差异分析

从箱图(图7－10)的比较来看，南京和扬州地区的成绩总体最好，因为其中位数位置最高，说明高分学生比较多；各地区四分位距均较大，说明不同地区的学生数学核心素养差距较大。

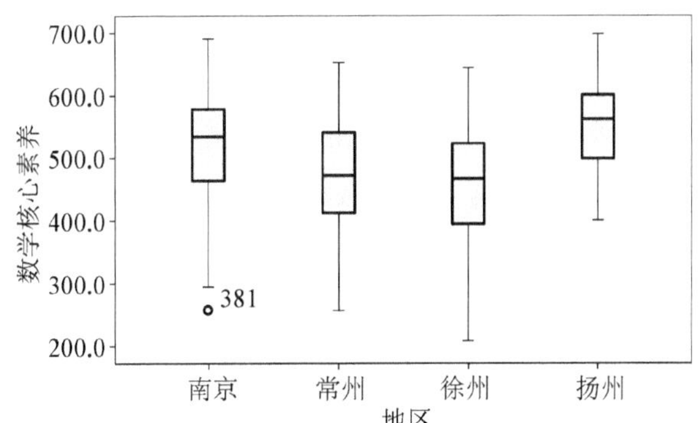

图7－10　各地区高一年级学生数学核心素养箱图

进一步对不同地区高一学生数学核心素养的差异进行单因素方差分析(表7－43)。结果显示：不同地区高一学生的数学核心素养差异显著，$F(3, 382)=24.06$，$p<0.001$，$\eta_p^2=0.16$。两两比较结果显示(表7－44)：在高一年级，南京、扬州地区学生的数学核心素养显著高于常州、徐州地区。

表7－43　不同地区高一学生数学核心素养的方差分析

地区	$M \pm SD$	F	p	η_p^2
南京	523.46±89.82	24.06	<0.001	0.16
常州	471.73±92.02			
徐州	453.85±104.27			
扬州	550.96±69.49			

表 7-44　不同地区高一学生数学核心素养的两两比较(I-J)

		地区 I			
		南京	常州	徐州	扬州
地区 J	南京				
	常州	51.722**	—		
	徐州	69.604***	17.881	—	
	扬州	−27.502	−79.225***	−97.106***	—

注：表中的数均为 F 值，** $p<0.01$，*** $p<0.001$。

为了解各地区高一年级学生数学核心素养在各个等级上的分布情况，按地区分等级对高一学生进行了统计，计算出各等级上学生人数占各地区被测学生总数的比例，结果如表 7-45 和图 7-11 所示。从中可以看出：

① 在总体上，除徐州外，其他地区等级比例均近似正态分布，各地区处于等级 3 和等级 4 的学生最多；

② 在南京地区，处于等级 0 的学生仍占一定比例；

③ 各地区达到等级 6 的学生均占较低比例，其中徐州地区比例最高，扬州地区比例最低。

表 7-45　各地区高一年级学生数学核心素养等级分布情况

	等级 0/%	等级 1/%	等级 2/%	等级 3/%	等级 4/%	等级 5/%	等级 6/%
南京	3.88	9.71	14.56	26.21	30.10	10.68	4.85
常州	0	11.34	19.59	25.77	19.59	17.53	6.19
徐州	0	20.69	12.64	19.54	26.44	12.64	8.05
扬州	0	4.04	13.13	27.27	31.31	22.22	2.02

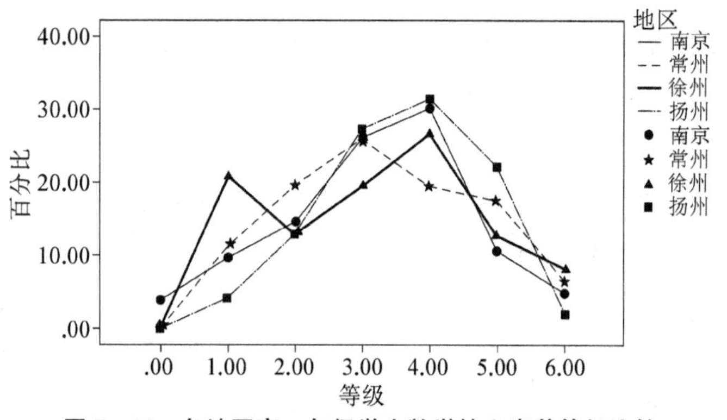

图 7-11　各地区高一年级学生数学核心素养等级比较

对四个地区数学核心素养等级比例进行拟合优度 k－s 检验，结果显示：四个地区数学核心素养等级比例服从正态分布（$ps>0.05$）。再通过单因素方差分析得到，四个地区之间数学核心素养等级分布比例的差异不显著（$p>0.05$）。

2. 江苏省不同地区高二学生数学核心素养的差异分析

从箱图（图 7－12）的比较来看，扬州地区的数学核心素养成绩总体最好，因为其中位数位置最高，说明高分学生比较多，且四分位距相对较小，说明学生分数集中在中间部分；徐州地区的成绩相对较差，因为其中位数位置较低，说明中低分的学生比较多。

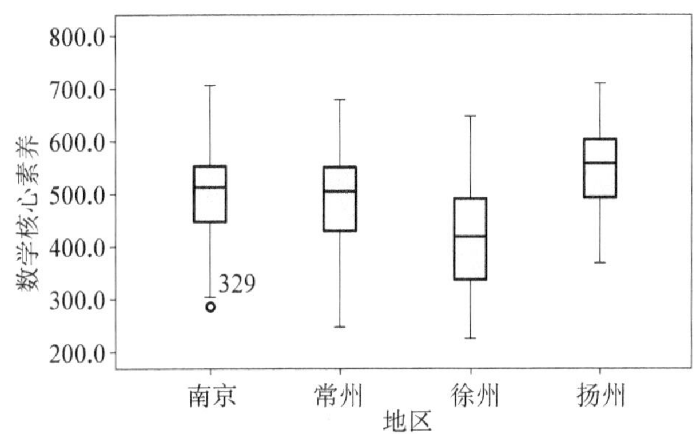

图 7－12　各地区高二年级学生数学核心素养箱图

进一步对不同地区高二学生数学核心素养的差异进行单因素方差分析（表 7－46）。结果显示：不同地区高二学生的数学核心素养差异显著，$F(3, 330)=18.08$，$p<0.001$，$\eta_p^2=0.18$。两两比较结果显示（表 7－47）：在高二年级，扬州地区学生的数学核心素养显著高于南京、常州和徐州地区，其中，南京和常州地区又显著高于徐州地区。

表 7－46　不同地区高二学生数学核心素养的方差分析

<table>
<tr><th>地区</th><th>$M\pm SD$</th><th>F</th><th>p</th><th>η_p^2</th></tr>
<tr><td>南京</td><td>498.87±80.96</td><td rowspan="4">18.08</td><td rowspan="4"><0.001</td><td rowspan="4">0.18</td></tr>
<tr><td>常州</td><td>494.79±93.20</td></tr>
<tr><td>徐州</td><td>413.96±108.13</td></tr>
<tr><td>扬州</td><td>551.27±72.76</td></tr>
</table>

表 7-47　不同地区高二学生数学核心素养的两两比较(I-J)

		地区 I			
		南京	常州	徐州	扬州
地区 J	南京	—			
	常州	4.086	—		
	徐州	84.912***	80.826***	—	
	扬州	−52.395***	−56.481***	−137.307***	—

注：表中的数均为 F 的值，*** $p<0.001$

为了解各地区高二年级学生数学核心素养在各个等级上的分布情况，按地区分等级对高二学生进行了统计，计算出各等级上学生人数占各地区被测学生总数的比例，结果如表 7-48 和图 7-13 所示。从中可以看出：

① 在总体上，除徐州外，其他地区等级比例均近似正态分布，各地区处于等级 3 和等级 4 的学生最多；

② 除扬州外，各地区处于等级 0 的学生仍占一定比例，其中徐州地区比例最高，为 30%；

③ 各地区达到等级 6 的学生均占较低比例，其中徐州地区比例相对较高，扬州地区比例最低。

表 7-48　各地区高二年级学生数学核心素养等级分布情况

	等级 0/%	等级 1/%	等级 2/%	等级 3/%	等级 4/%	等级 5/%	等级 6/%
南京	5.05	13.13	20.20	30.30	24.24	6.06	1.01
常州	7.84	13.73	22.55	26.47	18.63	8.82	1.96
徐州	30.00	17.50	20.00	12.50	10.00	2.50	7.50
扬州	0.00	4.26	14.89	26.60	32.98	21.28	0.00

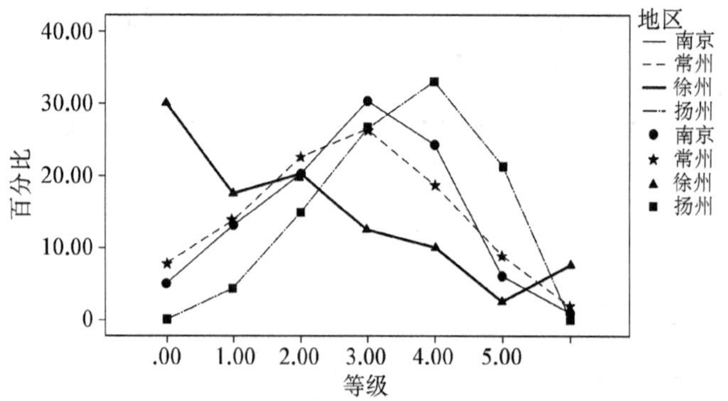

图 7-13　各地区高二年级学生数学核心素养等级比较

对四个地区等级比例进行拟合优度 k - s 检验，结果显示四个地区数学核心素养等级比例服从正态分布（$ps>0.05$）。再通过单因素方差分析得到，四个地区之间数学核心素养等级分布比例的差异不显著（$p>0.05$）。

3. 江苏省不同地区高三学生数学核心素养的差异分析

从箱图（图 7 - 14）的比较来看，南京地区的数学核心素养成绩总体最好，其中位数位置最高，说明高分学生比较多；徐州地区的成绩相对较差，其中位数位置较低，说明中低分的学生比较多。

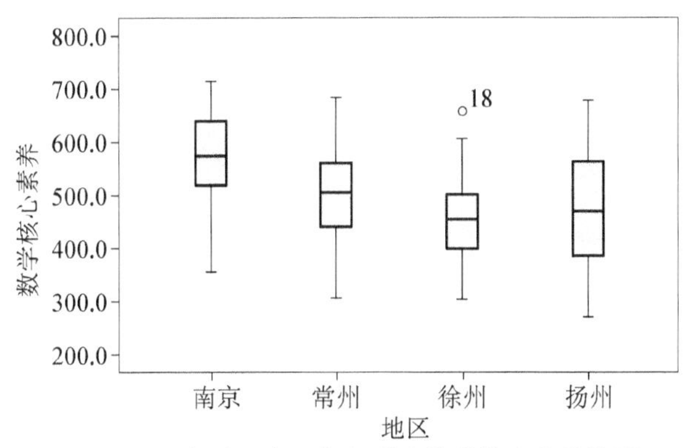

图 7 - 14　各地区高三年级学生数学核心素养箱图

进一步对不同地区高二学生数学核心素养的差异进行单因素方差分析（表 7 - 49）。结果显示：不同地区高三学生的数学核心素养差异显著，$F(3, 306)=26.90$，$p<0.001$，$\eta_p^2=0.21$。两两比较结果显示（表 7 - 50）：在高三年级，南京地区学生的数学核心素养显著高于常州、徐州和扬州地区；其中，常州地区又显著高于徐州地区。

表 7 - 49　不同地区高三学生数学核心素养的方差分析

地区	$M \pm SD$	F	p	η_p^2
南京	573.60±82.11	26.90	<0.001	0.21
常州	500.31±81.89			
徐州	449.73±69.94			
扬州	478.79±115.83			

表 7-50 不同地区高三学生数学核心素养的两两比较(I-J)

		地区 I			
		南京	常州	徐州	扬州
地区 J	南京	—			
	常州	73.290***	—		
	徐州	123.867***	50.578**	—	
	扬州	94.813*	21.523	−29.054	—

注:表中的数均为 F 的值,* $p<0.05$, ** $p<0.01$, *** $p<0.001$

为了解各地区高三年级学生数学核心素养在各个等级上的分布情况,按地区分等级对高三学生进行了统计,计算出各等级上学生人数占各地区被测学生总数的比例,结果如表 7-51 和图 7-15 所示。从中可以看出:

① 总体上,只有常州地区等级比例近似正态分布;

② 各地区处于等级 0 的学生仍占一定比例,其中扬州地区比例最高,为 15%;

③ 南京地区达到等级 6 的学生比例最高,为 11.84%,常州地区比例最低,为 1.32%;

④ 南京地区达到等级 4 的比例最高,常州地区达到等级 3 的比例最高,徐州地区达到等级 1 的比例最高,扬州地区达到等级 1 和等级 3 的比例最高。

表 7-51 各地区高三年级学生数学核心素养等级分布情况

	等级 0/%	等级 1/%	等级 2/%	等级 3/%	等级 4/%	等级 5/%	等级 6/%
南京	1.32	3.95	11.84	15.79	28.95	26.32	11.84
常州	3.95	17.11	17.11	30.26	22.37	7.89	1.32
徐州	6.41	30.77	28.21	28.21	5.13	1.28	7.69
扬州	15.00	21.25	16.25	21.25	6.25	13.75	6.25

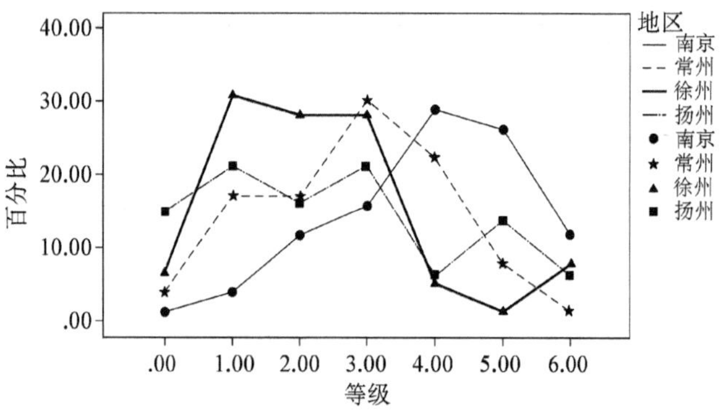

图 7-15 各地区高三年级学生数学核心素养等级比较

对四个地区等级比例进行拟合优度 k-s 检验，结果显示四个地区数学核心素养等级比例服从正态分布($ps > 0.05$)。再通过单因素方差分析得到，四个地区之间数学核心素养等级分布比例的差异不显著($p > 0.05$)。

7.5.2　不同年级高中生数学核心素养的差异分析

为了比较不同年级高中生数学核心素养的差异，对北京地区不同年级高中生，使用的是同一套测试卷(高一卷)。对北京地区不同年级高中生数学核心素养的差异进行单因素方差分析，结果显示(表 7-52)，不同年级高中生数学核心素养的差异显著[$F(2,107) = 6.55, p = 0.002, \eta_p^2 = 0.11$]。

表 7-52　北京地区不同年级高中生数学核心素养的方差分析

年级	N	$M \pm SD$	F	p	η_p^2
高一	39	455.82±94.61	6.55	0.002	0.11
高二	46	521.60±73.94			
高三	25	529.18±126.65			

两两比较结果显示(表 7-53)，北京地区高一年级学生数学核心素养显著低于高二($p = 0.002$)和高三年级($p = 0.003$)。

表 7-53　北京地区不同年级高中生数学核心素养的两两比较(I-J)

		年级 I		
		高一	高二	高三
高一	年级 J	—		
高二		-65.78**	—	
高三		-73.37**	-7.58	—

注：表中的数均为 F 的值，** $p < 0.01$

7.5.3　不同性别高中生数学核心素养的差异分析

1. 江苏省不同性别高一学生数学核心素养的差异分析

对江苏地区不同性别高中生数学核心素养的差异进行独立样本 t 检验(表 7-54)。结果显示：高一年级男生在数学核心素养总体($p = 0.008$)和数学抽象维度($p = 0.003$)上显著高于女生。

表 7-54 不同性别高一学生数学核心素养的 t 检验($M\pm SD$)

	性别	$M\pm SD$	t
数学核心素养	女	488.39±97.79	2.68**
	男	514.72±94.62	
数学抽象	女	485.47±98.29	2.98**
	男	515.40±99.13	
逻辑推理	女	503.12±84.77	−0.16
	男	501.61±103.68	
数学建模	女	497.78±105.08	0.59
	男	503.80±93.88	
数学运算	女	493.61±100.73	1.51
	男	508.76±95.96	
直观想象	女	492.30±102.27	1.51
	男	507.66±97.85	
数据分析	女	492.76±99.59	1.64
	男	509.21±97.92	

注：** $p<0.01$

2. 江苏省不同性别高二学生数学核心素养的差异分析

进一步对江苏地区不同性别高二学生数学核心素养的差异进行独立样本 t 检验，结果见表 7-55。可见，高二年级男生在数学抽象($p=0.012$)、数学运算($p=0.005$)维度上显著低于女生，在数据分析($p=0.038$)维度上显著高于女生。

表 7-55 不同性别高二学生数学核心素养的 t 检验($M\pm SD$)

	性别	$M\pm SD$	t
数学核心素养	女	508.84±90.22	−0.92
	男	499.20±97.24	
数学抽象	女	518.07±87.21	−2.52*
	男	491.11±102.59	
逻辑推理	女	495.95±102.74	0.93
	男	506.07±94.77	

(续表)

	性别	$M \pm SD$	t
数学建模	女	500.82±100.39	−0.078
	男	501.68±98.83	
数学运算	女	518.95±101.70	−2.82**
	男	487.94±97.14	
直观想象	女	503.25±94.24	−0.17
	男	501.43±100.35	
数据分析	女	487.77±96.04	2.08*
	男	510.64±101.39	

注：* $p<0.05$，** $p<0.01$

3. 江苏省不同性别高三学生数学核心素养的差异分析

最后，对江苏地区不同性别高三学生数学核心素养的差异进行独立样本 t 检验(表7-56)。结果显示：高三年级男生在数学核心素养总体($p=0.015$)和数据分析维度($p=0.004$)上显著高于女生。

表7-56　不同性别高三学生数学核心素养的 t 检验($M \pm SD$)

	性别	$M \pm SD$	t
数学核心素养	女	484.76±97.52	2.46*
	男	512.55±100.55	
数学抽象	女	494.53±102.98	0.87
	男	504.50±97.54	
逻辑推理	女	491.74±105.60	1.32
	男	506.80±94.91	
数学建模	女	500.91±97.65	−0.14
	男	499.25±102.18	
数学运算	女	489.95±99.56	1.87
	男	508.27±99.89	
直观想象	女	488.32±97.51	1.61
	男	509.61±101.28	

(续表)

	性别	$M \pm SD$	t
数据分析	女	482.19±94.03	2.88**
	男	514.66±102.63	

注：* $p<0.05$，** $p<0.01$

7.5.4 小结

“不同地区、年级、性别的高中生，数学核心素养是否存在差异？”围绕这一研究问题，本节展开数据统计与分析，研究发现，地区、年级变量对高中生数学核心素养影响显著；性别变量对高中生数学核心素养有一定的影响，并且男女生在数学核心素养上的具体表现各有差异。

1. 地区变量对高中生数学核心素养的影响显著，不同地区高中生数学核心素养差异较大，南京和扬州地区高中生总体数学核心素养较好；不同地区高中生数学核心素养等级分布差异不显著，各地区处于中等等级(3、4 级)的高中生较多，处于两级等级(0、1、2、5、6 级)的高中生较少

① 地区差异是影响江苏省高一学生数学核心素养的因素之一。不同地区数学核心素养差异较大，南京和扬州地区高一学生数学核心素养较好；不同地区数学核心素养等级分布差异不显著，各地区处于等级 3 和等级 4 的高一学生最多。

② 地区差异是影响江苏省高二学生数学核心素养的因素之一。不同地区数学核心素养差异显著，扬州地区高二学生总体数学核心素养较好；不同地区数学核心素养等级分布差异不显著，各地区处于等级 3 和等级 4 的高二学生最多，各地区处于等级 6 的高二学生比例较低，处于等级 0 的高二学生仍占一定比例。

③ 地区差异是影响江苏省高三学生数学核心素养的因素之一。不同地区数学核心素养差异较大，南京地区高三学生总体数学核心素养较好；不同地区数学核心素养等级分布差异不显著，各地区处于等级 6 的高三学生比例较低，处于等级 0 的高三学生仍占一定比例。

2. 年级变量对高中生数学核心素养的影响显著

选择北京地区高一～高三不同年级学生作为调查样本进行测试(问卷一致)，发现不同年级高中生数学核心素养的差异显著；高一年级学生数学核心素养显著低于高二、高三年级学生。

3. 性别变量对高中生数学核心素养有一定的影响，男女生在数学核心素养以及不同数学核心素养维度上有所差异

① 不同性别江苏省高一学生的数学核心素养有差异，高一年级男生在数学核心素养总体和数学抽象维度上显著高于女生。

② 不同性别江苏省高二学生的数学核心素养有差异，高二年级男生在数学抽象、数学运算维度上显著低于女生，在数据分析维度上显著高于女生。

③ 不同性别江苏省高三学生的数学核心素养有差异，高三年级男生在数学核心素养总体和数据分析维度上显著高于女生。

7.6　高中生数学核心素养对数学成绩的影响

本节要分析的问题是高中生数学核心素养对数学成绩的影响。在研究中，收集了高中生数学核心素养成绩和最近一次期中数学考试成绩。

7.6.1　数学核心素养与数学成绩的相关、回归分析

1. 江苏省高一学生数学核心素养与数学成绩的相关、回归分析

对高一学生的数学核心素养和数学成绩进行相关分析，结果表明，两者显著相关，具体如表 7－57 所示。

表 7－57　高一学生数学核心素养和数学成绩的相关分析

		数学成绩	数学核心素养
数学成绩	Pearson 相关性	1	.178**
	显著性(双侧)		.000
	N	423	423
数学核心素养	Pearson 相关性	.178**	1
	显著性(双侧)	.000	
	N	423	425

注：** 在.01 水平(双侧)上显著相关

我们再对高一学生的数学核心素养的六个指标和数学成绩进行相关分析，结果如表 7－58。可以看出，数学成绩与数学抽象、直观想象指标有显著

的正相关，与数学运算指标也有一定程度的相关性。

表 7－58　高一学生数学核心素养各指标与数学成绩的相关分析

	数学抽象	逻辑推理	数学建模	数学运算	直观想象	数据分析
数学成绩	0.149**	0.034	0.055	0.118*	0.173**	0.032

注：* $p<0.05$，** $p<0.01$

进一步进行回归分析，发现高一学生的数学核心素养对其数学成绩具有显著的预测性，其中 $F=13.838$，$p<0.01$，$t=3.720$，$p<0.01$（如表 7－59 所示），其回归方程为：数学成绩＝0.18×数学核心素养＋410.04。对数学核心素养的六个指标进行进一步回归分析发现，除了数学抽象和直观想象两指标外，其他指标对回归方程的贡献不大，予以删除，故回归方程如下：数学成绩＝0.107×数学抽象＋0.137×直观想象＋378.744（如表 7－60 所示）。

表 7－59　高一学生数学核心素养和数学成绩的回归分析

因变量	自变量	Beta	t	ΔR^2	R^2	F
数学成绩	核心素养	0.002	3.720**	0.030	0.032	13.838**

注：* $p<0.05$，** $p<0.01$

表 7－60　高一学生数学核心素养各指标和数学成绩的回归分析

因变量	自变量	Beta	t	ΔR^2	R^2	F
数学成绩	常量	378.744	12.818**	0.036	0.040	8.77**
	数学抽象	0.107	2.124*			
	直观想象	0.137	2.801**			

注：* $p<0.05$，** $p<0.01$

2. 江苏省高二学生数学核心素养与数学成绩的相关、回归分析

对高二学生的数学核心素养和数学成绩进行相关分析，结果如表 7－61，高二学生的数学核心素养和数学成绩存在显著的正相关。

表 7－61　高二学生数学核心素养和数学成绩的相关分析

		数学成绩	数学核心素养
数学成绩	Pearson 相关性	1	.162**
	显著性（双侧）		.003
	N	335	335

（续表）

		数学成绩	数学核心素养
数学核心素养	Pearson 相关性	.162**	1
	显著性（双侧）	.003	
	N	335	335

注：** $p<0.01$

再对高二年级学生数学核心素养的六个指标和数学成绩进行相关分析，逻辑推理指标与高二学生数学成绩呈现显著的正相关（见表 7 - 62）。

表 7 - 62　高二学生数学核心素养各指标与数学成绩的相关分析

	数学抽象	逻辑推理	数学建模	数学运算	直观想象	数据分析
数学成绩	0.028	0.163**	0.017	0.089	0.064	0.103

注：* $p<0.05$，** $p<0.01$

对高二年级学生的数学核心素养和其数学成绩进行回归分析，结果如表 7 - 63 所示，$F=8.934$，$p<0.01$，$t=2.989$，$p<0.01$，其回归方程为：数学成绩$=0.169\times$数学核心素养$+414.725$，高二学生的数学成绩受其数学核心素养的影响。对数学核心素养的六个指标进行进一步回归分析发现，除了逻辑推理和数学运算两个指标之外，其他指标对回归方程的贡献不大，予以删除，故回归方程如下：数学成绩$=0.166\times$逻辑推理$+0.09\times$数学运算$+371.616$（具体数值见表 7 - 64）。

表 7 - 63　高二学生数学核心素养和数学成绩的回归分析

因变量	自变量	Beta	t	ΔR^2	R^2	F
数学成绩	核心素养	0.002	2.989*	0.023	0.026	8.934*

注：* $p<0.05$，** $p<0.01$

表 7 - 64　高二学生数学核心素养各指标和数学成绩的回归分析

因变量	自变量	Beta	t	ΔR^2	R^2	F
数学成绩	常量	371.616	9.573**	0.029	0.035	6.015**
	逻辑推理	0.166	3.055*			
	数学运算	0.090	1.687			

注：* $p<0.05$，** $p<0.01$

3. 江苏省高三学生数学核心素养与数学成绩的相关、回归分析

对高三学生的数学核心素养和数学成绩进行相关分析,结果如表 7-65,高三学生的数学核心素养和数学成绩不存在显著相关。

表 7-65　高三学生数学核心素养和数学成绩的相关分析

		数学成绩	数学核心素养
数学成绩	Pearson 相关性	1	.089
	显著性(双侧)		.119
	N	309	309
数学核心素养	Pearson 相关性	.089	1
	显著性(双侧)	.119	
	N	309	310

接着,对高三学生数学核心素养的六个指标与数学成绩,进行进一步的相关分析,结果见表 7-66。数据表明:高三学生的逻辑推理指标成绩与其数学成绩有显著相关性。

表 7-66　高三学生数学核心素养各指标与数学成绩的相关分析

	数学抽象	逻辑推理	数学建模	数学运算	直观想象	数据分析
数学成绩	0.107	0.151**	0.023	−0.010	0.088	−0.015

注:* $p<0.05$, ** $p<0.01$

对高三学生的数学核心素养总分与其数学成绩进行回归分析,结果 $F=2.444$,$p=0.119$,不适合建立回归方程。对数学核心素养的六个指标进行进一步回归分析发现,除了逻辑推理指标外,其他指标对回归方程的贡献不大,予以删除,故回归方程如下:数学成绩=0.149×逻辑推理+425.561(具体数值见表 7-67)。

表 7-67　高三学生数学核心素养各指标和数学成绩的回归分析

因变量	自变量	Beta	*t*	ΔR^2	R^2	*F*
数学成绩	常量	425.561	14.987**	0.020	0.023	7.147**
	逻辑推理	0.149	2.673**			

注:* $p<0.05$, ** $p<0.01$

7.6.2　小结

“高中生数学核心素养对学生数学成绩是否存在影响?”就这一问题，本节展开统计分析，研究发现，高中生数学核心素养与学生数学成绩两者之间呈正相关，并且数学成绩与数学核心素养二级指标之间能够构建回归方程。

1. 江苏省高一学生数学核心素养与其数学成绩显著相关

江苏省高一学生数学核心素养与其数学成绩显著相关，并且影响较大；学生数学成绩与数学抽象、直观想象指标有显著的正相关，回归方程为：数学成绩＝0.107×数学抽象＋0.137×直观想象＋378.744。

2. 江苏省高二学生数学核心素养与其数学成绩显著相关

江苏省高二学生数学核心素养与其数学成绩存在显著的正相关，并且数学成绩受到数学核心素养的影响；数学核心素养中的逻辑推理指标与高二学生数学成绩呈现显著的正相关，回归方程为：数学成绩＝0.166×逻辑推理＋0.09×数学运算＋371.616。

3. 江苏省高三学生逻辑推理素养与其数学成绩显著相关

江苏省高三学生数学核心素养与其数学成绩不存在显著相关，但数学核心素养中的逻辑推理指标与高三学生数学成绩有显著相关性，回归方程为：数学成绩＝0.149×逻辑推理＋425.561。

7.7　研究结论

本章主要是对高中生数学核心素养进行评价研究，围绕三个研究目的，选取 5 个城市 9 所中学的 1 146 名高中生进行正式测试。根据既定的评分标准，我们得到了每一个学生的数学核心素养成绩。参照 PISA、TIMSS 和 SOLO 理论，我们将数学核心素养分为 3 个水平 6 个等级。测试问卷整体的信度和效度良好，利用 SPSS 22.0 软件对高中生数学核心素养进行了详细分析，主要得到以下三点结论。

7.7.1　高中生数学核心素养总体呈中等水平

高中生数学核心素养成绩总体呈正态分布，并集中在中间等级(3～4 等级)，不同年级男女生在数学核心素养上具有不同的特点。

高中生数学核心素养成绩在不同教学内容(数与代数、图形与几何、概率与统计)上的表现基本一致。

高中生数学核心素养在各个评价指标(数学抽象、逻辑推理、数学建模、数学运算、直观想象、数据分析)上成绩相当。

高中生数学核心素养以水平1、水平2居多,更多的高三学生具有水平3的数学核心素养。

高中生在不同情境类型(个人情境、教育与职业情境、公共情境、科学情境)题目所表现出的数学核心素养相当,并且更善于解决与个人情境、教育与职业情境相关的题目。

高中生在不同题型(选择题、填空题、判断题、解答题、开放型建构题)上的数学核心素养相接近。

7.7.2 不同地区、年级、性别的高中生数学核心素养存在差异

地区变量对高中生数学核心素养的影响显著,不同地区高中生数学核心素养差异较大,南京和扬州地区高中生总体数学核心素养较好;不同地区高中生数学核心素养等级分布差异不显著,各地区处于中等等级(3、4级)的高中生较多,处于两端等级(0、1、2、5、6级)的高中生较少。

年级变量对高中生数学核心素养的影响显著,高一是数学核心素养的转折期,高二是数学核心素养的发展期,高三是数学核心素养的高峰期。

性别变量对高中生数学核心素养有一定的影响,男女生在数学核心素养以及不同数学核心素养维度上有所差异。

7.7.3 高中生数学核心素养对数学成绩存在影响

高中生数学核心素养与数学成绩有一定的相关性,并且,数学核心素养对高中生数学成绩有影响;数学核心素养部分二级指标与数学成绩有显著的相关性。

第 8 章

评价框架的实践思考

本章包括四节内容，第一节概述本研究建立的数学核心素养评价模型，第二节呈现主要研究结论并进行讨论，第三节主要根据研究结论提出相应的建议与意见，第四节进行研究反思与展望。

8.1 评价模型的建立

数学核心素养评价模型的建立是本研究的重点与难点，也是研究的主要内容之一。本节主要介绍模型的构成、特点及其价值。

8.1.1 评价模型的构成

1. 评价框架

本研究将数学核心素养界定为“学生经历数学化活动而习得的数学思维方式、数学地表达交流；是学生数学发展所必需的关键能力；是学生经历数学化活动而习得的数学品格及健全人格养成”。简言之，数学核心素养是学生应具备的适应终身发展和社会发展需要的必备品格和数学关键能力。

借鉴 TIMSS、PISA 等国际比较测试项目以及普通高中数学课程标准，结合我国数学课堂教学实践，本研究建立了数学核心素养评价框架。该评价框架包括 5 个维度：数学内容、评价指标、水平、情境、问题类型维度以及 22 个观测点；重点考察高中生数学核心素养的指标维度和水平维度，适当兼顾其他 3 个维度。

2. 内容主题

本研究对调查内容主题的选择，主要依据两个方面：其一是《普通高中数学课程标准(实验稿)》(2003年版),确定高中数学核心素养评价所涉及的内容主题,主要涉及数与代数、图形与几何、统计与概率三个主要领域;其二是选择在高中数学课程内容体系中的基础、重点和难点内容。经过与专家和一线教师交流、讨论、试测等过程,最终选定了数列、算法、函数、方程、空间几何体、统计、概率等18个内容主题(高一~高三3套试卷)。

3. 问卷结构与试题类型

本研究建立的数学核心素养评价问卷(高一~高三卷),由与6个具体情境相关的6道大题、18道小题组成,分别测试6个数学核心素养。具体包括:选择、填空、判断、解答、开放型建构题5种题型,全卷满分为36分。

4. 调查形式

本研究采用的是随堂测试形式,学生在45~60分钟内,闭卷独立完成试卷。

8.1.2 评价模型的特点

本研究建立的评价模型,侧重于考察高中生数学核心素养,兼顾几个主要评价维度。目前,国内鲜有对数学核心素养评价的工具或模型,本研究的数学评价模型具有以下几个特点。

1. 适用于数学核心素养的评价研究

本工具主要以情境问题为依托,不同于学生熟悉的常规测试题;评价深入数学核心素养的一级指标、二级指标层面,充分考虑了数学核心素养的评价指标与不同测试题之间的关系;让学生通过纸笔测试进行答题,注重学生在数学核心素养方面的过程性评价。所以,该评价模型工具适合大样本高中生数学核心素养的评价研究。

2. 数学核心素养评价的维度较为全面

目前,较少有对数学核心素养评价的研究,多为数学素养的评价研究,难以契合数学核心素养评价的内涵。因此,本研究直接面向数学核心素养的评价,对与数学核心素养评价相关的教学内容、水平、情境、题型等多个维度,进行分析,以期反映数学核心素养评价的各个方面。

3. 数学核心素养评价的水平分析较符合学生现状

一方面,对数学核心素养评价的水平分析侧重于定性描述,从知识技能、问题解决、综合发展3个方面,以具体表现为依据,对学生数学核心素养水平进行质性分析；另一方面，对数学核心素养评价的水平分析侧重于定量描述，按照 PISA 对数学素养水平的划分，以分数段为依据，将高中生数学核心素养水平划分为 6 个等级，对学生数学核心素养水平进行量化分析。因此，该评价模型侧重于学生数学核心素养水平的分析，并较为符合学生数学学习的现状。

8.1.3　评价模型的价值

国内对于数学核心素养评价的研究，较为少见，且多以小样本的质性研究为主，难以说明学生数学核心素养发展的现状。本研究建立的高中生数学核心素养评价模型，既能够满足对高中生进行大样本调查研究的需要，又在评价内容方面兼顾数学教学、指标、水平等多个维度，在国内具有一定的适用性。

8.2　研究结论

本研究主要评价高中生数学核心素养的现状，主研究被分解为三个子研究：

高中生数学核心素养的总体状况如何？在五个维度（教学内容、评价指标、水平、情境、问题类型）有怎样的具体表现？

学生特征变量（性别、年级、学校）是否对高中生数学核心素养存在影响？不同类型高中生数学核心素养是否存在差异？

高中生数学核心素养是否对数学成绩产生影响？

采用问卷调查方法，对以上问题进行探究，得到五个主要结论。

8.2.1　高中生数学核心素养总体处于中等水平

从高中生数学核心素养的成绩来看，大部分学生能够达到等级 3 和 4；在 6 个等级的分类中，低等级和高等级的高中生均占少数。

高一学生数学核心素养水平总体呈正态分布，处于等级 3 和 4 的学生占比 48.19%，其他学生分布在等级 0、1、2、5、6，等级 6 学生占比最少。在等级 1～3 上，女生比例高于男生；在等级 4～5 上，女生比例低于男生。

高二学生数学核心素养在总体上呈比较合理的正态分布，处于等级 3 和 4 的学生占比 49.25%，其他学生分布在等级 0、1、2、5、6，等级 6 学生占比最少。在等级 3 上，女生比例低于男生；在等级 4～5 上，女生比例高于男生。

高三学生数学核心素养在总体上也呈比较合理的正态分布，处于等级3和4的学生占比39.35%，其他学生分布在等级0、1、2、5、6，等级6学生占比最少。在等级1～2上，女生比例高于男生；在等级4～5上，女生比例低于男生。

总体而言，高中生数学核心素养处于中等水平，并且，在低水平占比上，女生略高于男生。

8.2.2 高中生数学核心素养在不同教学内容维度上表现均衡

从不同教学内容(数与代数、图形与几何、统计与概率)来看，高中生数学核心素养基本相当。

1. 江苏省三个年级高中生数学核心素养在不同教学内容维度上的表现

高一学生数学核心素养在3个不同教学内容维度上的均值相当，在统计与概率维度上的分差最小。

高二学生数学核心素养在3个不同教学内容维度上的均值也相近，在统计与概率维度上的分差相对较小。

高三学生数学核心素养在3个不同教学内容维度上的均值基本相类似，在图形与几何维度上的分差相对较小。

2. 北京地区三个年级高中生数学核心素养在不同教学内容维度上的表现

北京地区3个年级高中生使用的是同一套测试卷，因此，可以进行不同年级数学核心素养在不同教学内容的比对。数据显示，3个年级在不同教学内容维度上的数学核心素养均值差异不大，在统计与概率维度上的分差相对较小。高二、高三年级学生数学核心素养水平，在不同教学内容维度均高于高一学生。

总体而言，高中生数学核心素养在不同数学教学内容维度上表现均衡；并且高一、高二、高三年级分别是学生数学核心素养的转折期、发展期和高峰期。

8.2.3 高中生数学核心素养在不同评价指标上的表现相当

从不同评价指标(数学抽象、逻辑推理、数学建模、数学运算、直观想象、数据分析)来看，高中生数学核心素养基本相当。

1. 江苏省三个年级高中生数学核心素养在不同评价指标上的表现

高一学生数学核心素养在6个不同评价指标上的均值相当，在逻辑推理指标上的分差最小。

高二学生数学核心素养在 6 个不同评价指标上的均值也相近,在数据分析指标上的分差相对较小。

高三学生数学核心素养在 6 个不同评价指标上的均值基本相类似,在数学运算指标上的分差相对较小。

2. 北京地区三个年级高中生数学核心素养在不同评价指标上的表现

北京地区 3 个年级高中生使用的是同一套测试卷,因此,可以进行不同年级数学核心素养,在不同评价指标上的比对。数据结果显示,3 个年级在不同评价指标上的数学核心素养均值差异不大,在数据分析评价指标上的分差相对较小。高二、高三年级学生数学核心素养水平,在不同评价指标上均高于高一学生。

总体而言,高中生数学核心素养在不同评价指标上表现均衡;并且高一年级是学生数学核心素养发展的转折期。

8.2.4 高中生数学核心素养总体表现为问题解决水平

从不同发展水平(水平 1 知识技能、水平 2 问题解决、水平 3 综合发展)来看,高中生数学核心素养水平以问题解决为主体。

1. 江苏省三个年级高中生数学核心素养在不同水平上的表现

高一、高二学生数学核心素养在 3 个不同水平上的表现有差异,不但在不同水平上的人数比例不均衡,而且在不同数学核心素养指标上所表现出来的水平也不相同。大部分高一学生能够较好地掌控水平 1、水平 2 的题目,较少学生在解题中表现出水平 3 的素养;不同评价指标上,所表现出来的水平也参差不齐。

高三学生解决知识技能水平题目的能力有所增强,在问题解决水平的学生数明显增多,有部分学生能够在不同数学核心素养指标上达到综合发展水平。

2. 北京地区三个年级高中生数学核心素养在不同水平上的表现

北京地区 3 个年级高中生使用的是同一套测试卷,因此,可以进行不同年级数学核心素养,在不同发展水平上的比较。数据结果显示,高一年级是数学核心素养水平发展的转折期,高二年级是数学核心素养水平发展的发展期,高三年级是数学核心素养水平发展的高峰期。部分高一、高二年级学生处于问题解决水平,大部分高三年级学生处于综合发展水平。

8.2.5 高中生数学核心素养在个人情境问题上表现更佳

从不同问题情境(个人情境、教育与职业情境、公共情境、科学情境)来看，高中生在个人情境类题目上表现出较好的数学核心素养。

江苏省三个年级的高中生数学核心素养，在不同问题情境上的表现基本类似，但学生在与个人情境、教育与职业情境相关的题目中，表现出更好的数学核心素养。北京地区高中生数学核心素养在不同问题情境上的表现，与江苏省学生基本相近，在教育与职业情境问题上，表现出较好的数学核心素养。

一些国际教育研究机构和中国著名学者都认为核心素养与情境关联密切，数学核心素养作为核心素养的重要构成成分，其与情境的关系相比核心素养兼具共性和特殊性①。因此，数学核心素养的评价试题，应以具体情境为背景，不但有利于学生对问题的理解，而且能够在问题解决的过程中，发展学生的数学素养。

8.2.6 高中生数学核心素养适合用开放型建构题评价

从不同问题题型(选择题、填空题、判断题、解答题、开放型建构题)来看，高中生数学核心素养在开放型建构题上表现较好。

江苏省三个年级的高中生数学核心素养，在不同问题类型上的表现基本相近；学生数学核心素养在开放型建构题、解答题上表现较好。北京地区高中生数学核心素养在选择题、解答题上表现较好一些。

由于开放型试题答案不唯一，并且有不同发展水平的梯度，因此，学生在解题的过程中，更能够充分呈现其数学核心素养。

8.2.7 高中生数学核心素养存在显著的地区差异

研究结果表明，一方面，不同地区(南京、常州、徐州、扬州)的学校高中生数学核心素养存在着显著差异；另一方面，不同地区高中生数学核心素养的等级分布各有差异。南京、扬州地区高中生数学核心素养较好，不同地区高中生数学核心素养等级分布差异不显著，但各地区处于等级 3、4 的高中生最多，处于等级 0、6 的学生较少。因此，应重视高中生数学核心素养评价的地域差异以及在每个地区学生数学核心素养所呈现出来的不同特征。

---

① 常磊，鲍建生.情境视角下的数学核心素养[J].数学教育学报，2017，26(2)：24.

8.2.8　高中生数学核心素养存在显著的年级差异

由于北京地区不同年级使用的是同一套测试卷(高一卷),因此,仅仅对北京地区 1 所中学的 3 个年级,进行了年级差异比较。研究结果表明,高中生数学核心素养存在显著的年级差异,并且高一年级学生数学核心素养显著低于高二、高三年级学生的数学核心素养。因此,也从另外一个角度,印证了前面的结论:高一是高中生数学核心素养的转折期,高二是高中生数学核心素养的发展期,高三是高中生数学核心素养的高峰期。

8.2.9　高中生数学核心素养存在一定的性别差异

研究结果表明,一方面,不同性别的高中生数学核心素养存在着一定的差异;另一方面,男女生在不同的数学核心素养指标上也有所差异。高一年级,男生在数学核心素养和数学抽象维度上显著高于女生;高二年级,男生在数据分析维度上显著高于女生;高三年级,男生在数学核心素养和数据分析维度上高于女生。因此,高中生数学核心素养存在一定的性别差异,这种差异更多地存在于数学核心素养的各个子指标上,并可能会随着地区、年级等其他特征变量的变化而变化。

8.2.10　高中生数学核心素养与数学成绩显著相关

数据分析表明:其一,高中生数学核心素养与其数学成绩有一定的相关性;其二,数学核心素养部分二级指标与其数学成绩之间构成回归方程。高一学生数学核心素养与数学成绩显著相关,并且数学成绩=0.107×数学抽象+0.137×直观想象+378.744;高二学生数学核心素养与其数学成绩也显著相关,数学成绩=0.166×逻辑推理+0.09×数学运算+371.616;高三学生数学核心素养逻辑推理指标与数学成绩显著相关,数学成绩=0.149×逻辑推理+425.561。

因此,数学核心素养的评价,与数学成绩的一般结果性评价并不矛盾;相反,它可以成为一种统领,去整合、完善、改革现有的数学评价。

8.3　建议与意见

根据以上研究结论,本研究对数学核心素养的评价提出以下五点建议。

8.3.1 数学核心素养评价应立足于学生素养水平发展的阶段性

高中生数学核心素养评价结果显示，40%左右的学生处于问题解决水平，介于等级 3 和 4 之间(6 个等级)，因此，学生分阶段数学核心素养水平的发展，是数学核心素养评价的目的所在。就社会发展而言，学生素养水平的发展，与教育的基本理念与总体目标相一致，反映了数学核心素养的价值；就学校教育而言，学生素养水平的发展，是学校“培养什么样的人”的评价依据；就学生成长而言，学生素养水平的发展，是其终身学习与未来发展的坚实基础。

学生素养水平的发展需要小学、中学、大学不同学习阶段的持续配合与跟踪评价，朱立明认为，数学核心素养是学生在不同发展阶段表现出来的一种综合的动态系统，不同阶段具有不同的层次水平。例如：数的认识，在第一学段，感受大数并对其估计，即为该学段的素养最高水平；第二学段，会用负数解决生活中的数学问题，即为该学段的高水平素养①。与此同时，学生素养水平的发展可以在数学知识的学习中并行发展、联合培养。例如：在小学阶段“数”的学习中，应全程贯穿问题解决，让学生在问题解决过程中，发展抽象能力、推理能力和应用能力，进而形成高水平数学核心素养②。

8.3.2 数学核心素养评价指标体系应具有学科知识的整合性

高中生数学核心素养评价研究数据表明，数学核心素养在不同教学内容、不同评价指标上表现相近，说明三者是互为一体、互为补充的关系。因此，数学核心素养评价体系的构建，应立足于两大基本要素：紧密相关的数学教学内容、科学合理的评价指标。

1. 数学核心素养评价体系的建立，应与数学教学内容紧密相关

当前，我国普通高中课程方案和新一轮课程标准修订正在进行，数学教学内容应遵循课程标准而定，教学要充分体现教学内容中具有的核心素养，并将数学核心素养作为具体的教学目标形式来展现。应突出各领域知识的连贯性、系统性、结构性和逻辑性③，例如：“数与代数”领域，主要通过数的认识，培

---

① 朱立明.基于深化课程改革的数学核心素养体系构建[J].中国教育学刊，2016(5)：76－80.

② 章飞.小学生数学核心素养培养的一些思考[J].江苏教育(小学教学)，2016(5)：15－17.

③ 张俊珍.基于学生核心素养的中小学数学课程衔接研究[J].教育理论与实践，2016，36(22)：56－60.

养学生数学抽象、逻辑推理、数学运算素养;"图形与几何"领域,主要通过图形的认知,培养学生直观想象素养;"统计与概率"领域,主要通过统计、概率知识及思想的学习,培养学生数据分析素养;"综合与应用"领域,主要通过数学综合活动等方式,培养学生数学建模素养等。

2. 数学核心素养评价体系的建立,科学合理的评价指标是核心

数学核心素养评价指标不但建立在其内涵的理论探索基础之上,而且需要不断地进行实践验证。应将核心素养指标层层分解(一级指标、二级指标、三级指标……),直至最终落实到课程标准和学业质量标准之中①。

高中课程标准修订组,按照数学核心素养的内涵、价值和表现等,提出 6 个数学核心素养指标:数学抽象、逻辑推理、数学建模、运算能力、直观想象、数据分析②。何小亚对此指标进行逐条分析反思,提出 6 个数学核心素养指标:数学化、数学运算、数学推理、数学意识、数学思想方法、数学情感态度价值观③。

因此,数学核心素养评价指标尚需从以下几个方面加以论证:① 从数学学科的内在本质与发展价值,来探讨数学核心素养评价指标是否涵盖了数学基本内容;② 从学生感悟、体验与反思知识的角度出发,来分析数学核心素养评价指标是否反映了学生分析问题、解决问题的过程;③ 从数学课程标准出发,来判断数学核心素养评价指标是否能实现"以人为本"的评价导向;④ 从数学核心素养发展水平出发,来观测数学核心素养评价指标是否符合学生素养实际状况。

8.3.3 数学核心素养评价测试题应源自真实生活的各类情境

数学核心素养的评价方式,除形成性评价、结果性评价之外,许多国家或地区都在尝试着开展面向全体学生的、指向 21 世纪素养的、国家或地区层面统一考试④。因此,建议国家有关部门加大针对中小学生核心素养评价的专项研究、统一学业测试。

从对高中生数据调研的结果来看,学生在与情境相关的各类题目上、在开

---

① 索桂芳.核心素养评价若干问题的探讨[J].课程・教材・教法,2017,37(1):25.

② 教育部课程标准修订组.普通高中各学科核心素养一览表[EB/OL].http://learning.sohu.com/20160422/n445632409.shtml.

③ 何小亚.数学核心素养指标之反思[J].中学数学研究,2016(7):1-4.

④ 刘晟.21 世纪核心素养教育的课程、教学与评价[J].华东师范大学学报(教育科学版),2016(3):38-45.

放型建构题的题型上，能够较好地表现出自己的数学核心素养。所以，建议尽量选用与真实情境相关的试题，来考察学生的数学核心素养。对数学核心素养的评价应从相对评价逐渐过渡到绝对评价，即采用等级或水平制，每个不同的分数等级或水平表示目标的达成度。例如：PISA 2015 中，就用低、中、高三个等级（水平）来评价协作问题解决素养①。

8.3.4 数学核心素养评价应关注学生的个体差异

在关注数学核心素养的基本内涵及其构成要素、基本特征、影响因素、评价指标等因素的同时，还需要关注数学核心素养评价的主体：学生。关注不同地域学生数学核心素养的差异、关注不同年级学生数学核心素养的特点、关注不同性别学生数学核心素养的特征。

第一，数学核心素养的评价，应尽量缩小不同地区学生的差异，对全国、全省、全市学生数学核心素养发展的目标、任务、路径与发展措施等进行全面规划。

第二，数学核心素养的评价，应建立不同年级的数学核心素养评价标准，既对应数学核心素养的不同层级及发展水平，又以标准引领不同年级的课堂教学。

第三，数学核心素养的评价，应兼顾到不同性别学生的差异，以更开放的数学核心素养评价理念，来促进学生的数学核心素养发展。

8.3.5 数学核心素养评价应指导数学学业水平测试

通过对高中生数学成绩与数学核心素养相关性的调查，我们发现两者之间显著正相关，说明数学成绩与核心素养不是“矛与盾”，而是“并蒂莲”；不是相互对立、相互牵制，而是相辅相成、相互促进。长期以来，我们习惯于用分数来评价学生数学学习情况，这是以知识为本、以结果为本的评价方式；而数学核心素养评价，并不是仅仅停留在认知层面，也不仅仅是强调可测性，它是为了实现数学学科的育人功能与价值。

数学核心素养评价不可能取代现有的评价方式，也不适合与现有评价方式并行，它应该是起到统领的作用，去整合、改善、调试、优化现有的评价。在命题设计时，在把握数学知识本质的基础上，可以从数学知识出发考虑所蕴含

---

① OECD. PISA 2015 Draft Collaborative Problem Solving Framework[EB/OL]. http://www.oecd.org/pisa/pisa products/pisa 2015 framewords.htm，2016-06-26.

的数学核心素养，或者反过来，从数学核心素养出发考虑相应的数学知识，把数学知识与数学核心素养融为一体①。

因此，我们应拓展数学核心素养评价的导向功能，立足数学核心素养评价标准，来促进学生的发展，立足课程、立足教材，促进其对教学的影响。数学核心素养的评价，应指导数学学业水平考试的命题原则、命题路径，甚至是教科书的编写，以期带动数学教学资源和课程资源的开发、数学课堂教学模式的创新、数学文化的提升等多个方面的联动，共同服务学生综合素养的发展。

8.4　反思与展望

8.4.1　研究局限

本研究围绕“数学核心素养评价”这一主题，按照“理论研究分析—素养水平剖析—评价指标分析—核心素养调查—评价模型构建”这一主线，借鉴了AHP层次分析法、SOLO分类理论等，通过文献研究、问卷调查、Yaahp.10.3层次分析、SPSS 22.0数据分析等具体方法，初步构建了数学核心素养评价模型，并对高中生数学核心素养现状进行测试和分析。反思整个研究过程，主要有以下三个方面的局限。

1. 研究内容的局限

由于时间和精力的限制，在研究过程中，没有对数学核心素养的6个构成要素：数学抽象、逻辑推理、数学建模、数学运算、直观想象、数据分析，进行深入探索与研究，有待在今后的研究中，继续深入到数学核心素养二级指标层面。并且，由于数学核心素养更多地表现为一种品格和能力，所以部分隐性的素养并不具有可测性，更加适合质性分析。

与此同时，数学核心素养的水平划分是针对每个素养的二级指标的，即每个一级指标有6或9种水平(2个或3个三级水平并列)，在实践层面上较难操作，不是所有水平的评价在测试题中都能够兼顾。

2. 研究方法的局限

在建构数学核心素养的评价模型时，样本量较小，在一定程度上限制了数

① 史宁中，林玉慈，陶剑，等.关于高中数学教育中的数学核心素养——史宁中教授访谈之七[J].课程·教材·教法，2017，37(4)：8-14.

学核心素养评价模型的科学性；并且，以“1”为单位，确定6个数学核心素养一级指标权重，该数据只是相对数值，并不是Yaaph层次分析的权重。

在对高中生数学核心素养进行评价时，首先，样本采集采用整群抽样的方法，所取得的样本分布不够均匀，会对样本的代表性有一定的影响。其次，在样本的分类中，只对学生进行了年级的分类，并没有采集年龄数据，没有按照PISA测试中，对不同年龄的学生进行精确划分。

3. 研究结论的局限

本研究的结论主要是以江苏省高中生为研究对象而得出的，是否适用于其他省市的高中生，还有待进一步研究。另外，影响数学核心素养评价的因素很多，各个指标承担的功能也各有差异。所以，数学核心素养二级指标的分类及其权重也需要进一步论证，尤其是需要判断每一道测试题的素养指标及其水平，并非易事，并且因人而异，所以，研究结论可能还存在一些不足。

8.4.2 研究展望

数学核心素养的评价研究尚在起步，本研究仅做了一些基础性工作，还有许多不完善之处。随着数学核心素养研究的逐步深入，正在修订的普通高中数学课程标准的出台，数学核心素养评价研究的未来之路还很长。现初步展望如下：

第一，完善高中生数学核心素养评价体系。进一步论证和完善数学核心素养的6个一级指标和14个二级指标，加大权重调研的样本范围和数量，进一步计算指标权重，使得数学核心素养的评价模型更为规范、科学和合理。

第二，规范高中生数学核心素养评价过程。对测试问卷进行进一步的修改和验证，扩大测试对象，进行不同地区、不同学段高中生数学核心素养的比较研究，重点思考数学核心素养的水平划分，定性分析数学核心素养的评价标准。

第三，加强对高中生数学核心素养发展的研究。研究数学核心素养，对其进行评价，目的是了解高中生数学核心素养现状，从而改善和提升学生数学核心素养。因此，需要进一步开展高中生数学核心素养发展途径、方法和策略等方面的后续研究。

附录 A

数学核心素养评价指标体系

一级指标	二级指标	评价指标具体内涵
数学抽象	数学表征	从事物的具体背景中抽象出一般规律和结构,并用数学符号或数学术语进行表征
	抽象思考	从数量与数量关系、图形与图形关系中抽象出数学概念、命题等之间的关系
逻辑推理	合情推理	从已有的事实出发,凭借经验和直觉,通过归纳和类比等推断某些结果
	演绎推理	从已有的事实(包括定义、公理、定理等)和确定的规则(包括运算的定义、法则、顺序等)出发,按照逻辑推理的法则证明和计算
数学建模	问题提出	在实际情境中,从数学的视角提出问题,用数学思想分析问题
	模型建构	用数学语言表达问题,用数学知识构建模型
	解释验证	求解结论、验证结果,反思和改进模型,最终解决问题
数学运算	运算法则	针对运算对象,选择并使用合理的运算法则,解决数学问题
	运算策略	选择运算方法,设计运算程序,得到运算结果
直观想象	几何直观	利用几何图形,数形结合,理解和解决数学问题
	空间想象	对客观事物的空间形式进行观察、分析和抽象的能力
数据分析	获取数据	收集数据,提取数据中蕴含的知识、信息
	加工数据	利用各类图表表示数据,构建模型分析数据
	解释数据	解释数据蕴含的结论

附录 B

数学核心素养评价指标体系的可读性评估结果汇总表

题项	完全明白	基本明白	不确定	基本不明白	完全不明白
1	47	13	2	0	0
2	49	12	1	0	0
3	54	8	0	0	0
4	53	8	1	0	0
5	55	7	0	0	0
6	51	10	1	0	0
7	48	12	2	0	0
8	52	8	2	0	0
9	48	12	1	1	0
10	54	8	0	0	0
11	52	8	2	0	0
12	52	8	2	0	0
13	50	7	4	1	0
14	50	5	5	2	0
合计	715	126	23	4	0

附录 C

数学核心素养评价二级指标咨询意见表

您好！非常感谢您在百忙之中对本课题研究工作的支持。

您是否为在读研究生？请选择(√)　　是□　　否□

这个调查旨在探讨数学核心素养评价二级指标，您的回答对我们的研究非常重要。下面每一个二级指标的具体描述，请您根据重要性程度，在每一选项合适栏目内打“√”。如果您不同意该选项，或认为该选项需要做合并、修改等意见，请在“具体修改意见”栏目内标注。

一级指标	二级指标	评价指标具体内涵	很重要	重要	一般	不重要	很不重要	具体修改意见
数学抽象	数学表征	从事物的具体背景中抽象出一般规律和结构，并用数学符号或数学术语进行表征						
	抽象思考	从数量与数量关系、图形与图形关系中抽象出数学概念、命题等之间的关系						
逻辑推理	合情推理	从已有的事实出发，凭借经验和直觉，通过归纳和类比等推断某些结果						
	演绎推理	从已有的事实(包括定义、公理、定理等)和确定的规则(包括运算的定义、法则、顺序等)出发，按照逻辑推理的法则证明和计算						

（续表）

一级指标	二级指标	评价指标具体内涵	很重要	重要	一般	不重要	很不重要	具体修改意见
数学建模	问题提出	在实际情境中，从数学的视角提出问题，用数学思想分析问题						
	模型建构	用数学语言表达问题，用数学知识构建模型						
	解释验证	求解结论、验证结果，反思和改进模型，最终解决问题						
数学运算	运算法则	针对运算对象，选择并使用合理的运算法则，解决数学问题						
	运算策略	选择运算方法，设计运算程序，得到运算结果						
直观想象	几何直观	利用几何图形，数形结合，理解和解决数学问题						
	空间想象	对客观事物的空间形式进行观察、分析和抽象的能力						
数据分析	获取数据	收集数据，提取数据中蕴含的知识、信息						
	加工数据	利用各类图表表示数据，构建模型分析数据						
	解释数据	解释数据蕴含的结论						

附录 D

数学核心素养测试问卷(正式卷)及评分标准

数学核心素养测试卷(高一卷)及评分标准

学校名称:________　姓名:________

班　级:________　性别:男□　女□

(注:请以集中考试的方式,闭卷完成答题,谢谢!)

试题 1:农场与牛

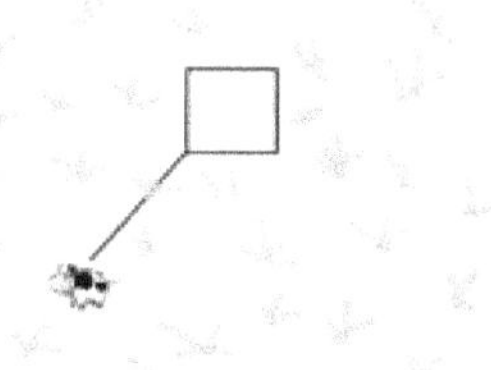

农夫在一片长满草的大草原农场中央建了一间边长为 5 米的牛棚($ABCD$,假设牛棚部分没有草,$a=b=c=d$),农夫在一个墙角拴了一头牛,如果绳子(BE)长 12 米($e=12$ m),若绳子可自由弯曲,请问牛共可吃多少面积的草?

问题(1):请问下列哪一个图是正确的?

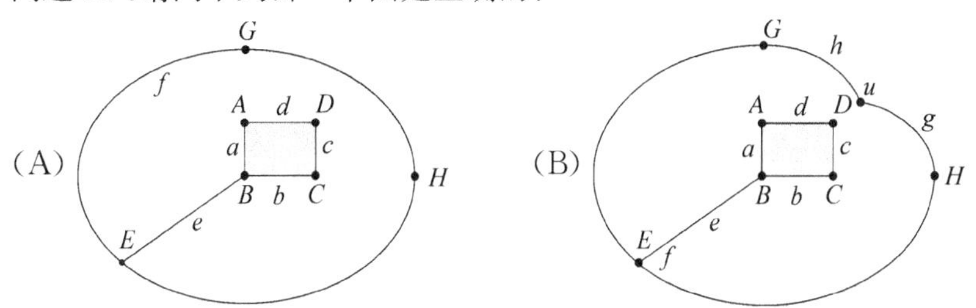

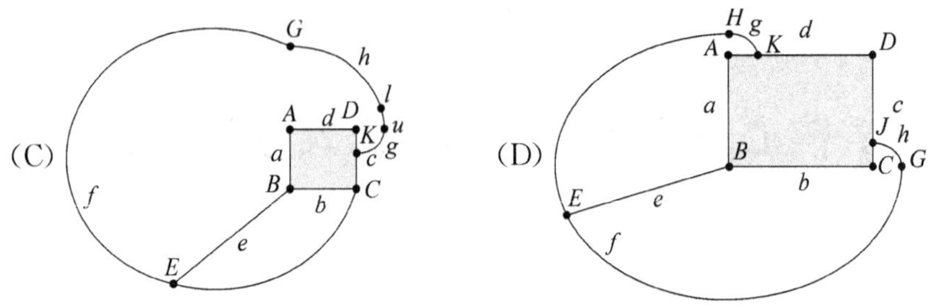

试题与评分编码：

试题 1-(1)评价指标：数学抽象—数学表征			
教学内容：图形与几何	水平等级：水平 1	题型：选择题	情境：教育和职业情境
评分编码			
满分(1 分)	代码 1：B		
零分(0 分)	代码 0：A、C、D		
	代码 9：没有作答		

问题(2)：请问牛吃了多少面积的草？

(A) 约 452 平方米

(B) 约 427 平方米

(C) 约 416 平方米

(D) 少于 413 平方米

试题与评分编码：

试题 1-(2)评价指标：数学抽象—抽象思考			
教学内容：图形与几何	水平等级：水平 2	题型：选择题	情境：教育和职业情境
评分编码			
满分(2 分)	代码 2：D		
零分(0 分)	代码 0：A、B、C		
	代码 9：没有作答		

问题(3)：若将牛棚改造为长 5 米、宽 4 米，拴牛绳子长度调整为 9 米，请问这头牛能吃到的青草的面积最多有多少平方米？(不算牛棚内的面积)

试题与评分编码:

试题1-(3)评价指标:数学抽象—抽象思考			
教学内容:图形与几何	水平等级:水平3	题型:解答题	情境:教育和职业情境
评分编码			
满分(3分)	代码3:222.94平方米(71π) $3.14\times9^2\times\frac{3}{4}+3.14\times5^2\times\frac{1}{4}+3.14\times4^2\times\frac{1}{4}$ $=190.755+19.625+12.56$ $=222.94$(平方米) 第一部分:以9米长为半径,圆面积的$\frac{3}{4}$; 第二部分:以5米长为半径,圆面积的$\frac{1}{4}$; 第三部分:以4米长为半径,圆面积的$\frac{1}{4}$; 以上三个部分面积之和,即为牛能吃到草的面积		
部分得分(2分)	代码2:两个部分面积计算正确		
部分得分(1分)	代码1:一个部分面积计算正确		
零分(0分)	代码0:A、B、C		
	代码9:没有作答		

试题2:方格游戏

填在下面各正方形中的四个数之间都有一定的规律

0	3
4	13

2	5
6	31

4	7
8	57

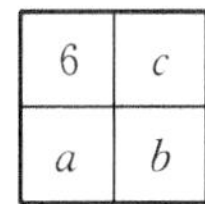

问题(1):按此规律得出,$a+b+c=$________。

试题与评分编码:

试题2-(1)评价指标:逻辑推理—合情推理			
教学内容:数与代数	水平等级:水平1	题型:填空题	情境:科学情境
评分编码			
满分(1分)	代码1:110($c=6+3,a=c+1,b=ac+1$)		
零分(0分)	代码0:其他答案		
	代码9:没有作答		

问题(2):推测第 n 个正方形中的四个数是多少?

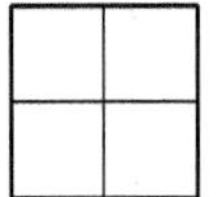

试题与评分编码:

试题 2-(2)评价指标:逻辑推理—合情推理			
教学内容:数与代数	水平等级:水平 3	题型:填空题	情境:科学情境
评分编码			
满分(3 分)	代码 3:$2n-2$ $2n+1$ $2n+2$ $4n^2+6n+3$ 四个数字表达式全部正确		
部分得分(2 分)	代码 2:两个及以上数字表达式正确		
部分得分(1 分)	代码 1:一个数字表达式正确		
零分(0 分)	代码 0:其他答案		
	代码 9:没有作答		

问题(3):请写出第 100 个正方形中的四个数。

试题与评分编码:

试题 2-(3)评价指标:逻辑推理—演绎推理			
教学内容:数与代数	水平等级:水平 2	题型:填空题	情境:科学情境
评分编码			
满分(2 分)	代码 2:198 201 202 40603 四个数全部正确		
部分得分(1 分)	代码 1:个别数正确		
零分(0 分)	代码 0:其他答案		
	代码 9:没有作答		

试题3:粉笔

粉笔是校园里最平常的必备品,是师生最熟悉的工具。最初,课堂里用的粉笔都是圆形的,而今,我们教室里见到的粉笔许多是六角形的。通过对粉笔生产厂家所生产的粉笔规格了解得知,六角形粉笔的直径略大于圆形粉笔的直径。

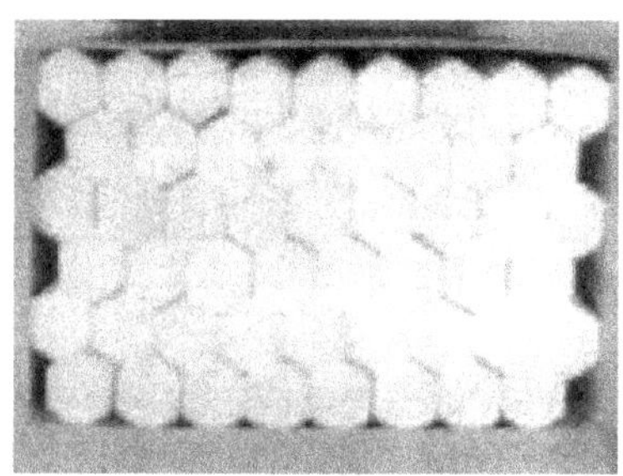
一整盒六角形粉笔

部分圆形粉笔

问题(1):人们为什么制造六角形的粉笔,你的观点是什么?

试题与评分编码:

试题3-(1)评价指标:数学建模—问题提出			
教学内容:图形与几何	水平等级:水平1	题型:开放型建构题	情境:教育和职业情境
评分编码			
满分(1分)	代码1:能思考现实情境与数学知识之间的关系		
零分(0分)	代码0:其他答案		
	代码9:没有作答		

问题(2):请你从数学的角度(尽可能使用数学式子、数学符号或数学图形)论证你的观点。

试题与评分编码:

试题3-(2)评价指标:数学建模—模型建构			
教学内容:图形与几何	水平等级:水平3	题型:开放型建构题	情境:教育和职业情境
评分编码			
满分(3分)	代码3:能给出合理的数学解释 例如:计算面积进行比较,比较相同容积的盒子中,圆形与六角形粉笔的多少 例如:计算一整盒粉笔中,排列的粉笔多少,如假设盒子的长、宽,并计算面积等相关信息		

（续表）

<table>
<tr><td colspan="2">试题 3-(2)评价指标:数学建模—模型建构</td></tr>
<tr><td>部分得分(2 分)</td><td>代码 2:观点错误,但数学论证的过程合理</td></tr>
<tr><td>部分得分(1 分)</td><td>代码 1:论证合理,但没有从数学的角度加以说明</td></tr>
<tr><td rowspan="2">零分(0 分)</td><td>代码 0:其他答案</td></tr>
<tr><td>代码 9:没有作答</td></tr>
</table>

问题(3):基于以上的解答和论证,你能提出哪些新的问题?

试题与评分编码:

<table>
<tr><td colspan="4">试题 3-(3)评价指标:数学建模—解释验证</td></tr>
<tr><td>教学内容:图形与几何</td><td>水平等级:水平 2</td><td>题型:开放型建构题</td><td>情境:教育和职业情境</td></tr>
<tr><td colspan="4">评分编码</td></tr>
<tr><td>满分(2 分)</td><td colspan="3">代码 2:能提出既符合现实情境,又科学合理的迁移性数学问题</td></tr>
<tr><td>部分得分(1 分)</td><td colspan="3">代码 1:提出的问题仅仅符合现实情境,或者仅仅是典型的数学问题</td></tr>
<tr><td rowspan="2">零分(0 分)</td><td colspan="3">代码 0:其他答案</td></tr>
<tr><td colspan="3">代码 9:没有作答</td></tr>
</table>

试题 4:印度数学

在印度数学中,95×95=?

有以下法则可以迅速解答“个位数字是 5 的两位数的平方运算”:

步骤一:十位的数字乘以比它本身大 1 的数;

步骤二:在步骤一乘积后面紧接着写上 25。

问题(1):依照上面的法则,请你计算 95×95=? 写出你的方法。

试题与评分编码:

<table>
<tr><td colspan="4">试题 4-(1)评价指标:数学运算—运算法则</td></tr>
<tr><td>教学内容:数与代数</td><td>水平等级:水平 1</td><td>题型:解答题</td><td>情境:科学情境</td></tr>
<tr><td colspan="4">评分编码</td></tr>
<tr><td>满分(1 分)</td><td colspan="3">代码 1:9 025,9×(9+1)=90,答案为 9 025</td></tr>
<tr><td rowspan="2">零分(0 分)</td><td colspan="3">代码 0:其他答案</td></tr>
<tr><td colspan="3">代码 9:没有作答</td></tr>
</table>

问题(2):下图左一个大正方形切割成四块,请分别计算出四块四边形面积(由大到小)。

重新排列组合成下图右,请利用上述问题1法则的原理,说明十位的数字乘以比它本身大1的数,在乘积后面紧接着写上25的由来。(以算式表达,并简单说明即可)

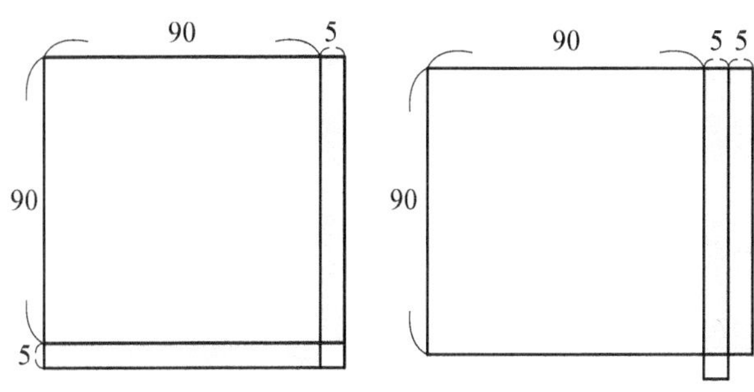

试题与评分编码:

<table>
<tr><td colspan="4">试题4-(2)评价指标:数学运算—运算策略</td></tr>
<tr><td>教学内容:数与代数</td><td>水平等级:水平2</td><td>题型:开放型建构题</td><td>情境:科学情境</td></tr>
<tr><td colspan="4">评分编码</td></tr>
<tr><td rowspan="4">满分(2分)</td><td colspan="3">代码2:合理的方法</td></tr>
<tr><td colspan="3">代码21:四块四边形面积分别为90×90=8 100,90×5=450,90×5=450,5×5=25</td></tr>
<tr><td colspan="3">代码22:以大正方形=四块四边形面积和书写算式可得95×95=90×90+90×5+90×5+5×5=9 025,将上式改为95×95=90×(90+5+5)+25=90×100+25=90×(90+10)+25=9×(9+1)×100+25,即十位数乘以比它大1的数,后面直接写上25</td></tr>
<tr><td colspan="3">代码23:其他合理且正确的推论方法</td></tr>
<tr><td rowspan="3">部分得分(1分)</td><td colspan="3">代码1:部分答案</td></tr>
<tr><td colspan="3">代码11:运用直式乘法,但未正确说明</td></tr>
<tr><td colspan="3">代码12:使用其他方法,但过程不完整</td></tr>
<tr><td rowspan="2">零分(0分)</td><td colspan="3">代码0:其他答案</td></tr>
<tr><td colspan="3">代码9:没有作答</td></tr>
</table>

问题(3):模拟问题(1)的法则,你能说明293×297=? 有何速算法则,请

写出你提供的速算法则的原理。

试题与评分编码：

<table>
<tr><td colspan="4">试题 4-(3)评价指标：数学运算—运算法则</td></tr>
<tr><td>教学内容：数与代数</td><td>水平等级：水平 3</td><td>题型：开放型建构题</td><td>情境：科学情境</td></tr>
<tr><td colspan="4">评分编码</td></tr>
<tr><td rowspan="4">满分(3 分)</td><td colspan="3">代码 3：合理的方法</td></tr>
<tr><td colspan="3">代码 31：利用乘法公式(290＋3)(290＋7)＝290×290＋290×3＋290×7＋3×7＝290×(290＋10)＋21＝290×300＋21＝(29×30)×10＋21 即 29 乘以比它大 1 的数，后面再直接写上 3×7
速算法则：
步骤：
百位与十位的数字乘以比它本身大 1 的数，即 29×(29＋1)＝870
在步骤乘积后面紧接着写上 21
可得 293×297＝87 021</td></tr>
<tr><td colspan="3">代码 32：应用图形 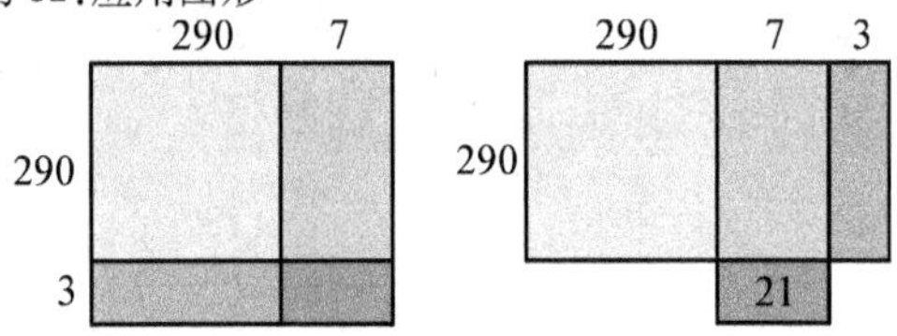
同上写出正确合理的速算法则</td></tr>
<tr><td colspan="3">代码 33：其他合理且正确的推论方法，写出正确合理的速算法则
例如：(295－2)(295＋2)＝295^2－4＝87 021</td></tr>
<tr><td>部分得分(2 分)</td><td colspan="3">代码 2：写出正确的法则，但推论过程有误</td></tr>
<tr><td>部分得分(1 分)</td><td colspan="3">代码 1：写出部分的法则，但不完整</td></tr>
<tr><td rowspan="2">零分(0 分)</td><td colspan="3">代码 0：其他答案</td></tr>
<tr><td colspan="3">代码 9：没有作答</td></tr>
</table>

试题 5：胶带

如图，某一款圆形胶带在使用 X 米后，胶带厚度上下 Y 米。

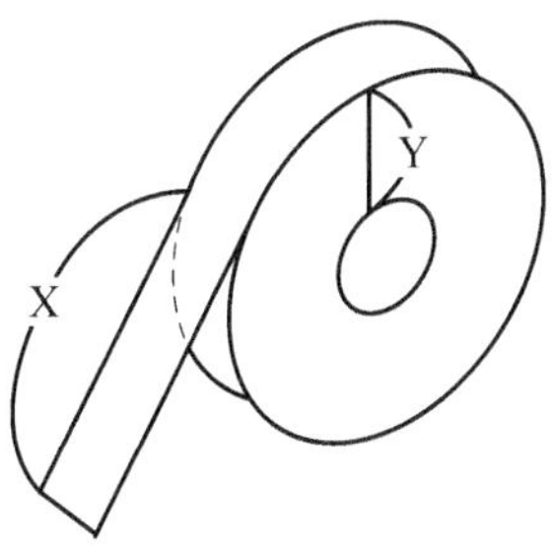

请回答下列问题：

问题(1)：若胶带使用了5米，厚度刚好减少了一半，请问剩下来的胶带可否再使用5米？写出你的理由。

试题与评分编码：

试题5-(1)评价指标：直观想象—几何直观			
教学内容：图形与几何	水平等级：水平1	题型：开放型建构题	情境：个人情境
评分编码			
满分(1分)	代码1：不能(只要写出胶带使用一半后，圆的半径缩小，导致圆周长比胶带原来还要小即可)		
零分(0分)	代码0：其他答案		
	代码9：没有作答		

问题(2)：下列哪一个图显示胶带的厚度Y随着使用胶带长度X变化的情形？

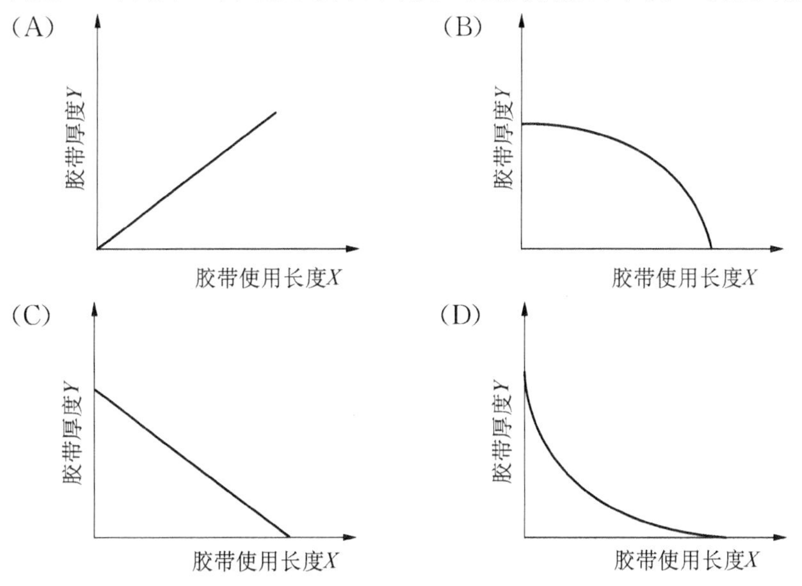

(E)

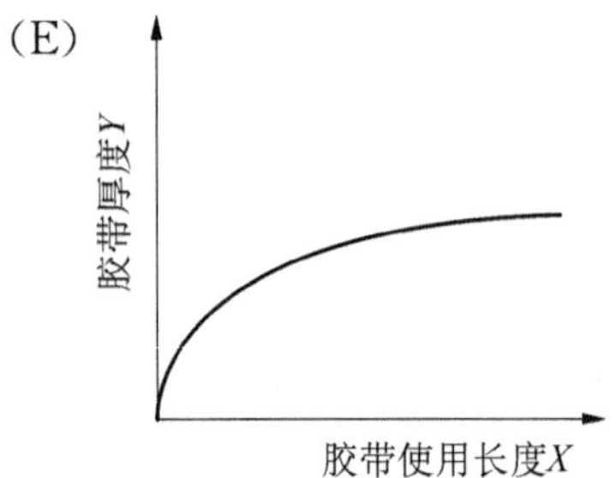

试题与评分编码：

试题 5 -(2)评价指标：直观想象—空间想象			
教学内容：图形与几何	水平等级：水平 2	题型：选择题	情境：个人情境
评分编码			
满分(2 分)	代码 2：B		
零分(0 分)	代码 0：其他答案		
	代码 9：没有作答		

问题(3)：若该胶带的外半径为 R，内半径为 r(已知圆的面积公式为：$S=\pi r^2$)，请从数学的角度(尽可能使用数学式子、数学符号或数学图形)描述胶带的厚度 Y 与胶带长 X 的关系。

试题与评分编码：

试题 5 -(3)评价指标：直观想象—空间想象			
教学内容：图形与几何	水平等级：水平 3	题型：开放型建构题	情境：个人情境
评分编码			
满分(3 分)	代码 3：能运用空间想象能力，正确描述 X 与 Y 的关系，例如：$XY=\pi(R^2-r^2)$		
部分得分(2 分)	代码 2：能发现 XY 的乘积是一个定值，例如：$XY=C$(常数)		
部分得分(1 分)	代码 1：仅用文字表达 X 与 Y 之间的(反比)关系，例如：胶带越厚，长度越短等		
零分(0 分)	代码 0：其他答案		
	代码 9：没有作答		

试题 6：营养配餐

营养师帮学生准备了 7 道菜，每一道菜中，热量、脂肪、蛋白质的含量如下表所示：

编号	菜名	热量/kcal	脂肪/g	蛋白质/g
(1)	炸鸡排	300	19	29
(2)	炖牛肉	280	14	23
(3)	辣豆腐	260	20	19
(4)	番茄炒蛋	230	20	10
(5)	鱼香肉片	200	16	11
(6)	香菇花椰	190	12	21
(7)	韭菜豆芽	130	15	3

根据学生营养需求，学生需要从午餐获取的总热量不得低于 700 kcal，脂肪总和必须在 35～55 g，每一位学生的午餐要由 3 道不同的菜来搭配。

问题(1)：学生甲想吃辣豆腐，若不考虑脂肪与蛋白质，那么符合热量要求的另 2 道搭配的菜，共有多少种选择？

A. 5　　　　B. 6　　　　C. 7　　　　D. 8

试题与评分编码：

试题 6-(1)评价指标：数据分析—获取数据			
教学内容：统计与概率	水平等级：水平 1	题型：选择题	情境：教育和职业情境
评分编码			
满分(1 分)	代码 1：C		
零分(0 分)	代码 0：其他答案		
	代码 9：没有作答		

问题(2)：学生乙想吃炸鸡排与鱼香肉片，又要符合营养需求，那么可以搭配的第 3 道菜，有多少种选择？请以编号(1)、(2)、(3)……作答。

试题与评分编码：

试题 6-(2)评价指标：数据分析—加工数据			
教学内容：统计与概率	水平等级：水平 2	题型：解答题	情境：教育和职业情境
评分编码			
满分(2 分)	代码 2：3 种(或写出 3 种搭配方案)		

(续表)

试题 6-(2)评价指标:数据分析—加工数据	
部分得分(1 分)	代码 1:不完全统计(已统计的选择方案正确)
零分(0 分)	代码 0:其他答案
	代码 9:没有作答

问题(3):学生丙既想获取更多的蛋白质,又要符合营养需求,请为他搭配出最佳菜谱,并说明理由。请以编号(1)、(2)、(3)……作答。

试题与评分编码:

试题 6-(3)评价指标:数据分析—解释数据			
教学内容:统计与概率	水平等级:水平 3	题型:开放型建构题	情境:教育和职业情境
评分编码			
满分(3 分)	代码 3:数据解释合理,且说明最佳的理由(符合热量、脂肪、蛋白质三方面的要求),即可得满分。例如:(1)(2)(6)		
部分得分(2 分)	代码 2:方案合理,未写出理由说明		
部分得分(1 分)	代码 1:理由合理,但最佳菜谱搭配有误		
零分(0 分)	代码 0:其他答案		
	代码 9:没有作答		

数学核心素养测试卷(高二卷)及评分标准

学校名称：________　姓名：________

班　级：________　性别：男□　女□

(注：请以集中考试的方式，闭卷完成答题，谢谢!)

试题1：产乳量变化

乳牛分泌乳汁的质与量，和乳牛本身的体质、年龄以及健康状况等息息相关，还有其他外界因素的影响：饲料的优劣、饲养的管理或气候的变化等。一位农场主人想提高乳牛的产乳量，他根据实验发现以下结果：① 播放悦耳的音乐给乳牛听，有助于增强乳牛大脑皮层的兴奋度，导致泌乳反射加强，可以在两个月后提高总产乳量 15 升/只。② 在饲料中添加酿酒酵母、麴菌代谢产物，可以在两个月后提高总产乳量 12 升/只。(注：此实验不能混合进行，即听音乐和改变饲料不能在相同牛只上；总产乳量均以每天为单位计算)

问题(1)：现在牧场主人汇集 60 只品质相同的乳牛(总产乳量为 1 200 升)，只通过播放音乐来增进总产乳量，请问根据实验条件，两个月后 60 只乳牛能产生多少牛乳?

试题与评分编码：

<table>
<tr><td colspan="4">试题 1-(1)评价指标：数学抽象—数学表征</td></tr>
<tr><td>教学内容：数与代数</td><td>水平等级：水平 1</td><td>题型：解答题</td><td>情境：教育和职业情境</td></tr>
<tr><td colspan="4">评分编码</td></tr>
<tr><td>满分(1 分)</td><td colspan="3">代码 1：2 100 升(60×15+1 200=2 100)</td></tr>
<tr><td rowspan="2">零分(0 分)</td><td colspan="3">代码 0：其他答案</td></tr>
<tr><td colspan="3">代码 9：没有作答</td></tr>
</table>

问题(2)：现在牧场共有 60 只乳牛，总产乳量是 1 200 升。牧场主人想要在两个月内使总产乳量能提升到 1 980 升，请问他该如何分配听音乐和改变饲料的牛只数量?(列出详细的计算式)

试题与评分编码：

试题 1-(2)评价指标：数学抽象—抽象思考			
教学内容：数与代数	水平等级：水平 2	题型：解答题	情境：教育和职业情境
评分编码			
满分(2 分)	代码 2：听音乐 20 只，改变饲料 40 只 假设听音乐的牛只数量是 x，改变饲料的牛只数量是 y，那么 $\begin{cases}x+y=60\\15x+12y+1\,200=1\,980\end{cases}$		
部分得分(1 分)	代码 1：列式正确，求解错误		
零分(0 分)	代码 0：其他答案		
	代码 9：没有作答		

问题(3)：现在牧场至少有 60 只乳牛，总产乳量是 1 200 升。牧场主人想要在两个月内使总产乳量能至少提升到 1 980 升，请你用数学方式来表达，牧场主人应该如何分配听音乐和改变饲料的牛只数量？

试题与评分编码：

试题 1-(3)评价指标：数学抽象—数学表征			
教学内容：数与代数	水平等级：水平 3	题型：开放型建构题	情境：教育和职业情境
评分编码			
满分(3 分)	代码 3：合理、正确的数学表达方式 例如：假设听音乐的牛只数量是 x，改变饲料的牛只数量是 y，那么 $\begin{cases}x+y\geqslant 60\\15x+12y+1\,200\geqslant 1\,980\end{cases}$ $(x\in\mathbf{N}^*, y\in\mathbf{N}^*)$		
部分得分(2 分)	代码 2：只列出不等式组中的一个不等式		
部分得分(1 分)	代码 1：数学表达正确，但未列出不等式组		
零分(0 分)	代码 0：其他答案		
	代码 9：没有作答		

试题 2：福娃迎迎

小朋友用第二十九届北京奥运会吉祥物“福娃迎迎”摆出如下图所示

的四个图案,现按同样的方式构造图形,设第 n 个图形包含 $f(n)$ 个"福娃迎迎"。

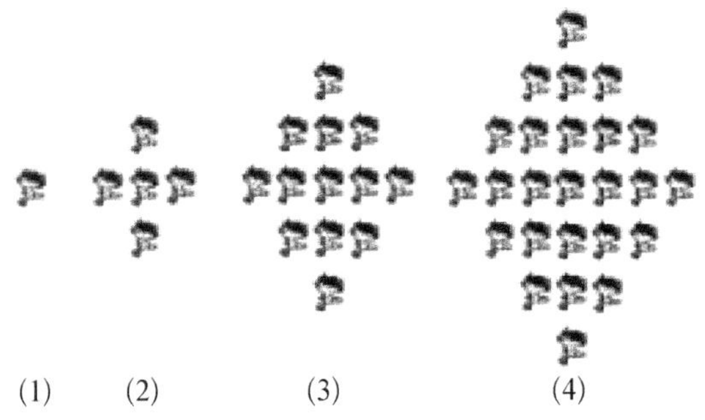

(1) (2) (3) (4)

问题(1):请写出 $f(5)$、$f(6)$的值。

试题与评分编码:

试题 2-(1)评价指标:逻辑推理—合情推理			
教学内容:数与代数	水平等级:水平 1	题型:解答题	情境:公共情境
评分编码			
满分(1 分)	代码 1:两个答案都正确,则满分 $f(5)=1+3+5+7+9+7+5+3+1=41$ $f(6)=1+3+5+7+9+11+9+7+5+3+1=61$		
零分(0 分)	代码 0:其他答案		
	代码 9:没有作答		

问题(2):归纳出 $f(n+1)$与 $f(n)$之间的关系式,并求出 $f(n)$的表达式。

试题与评分编码:

试题 2-(2)评价指标:逻辑推理—合情推理			
教学内容:数与代数	水平等级:水平 3	题型:解答题	情境:公共情境
评分编码			
满分(3 分)	代码 3:$f(n+1)-f(n)=4n$,$f(n)=2n^2-2n+1$,两个答案都正确,满分 $f(n)=[f(n)-f(n-1)]+[f(n-1)-f(n-2)]+\cdots+[f(2)-f(1)]+f(1)$ $=4[(n-1)+(n-2)+\cdots+2+1]+1$ $=2n^2-2n+1$		

（续表）

试题 2-(2)评价指标:逻辑推理—合情推理	
部分得分(2 分)	代码 2:两个答案,只有一个正确,则部分给分
部分得分(1 分)	代码 1:仅写出 $f(n)$ 正确表达式,但没有计算过程,则部分给分
零分(0 分)	代码 0:其他答案
	代码 9:没有作答

问题(3):$f(n)-f(n-1)=$________(写出计算过程)。

试题与评分编码:

试题 2-(3)评价指标:逻辑推理—演绎推理			
教学内容:数与代数	水平等级:水平 2	题型:解答题	情境:公共情境
评分编码			
满分(2 分)	代码 2:$4(n-1)$ 计算过程及答案正确,则满分		
部分得分(1 分)	代码 1:仅写出正确表达式,但没有计算过程,则部分给分		
零分(0 分)	代码 0:其他答案		
	代码 9:没有作答		

试题 3:新闻真假

信息时代,网络上各类新闻层出不穷,真假难辨。某网站最新报道:A 市某银行发生一起严重的抢劫案,劫匪独自一人在无任何车辆等交通工具的情况下,劫走现金 1 000 万元,所有现金均为捆扎整齐的百元人民币(如图)。

问题(1):请你判断该新闻的真假?

试题与评分编码:

试题 3-(1)评价指标:数学建模—问题提出			
教学内容:图形与几何	水平等级:水平 1	题型:开放型建构题	情境:公共情境
评分编码			
满分(1 分)	代码 1:假(理由合理,尝试建构现实情境与数学之间的关系)		
零分(0 分)	代码 0:其他答案		
	代码 9:没有作答		

问题(2):请从数学角度(尽可能使用数学式子、数学符号和数学图形等)论证你的判断。

试题与评分编码:

试题 3-(2)评价指标:数学建模—模型建构			
教学内容:图形与几何	水平等级:水平 3	题型:开放型建构题	情境:公共情境
评分编码			
满分(3 分)	代码 3:能从数学角度合理论证判断 例如:计算 1 000 万人民币的重量或体积、大小等相关信息		
部分得分(2 分)	代码 2:能够合理论证,但没有从数学角度论证判断		
部分得分(1 分)	代码 1:数学论证过程部分合理		
零分(0 分)	代码 0:其他答案		
	代码 9:没有作答		

问题(3):基于以上的解答和论证,你能提出哪些新的问题?

试题与评分编码:

试题 3-(3)评价指标:数学建模—解释验证			
教学内容:图形与几何	水平等级:水平 2	题型:开放型建构题	情境:公共情境
评分编码			
满分(2 分)	代码 2:能提出既符合现实情境,又科学合理的迁移性数学问题		
部分得分(1 分)	代码 1:提出的问题仅仅符合现实情境,或者仅仅是典型的数学问题		
零分(0 分)	代码 0:其他答案		
	代码 9:没有作答		

试题 4:购物

某日文忠帮妈妈到商店购买卫生纸,在架上看到琳琅满目的卫生纸广告促销活动和价位,文忠细心地将其整理如下表:

品牌	组合	单价/元	活动
A	一组 8 包,每包 120 抽	108	买三组送一组
B	一组 10 包,每包 110 抽	119	第二组打六折
C	一组 12 包,每包 105 抽	124	每买两组送 50 元折扣券,消费每满 300 元折抵 1 张,当次消费即可使用

精打细算的文忠此时陷入苦思,让我们来帮助他解决以下问题:

问题(1):依据各品牌推出的活动,请问哪一种品牌的活动可使文忠买到较便宜的卫生纸?为什么?

试题与评分编码:

试题 4-(1)评价指标:数学运算—运算法则			
教学内容:数与代数	水平等级:水平 1	题型:解答题	情境:个人情境
评分编码			
满分(1 分)	代码 1:C,并说明正确理由(例如:C 组买超过 5 组时平均每张单价在 0.082—0.083 元会最便宜) C 品牌买 5 组,平均单价每张约 0.083 元 A 品牌买 3 送 1 的单价每张约 0.084 元 B 品牌买两组的单价每张约 0.087 元 C 品牌买 3 组每张约 0.085 元		
零分(0 分)	代码 0:其他答案		
	代码 9:没有作答		

问题(2):文忠思考之后,提出两种购买方案:

方案一:购买三组 A 品牌卫生纸和两组 B 品牌卫生纸

方案二:购买三组 C 品牌卫生纸

请你对文忠的两种购买方案做出评价,并说明理由。

试题与评分编码:

<table>
<tr><td colspan="4">试题 4-(2)评价指标:数学运算—运算策略</td></tr>
<tr><td>教学内容:数与代数</td><td>水平等级:水平 2</td><td>题型:开放型建构题</td><td>情境:个人情境</td></tr>
<tr><td colspan="4">评分编码</td></tr>
<tr><td>满分(2 分)</td><td colspan="3">代码 2:两种方案单价相当,所以皆可;主要根据两个因素:一是文忠所带钱数;二是拟购买卫生纸的数量,来决定购买方案
方案一,平均每张单价为:
$$\frac{108\times3+119\times2\times0.8}{8\times120\times4+2\times10\times110}=\frac{514.4}{6\,040}=0.085$$
方案二,平均每张单价为:
$$\frac{3\times124-50}{3\times12\times105}=\frac{322}{3\,780}=0.085$$
(论证科学合理,给出某种方案的选择,也可以给分)</td></tr>
<tr><td>部分得分(1 分)</td><td colspan="3">代码 1:仅说明两种方案皆可,但并没有用数学运算来说明</td></tr>
<tr><td rowspan="2">零分(0 分)</td><td colspan="3">代码 0:其他答案</td></tr>
<tr><td colspan="3">代码 9:没有作答</td></tr>
</table>

问题(3):为了增加产品竞争力,B 牌厂商打算增加每包卫生纸的纸张数来刺激销售量,请问厂商最少需要在每包卫生纸中增加多少纸张,才可在这场价格战中获得消费者的青睐?

试题与评分编码:

<table>
<tr><td colspan="4">试题 4-(3)评价指标:数学运算—运算策略</td></tr>
<tr><td>教学内容:数与代数</td><td>水平等级:水平 3</td><td>题型:解答题</td><td>情境:个人情境</td></tr>
<tr><td colspan="4">评分编码</td></tr>
<tr><td>满分(3 分)</td><td colspan="3">代码 3:$(119\times2\times0.8)/(2\times10\times(110+x))>0.082$,推得 x 最小值为 7</td></tr>
<tr><td>部分得分(2 分)</td><td colspan="3">代码 2:有列出 $(119\times2\times0.8)/(2\times10\times(110+x))>0.082$,但计算错误者</td></tr>
<tr><td>部分得分(1 分)</td><td colspan="3">代码 1:x 值正确,但未列出计算过程</td></tr>
<tr><td rowspan="2">零分(0 分)</td><td colspan="3">代码 0:其他答案</td></tr>
<tr><td colspan="3">代码 9:没有作答</td></tr>
</table>

试题 5:小小工程师

鲁夫是个电脑程序设计师,已知现在有个科学绘图程序,只要输入数学方程式即可自动绘成直角坐标图形。

问题(1):若是鲁夫打了下列四个方程式,则电脑屏幕中的直角坐标平面出现的图形,会像什么字?

$x=0(-3\leqslant y\leqslant 3)$

$y=0(-2\leqslant x\leqslant 2)$

$y=3(-3\leqslant x\leqslant 3)$

$y=-3(-3\leqslant x\leqslant 3)$

试题与评分编码:

<table>
<tr><td colspan="4">试题 5-(1)评价指标:直观想象—几何直观</td></tr>
<tr><td>教学内容:图形与几何</td><td>水平等级:水平 2</td><td>题型:解答题</td><td>情境:教育和职业情境</td></tr>
<tr><td colspan="4">评分编码</td></tr>
<tr><td>满分(2 分)</td><td colspan="3">代码 2:王</td></tr>
<tr><td>部分得分(1 分)</td><td colspan="3">代码 1:画出直角坐标图,并且将四个方程式的直角标示出来,但是未看出此字</td></tr>
<tr><td rowspan="2">零分(0 分)</td><td colspan="3">代码 0:其他答案</td></tr>
<tr><td colspan="3">代码 9:没有作答</td></tr>
</table>

问题(2):若是鲁夫想绘出「二」符号,请问他必须写出哪些方程式,才可以完成这个任务?

试题与评分编码:

<table>
<tr><td colspan="4">试题 5-(2)评价指标:直观想象—空间想象</td></tr>
<tr><td>教学内容:图形与几何</td><td>水平等级:水平 1</td><td>题型:开放型建构题</td><td>情境:教育和职业情境</td></tr>
<tr><td colspan="4">评分编码</td></tr>
<tr><td>满分(1 分)</td><td colspan="3">代码 1:(没有限制「二」符号的原点及单位长,只要能依照学生给的方程式及范围正确画出「二」字符号即可)
完全写出 2 个方程式,并正确标示出 x 及 y 的范围</td></tr>
<tr><td rowspan="2">零分(0 分)</td><td colspan="3">代码 0:其他答案</td></tr>
<tr><td colspan="3">代码 9:没有作答</td></tr>
</table>

问题(3):若是鲁夫想绘出「卍」符号,请问他必须写出哪些方程式,才可以完成这个任务?

试题与评分编码:

<table>
<tr><td colspan="4">试题5-(3)评价指标:直观想象—空间想象</td></tr>
<tr><td>教学内容:图形与几何</td><td>水平等级:水平3</td><td>题型:开放型建构题</td><td>情境:教育和职业情境</td></tr>
<tr><td colspan="4">评分编码</td></tr>
<tr><td>满分(3分)</td><td colspan="3">代码3:(没有限制「卍」字符号的原点及单位长,只要能依照学生给的方程式及范围正确画出「卍」字符号即可)
完全写出6个方程式,并正确标示出 x 及 y 的范围
例如:$x=0(-3\leqslant y\leqslant 3)$
$y=0(-3\leqslant x\leqslant 3)$
$y=3(-3\leqslant x\leqslant 0)$
$y=-3(0\leqslant x\leqslant 3)$
$x=3(0\leqslant x\leqslant 3)$
$x=-3(-3\leqslant x\leqslant 0)$</td></tr>
<tr><td>部分得分(2分)</td><td colspan="3">代码2:6个方程式中有个别范围有误,但能画出大部分的图形</td></tr>
<tr><td>部分得分(1分)</td><td colspan="3">代码1:6个方程式中有一半范围有误,但能画出一半的图形</td></tr>
<tr><td rowspan="2">零分(0分)</td><td colspan="3">代码0:其他答案</td></tr>
<tr><td colspan="3">代码9:没有作答</td></tr>
</table>

试题6:足球比赛

某中学为了帮助高三的同学舒缓高考所带来的压力,特别在第一次模考结束后举行一连串的班级足球比赛。首先,将参加比赛的16个班级分成A、B、C、D 4组,每组4个班级进行初赛,初赛时,每班需与同组的每一班级各比赛一场,每组只有两个班获得晋级、两个班淘汰,其积分计算方式为胜一场得3分、负一场得0分、和局则两班各得1分,然后取积分较高的两个班晋级,若有积分相同者再比进球数,高者晋级,若进球数相同再比失球数,较少者晋级。

以下为A组初赛成绩表:

<table>
<tr><td>组别</td><td>班级</td><td>胜</td><td>和</td><td>负</td><td>进球数</td><td>失球数</td><td>积分</td></tr>
<tr><td rowspan="4">A</td><td>302</td><td>2</td><td>1</td><td>0</td><td>4</td><td>2</td><td>7</td></tr>
<tr><td>303</td><td>1</td><td>0</td><td>2</td><td>2</td><td>4</td><td>3</td></tr>
<tr><td>306</td><td>1</td><td>1</td><td>1</td><td>4</td><td>3</td><td>4</td></tr>
<tr><td>307</td><td>1</td><td>0</td><td>2</td><td>2</td><td>3</td><td>3</td></tr>
</table>

问题(1):由上面的初赛成绩表,请问302班的两场胜利是赢了哪两个班级?你如何得知?

试题与评分编码:

试题6-(1)评价指标:数据分析—获取数据			
教学内容:统计与概率	水平等级:水平1	题型:解答题	情境:公共情境
评分编码			
满分(1分)	代码1:303及307班,因在D组中只有302及306班各有一场和局,可推出302与306班打成和局,所以302班胜303、307班		
零分(0分)	代码0:其他答案		
	代码9:没有作答		

问题(2):依照上述之计分方式,你觉得其他B、C、D任一组初赛的总积分(也就是任一组内的4个班的积分和)最高可能为________分,最低可能为________分。

试题与评分编码:

试题6-(2)评价指标:数据分析—加工数据			
教学内容:统计与概率	水平等级:水平2	题型:填空题	情境:公共情境
评分编码			
满分(2分)	代码2:例如:18、12		
部分得分(1分)	代码1:两个数,仅对一个		
	代码11:例如,最高18分对,但最低12分错		
	代码12:例如,最低12分对,但最高18分错		
零分(0分)	代码0:其他答案		
	代码9:没有作答		

问题(3):304班与301、310、314班在同一组,现在知道304班的初赛积分为6分,那么,你认为304班在什么情况下会遭到淘汰?

试题与评分编码:

<table>
<tr><td colspan="4">试题 6-(3)评价指标:数据分析—解释数据</td></tr>
<tr><td>教学内容:统计与概率</td><td>水平等级:水平 3</td><td>题型:开放型建构题</td><td>情境:公共情境</td></tr>
<tr><td colspan="4">评分编码</td></tr>
<tr><td>满分(3 分)</td><td colspan="3">代码 3:数据解释合理
例如:有两班也是 2 胜 1 负,但 304 班的进球数最少或进球数与同样 2 胜 1 负的班级并列第二,而失球数比较多时,304 班会遭到淘汰
例如:304 班和其他两班的积分都是 6 分,但 304 班的进球数最少或进球数与同样是 6 分的班级并列第二,而失球数比较多时,304 班会遭到淘汰</td></tr>
<tr><td>部分得分(2 分)</td><td colspan="3">代码 2:数据解释部分合理
例如:有两班成绩与 304 班相同,比进球数输了
例如:有两班成绩与 304 班相同,比失球数输了</td></tr>
<tr><td>部分得分(1 分)</td><td colspan="3">代码 1:仅对 304 班的初赛积分做出解释,没有将其与其他班级积分进行比较
例如:304 班胜 2 场,和 0 场,负 1 场</td></tr>
<tr><td rowspan="2">零分(0 分)</td><td colspan="3">代码 0:其他答案</td></tr>
<tr><td colspan="3">代码 9:没有作答</td></tr>
</table>

数学核心素养测试卷(高三卷)及评分标准

学校名称:________ 姓 名:________

班 级:________ 性 别:男□ 女□

(注:请以集中考试的方式,闭卷完成答题,谢谢!)

试题1:数位色彩

很多软件中,都会遇到设定颜色值的问题,十六进制颜色码就是在软件中设定颜色值的代码。在电脑中可用色码来表示颜色,例如:(255,255,255)是指白色、(255,0,0)是指红色。判断方法为:3个数字依序代表三个原色光——红光、绿光、蓝光的亮度,例如:(200,0,150)表示红光200、绿光0、蓝光150,合成的颜色是偏红的紫色。每种原色光的亮度以0~255的整数表示,数字越大代表亮度越高。

问题(1):(127,127,127)是指什么颜色?

A. 浅蓝色　　B. 中灰色　　C. 浅灰色　　D. 中蓝色

试题与评分编码:

<table>
<tr><td colspan="4">试题1-(1)评价指标:数学抽象—数学表征</td></tr>
<tr><td>教学内容:数与代数</td><td>水平等级:水平1</td><td>题型:选择题</td><td>情境:科学情境</td></tr>
<tr><td colspan="4">评分编码</td></tr>
<tr><td>满分(1分)</td><td colspan="3">代码1:B
3个数值均相等,只可能是白色到黑色,不可能出现蓝色;
数值是127,所以是中灰色</td></tr>
<tr><td rowspan="2">零分(0分)</td><td colspan="3">代码0:其他答案</td></tr>
<tr><td colspan="3">代码9:没有作答</td></tr>
</table>

问题(2):标准黄色可由亮度最高的红光和绿光合成,请写出一个"标准黄色"和一个"较偏红之黄色"的色码。

试题与评分编码:

<table>
<tr><td colspan="4">试题 1-(2)评价指标:数学抽象—数学表征</td></tr>
<tr><td>教学内容:数与代数</td><td>水平等级:水平 2</td><td>题型:解答题</td><td>情境:科学情境</td></tr>
<tr><td colspan="4">评分编码</td></tr>
<tr><td>满分(2 分)</td><td colspan="3">代码 2:回答出标准黄色(x,x,0)偏红黄色(a,b,0),a>b 的两个答案皆可/例如:标准黄色(255,255,0)偏红黄色(250,150,0)</td></tr>
<tr><td>部分得分(1 分)</td><td colspan="3">代码 1:回答出标准黄色(x,x,0)偏红黄色(a,b,0),a>b 的其中一种答案/例如:标准黄色(255,255,0)或者偏红黄色(250,150,0)</td></tr>
<tr><td rowspan="2">零分(0 分)</td><td colspan="3">代码 0:其他答案</td></tr>
<tr><td colspan="3">代码 9:没有作答</td></tr>
</table>

问题(3):每种原色光都分别有 256 种层次,以 0～255 的整数表示。请问:一般电脑屏幕可显示出多少不同的颜色?

试题与评分编码:

<table>
<tr><td colspan="4">试题 1-(3)评价指标:数学抽象—抽象思考</td></tr>
<tr><td>教学内容:数与代数</td><td>水平等级:水平 3</td><td>题型:解答题</td><td>情境:科学情境</td></tr>
<tr><td colspan="4">评分编码</td></tr>
<tr><td rowspan="3">满分(3 分)</td><td colspan="3">代码 3:计算正确</td></tr>
<tr><td colspan="3">代码 31:翔实计算,例如:16777216</td></tr>
<tr><td colspan="3">代码 32:以指数形式回答,例如:256^3 或 2^{24}</td></tr>
<tr><td>部分得分(2 分)</td><td colspan="3">代码 2:列出正确算式,未写出最终结果。例如:256×256×256</td></tr>
<tr><td>部分得分(1 分)</td><td colspan="3">代码 1:列出正确算式,但计算错误。例如:256×256×256=160 000</td></tr>
<tr><td rowspan="2">零分(0 分)</td><td colspan="3">代码 0:其他答案</td></tr>
<tr><td colspan="3">代码 9:没有作答</td></tr>
</table>

试题 2:多边形数

古希腊毕达哥拉斯学派的数学家研究过各种多边形数(如图),如三角形数 1,3,6,10,…,第 n 个三角形数为$\frac{n(n+1)}{2}=\frac{1}{2}n^2+\frac{1}{2}n$,记第 n 个 k 边形

数位 $N(n,k)(k\geqslant 3)$。

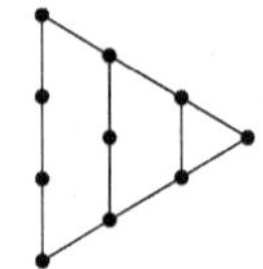 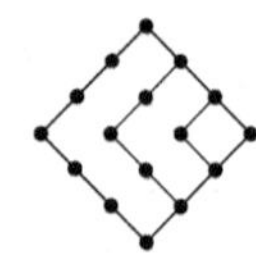  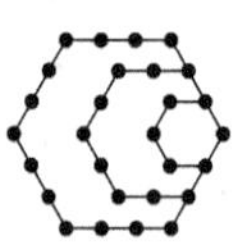

以下列出了部分 k 边形数中第 n 个数的表达式：

三角形数　　$N(n,3)=\frac{1}{2}n^2+\frac{1}{2}n$

正方形数　　$N(n,4)=n^2$

五边形数　　$N(n,5)=\frac{3}{2}n^2-\frac{1}{2}n$

六边形数　　$N(n,6)=2n^2-n$

…

问题(1)：按此规律，七边形数 $N(n,7)=$________，八边形数 $N(n,8)=$________。

试题与评分编码：

试题 2-(1)评价指标：逻辑推理—合情推理			
教学内容：数与代数	水平等级：水平 1	题型：填空题	情境：科学情境
评分编码			
满分(1 分)	代码 1：两个答案都正确，则满分 $N(n,7)=\frac{5}{2}n^2-\frac{3}{2}n$　$N(n,8)=3n^2-2n$		
零分(0 分)	代码 0：其他答案		
	代码 9：没有作答		

问题(2)：试推测出 $N(n,k)$ 的表达式(写出计算过程)。

试题与评分编码：

试题 2-(2)评价指标：逻辑推理—合情推理			
教学内容：数与代数	水平等级：水平 3	题型：解答题	情境：科学情境
评分编码			
满分(3 分)	代码 3：$N(n,k)=\frac{k-2}{2}n^2+\frac{4-k}{2}n$ 已知式子可化为：		

(续表)

<table>
<tr><td colspan="4">试题 2-(2)评价指标:逻辑推理—合情推理</td></tr>
<tr><td>教学内容:数与代数</td><td>水平等级:水平 3</td><td>题型:解答题</td><td>情境:科学情境</td></tr>
<tr><td colspan="4">评分编码</td></tr>
<tr><td></td><td colspan="3">$N(n,3)=\frac{1}{2}n^2+\frac{1}{2}n=\frac{3-2}{2}n^2+\frac{4-3}{2}n$
$N(n,4)=n^2=\frac{4-2}{2}n^2+\frac{4-4}{2}n$
$N(n,5)=\frac{3}{2}n^2-\frac{1}{2}n=\frac{5-2}{2}n^2+\frac{4-5}{2}n$
$N(n,6)=2n^2-n=\frac{6-2}{2}n^2+\frac{4-6}{2}n$
由归纳推理,可得到 $N(n,k)$ 的表达式</td></tr>
<tr><td>部分得分(2 分)</td><td colspan="3">代码 2:直接列出 $N(n,k)$ 的表达式,没有写出推理过程</td></tr>
<tr><td>部分得分(1 分)</td><td colspan="3">代码 1:推理过程正确,$N(n,k)$ 的表达式错误</td></tr>
<tr><td rowspan="2">零分(0 分)</td><td colspan="3">代码 0:其他答案</td></tr>
<tr><td colspan="3">代码 9:没有作答</td></tr>
</table>

问题(3):$N(10,24)=$________(写出计算过程)。

试题与评分编码:

<table>
<tr><td colspan="4">试题 2-(3)评价指标:逻辑推理—演绎推理</td></tr>
<tr><td>教学内容:数与代数</td><td>水平等级:水平 2</td><td>题型:解答题</td><td>情境:科学情境</td></tr>
<tr><td colspan="4">评分编码</td></tr>
<tr><td>满分(2 分)</td><td colspan="3">代码 2:1 000
$N(10,24)=\frac{24-2}{2}\times 10^2+\frac{4-24}{2}\times 10=1\ 100-100=1\ 000$</td></tr>
<tr><td>部分得分(1 分)</td><td colspan="3">代码 1:表达式正确,计算过程正确,计算结果有误</td></tr>
<tr><td rowspan="2">零分(0 分)</td><td colspan="3">代码 0:其他答案</td></tr>
<tr><td colspan="3">代码 9:没有作答</td></tr>
</table>

试题 3:打折销售

五一商场促销,A 商场满 199 元立减 100 元,B 商场全场六折(如图)。

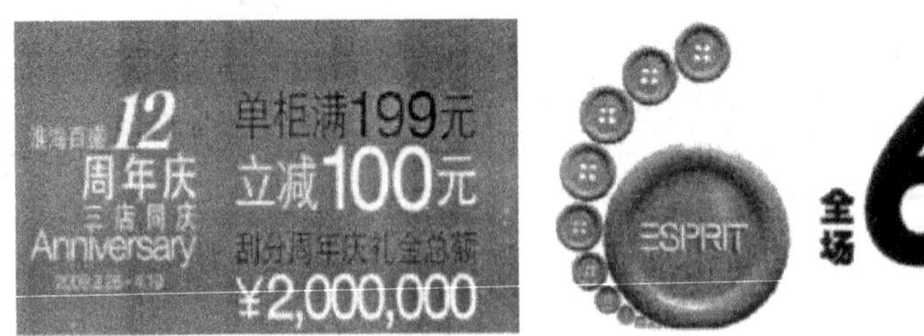

问题(1):请你判断哪家商场的促销更优惠?

试题与评分编码:

试题 3-(1)评价指标:数学建模—问题提出			
教学内容:数与代数	水平等级:水平 1	题型:开放型建构题	情境:公共情境
评分编码			
满分(1 分)	代码 1:理由合理,尝试建构现实情境与数学之间的关系 例如:$x<199$ 或 $x>250$,B 商场优;$x=250$,A、B 商场同样优惠;$199\leqslant x<250$,A 商场优		
零分(0 分)	代码 0:其他答案		
	代码 9:没有作答		

问题(2):请从数学角度(尽可能使用数学式子、数学符号和数学图形等)论证你的判断。

试题与评分编码:

试题 3-(2)评价指标:数学建模—模型建构			
教学内容:数与代数	水平等级:水平 3	题型:开放型建构题	情境:公共情境
评分编码			
满分(3 分)	代码 3:能从数学角度合理论证判断 例如:尝试建立函数关系,并能建立取整函数,提炼合理的数学模型		
部分得分(2 分)	代码 2:能够合理论证,但没有从数学角度论证判断		
部分得分(1 分)	代码 1:数学论证过程部分合理		
零分(0 分)	代码 0:其他答案		
	代码 9:没有作答		

问题(3):基于以上的解答和论证,你能提出哪些新的问题?

试题与评分编码:

<table>
<tr><td colspan="4">试题 3-(3)评价指标:数学建模—解释验证</td></tr>
<tr><td>教学内容:数与代数</td><td>水平等级:水平 2</td><td>题型:开放型建构题</td><td>情境:公共情境</td></tr>
<tr><td colspan="4">评分编码</td></tr>
<tr><td>满分(2 分)</td><td colspan="3">代码 2:能提出既符合现实情境,又科学合理的迁移性数学问题</td></tr>
<tr><td>部分得分(1 分)</td><td colspan="3">代码 1:提出的问题仅仅符合现实情境,或者仅仅是典型的数学问题</td></tr>
<tr><td rowspan="2">零分(0 分)</td><td colspan="3">代码 0:其他答案</td></tr>
<tr><td colspan="3">代码 9:没有作答</td></tr>
</table>

试题 4:算法流程图

已知数列$\{a_n\}$是等差数列,设 $T_n=|a_1|+|a_2|+\cdots+|a_n|$ $(n\in\mathbf{N}^*)$,某同学设计了一个求 T_n的部分算法流程图(如图),图中空白处理框中是用 n 的表达式对 T_n赋值。

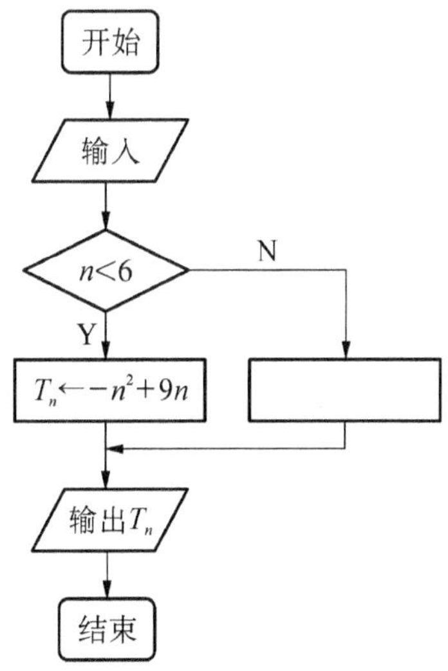

问题(1):若 $a_n>0$,当 $n=5$ 时,$a_5=$________,$S_5=$________(写出计算过程)。

试题与评分编码：

<table>
<tr><td colspan="4">试题 4-(1)评价指标：数学运算—运算法则</td></tr>
<tr><td>教学内容：数与代数</td><td>水平等级：水平 1</td><td>题型：解答题</td><td>情境：科学情境</td></tr>
<tr><td colspan="4">评分编码</td></tr>
<tr><td>满分(1 分)</td><td colspan="3">代码 1：$a_5=0$，$S_5=20$，计算过程正确</td></tr>
<tr><td rowspan="2">零分(0 分)</td><td colspan="3">代码 0：其他答案</td></tr>
<tr><td colspan="3">代码 9：没有作答</td></tr>
</table>

问题(2)：若 $a_n>0$，当 $n<6$ 时，请写出 a_n 与 S_n 的一般表达式。

试题与评分编码：

<table>
<tr><td colspan="4">试题 4-(2)评价指标：数学运算—运算法则</td></tr>
<tr><td>教学内容：数与代数</td><td>水平等级：水平 2</td><td>题型：解答题</td><td>情境：科学情境</td></tr>
<tr><td colspan="4">评分编码</td></tr>
<tr><td>满分(2 分)</td><td colspan="3">代码 2：$a_n=-2n+10$，$S_n=\frac{n[8+(-2n+10)]}{2}=-n^2+9n$</td></tr>
<tr><td>部分得分(1 分)</td><td colspan="3">代码 1：两个答案，只有一个正确，则部分得分</td></tr>
<tr><td rowspan="2">零分(0 分)</td><td colspan="3">代码 0：其他答案</td></tr>
<tr><td colspan="3">代码 9：没有作答</td></tr>
</table>

问题(3)：请在空白处理框中填入 $T_n=$____，并写出求解过程。

试题与评分编码：

<table>
<tr><td colspan="4">试题 4-(3)评价指标：数学运算—运算策略</td></tr>
<tr><td>教学内容：数与代数</td><td>水平等级：水平 3</td><td>题型：解答题</td><td>情境：科学情境</td></tr>
<tr><td colspan="4">评分编码</td></tr>
<tr><td>满分(3 分)</td><td colspan="3">代码 3：$n^2-9n+40$
当 $n\leqslant 5$ 时，$a_n\geqslant 0$；当 $n>5$ 时，$a_n<0$
当 $n>5$ 时，
$T_n=|a_1|+|a_2|+\cdots+|a_5|+|a_6|+\cdots+|a_n|$
$=a_1+a_1+a_2+\cdots+a_5-a_6-\cdots-a_n$
$=a_1+a_2+\cdots+a_5-(a_6+\cdots+a_n)$
$=S_5-(S_n-S_5)$
$=n^2-9n+40$</td></tr>
</table>

(续表)

试题4-(3)评价指标:数学运算—运算策略	
部分得分(2分)	代码2:表达式正确,但未写出具体求解过程
部分得分(1分)	代码1:求解过程正确,但表达式有误
零分(0分)	代码0:其他答案
	代码9:没有作答

试题5:旋转门

旋转门由在一个圆形空间的三片旋转翼组成,这个圆形空间的内直径为2米,三片旋转翼将圆形空间等分为三个扇形空间。下图显示从顶部俯视时,处于三种不同位置时的旋转翼示意图。

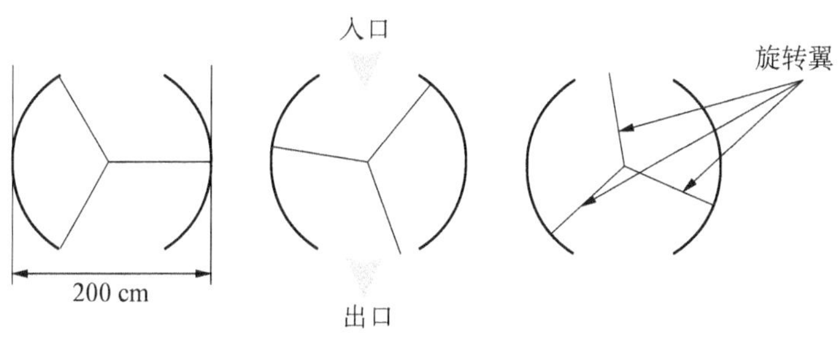

问题(1):两片旋转翼之间的角是多少度?

试题与评分编码:

试题5-(1)评价指标:直观想象—几何直观			
教学内容:图形与几何	水平等级:水平1	题型:解答题	情境:个人情境
评分编码			
满分(1分)	代码1:120度		
零分(0分)	代码0:其他答案		
	代码9:没有作答		

问题(2):旋转门每分钟转4圈,三个扇形空间的每个空间最多容纳2个人。30分钟内,最多有多少人从该旋转门进入大楼?

试题与评分编码：

试题 5-(2)评价指标：直观想象—空间想象			
教学内容：图形与几何	水平等级：水平 2	题型：解答题	情境：个人情境
评分编码			
满分(2 分)	代码 2：720 人		
部分得分(1 分)	代码 1：计算过程正确，结果有误；或仅写出正确结果，没有计算过程		
零分(0 分)	代码 0：其他答案		
	代码 9：没有作答		

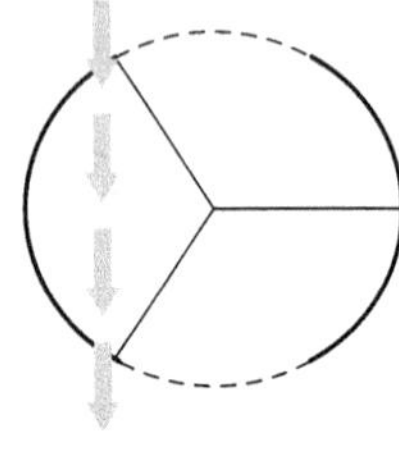

问题(3)：旋转门的出口和入口(图中的弧形虚线)大小相同，如果出口和入口太宽，正在旋转的旋转翼便无法形成密闭的空间，空气便能在出口和入口之间自由流动，造成不必要的热量增减。如图所示。要使空气无法在出口与入口之间自由流动，每个门口的最大弧长可以是多少厘米(cm)？

试题与评分编码：

试题 5-(3)评价指标：直观想象—空间想象			
教学内容：图形与几何	水平等级：水平 3	题型：解答题	情境：个人情境
评分编码			
满分(3 分)	代码 3：103—105 厘米(接受等价答案 $\frac{100\pi}{3}$；若取 $\pi=3$，也接受答案 100)		
部分得分(2 分)	代码 2：仅给出计算结果，没有计算过程		
部分得分(1 分)	代码 1：计算过程正确，结果有误		
零分(0 分)	代码 0：其他答案		
	代码 9：没有作答		

试题 6：死亡率

死亡率是用来衡量一部分人口中、一定规模的人口大小、每单位时间的死亡数目。死亡率通常以每年每 1 000 人为单位来表示，例如：在死亡率为 9.5 的 10 万人口中，表示这一人口中每年死亡 950 人。

下表列出一些国家(地区)在2010年的人口估计值与死亡率估计值。

国家(地区)	人　口	死亡率
中国台湾	23 071 779	7
日本	126 475 664	10.09
新加坡	4 740 737	4.95
中国大陆	1 336 718 015	7.03
印度	1 189 172 906	7.48
加拿大	34 030 589	7.98
埃及	82 079 636	4.82

问题(1):在这些国家、地区中,哪一个国家在2010年的时候,死亡的人口数最少?

试题与评分编码:

试题6-(1)评价指标:数据分析—获取数据			
教学内容:统计与概率	水平等级:水平1	题型:解答题	情境:公共情境
评分编码			
满分(1分)	代码1:新加坡		
零分(0分)	代码0:其他答案		
	代码9:没有作答		

问题(2):阿昌说:“中国大陆每4秒死亡一个人,中国台湾每4分钟死亡一个人,台湾人民比他们生活安全。”阿良说:“阿昌这样讲不对!”请利用数学式子计算说明阿昌为什么会得出“中国大陆每4秒死亡一个人”这样的结论?并说明阿良为何会说阿昌的讲法不对?

试题与评分编码:

试题6-(2)评价指标:数据分析—加工数据			
教学内容:统计与概率	水平等级:水平2	题型:开放型建构题	情境:公共情境
评分编码			
满分(2分)	代码2:计算正确,解释合理		
	代码21:正确的式子与计算出 $1\ 336\ 718\ 015\times 7.03\div 1\ 000\div 365\div 24\div 60=17$,约1分钟死17人,并得到约每3~4秒死亡1人;且说明以死亡率来看,中国台湾与大陆的死亡率差不多,是总人口的差异造成的		

（续表）

试题 6-(2)评价指标:数据分析—加工数据			
教学内容:统计与概率	水平等级:水平 2	题型:开放型建构题	情境:公共情境
评分编码			
	代码 22:计算出 1 分钟大约 17 人死亡即可,并且提及死亡率一样来支持阿良的论点		
部分得分(1 分)	代码 1:计算不完全正确,或者解释不完全合理		
	代码 11:正确式子列出,计算出错,但仍能依据死亡率来支持阿良的观点		
	代码 12:正确得到阿昌计算出来的结果,但是不能提出论点或提出错误的论点来支持阿良		
	代码 13:仅指出可以利用时间来计算死亡的人数,但没有列出式子甚至计算		
	代码 14:仅指出因为总人口的差异,才造成阿昌的错误想法,所以阿良不支持		
零分(0 分)	代码 0:其他答案		
	代码 9:没有作答		

问题(3):在以上这些国家(地区)的死亡率调查中,我们可以发现日本的死亡率最高。以下有许多调查得到的结果,从这些结果是否可以说明日本死亡率最高的原因?请根据每一个结果,圈出“是”或“否”。

调查的结果	是否可以说明日本死亡率高的原因
性别比:平均 0.95 个男性/1 个女性	是/否
年龄结构:0～14 岁 13.7%,15～64 岁 64.7%,65 岁及以上 21.6%	是/否
婴儿死亡率:总计 2.8/1 000	是/否
出生时预期寿命:平均 82.25 岁	是/否
艾滋病患者、艾滋病毒携带者:12 000	是/否
感染艾滋病人口比例:少于 0.1%	是/否

试题与评分编码:

<table>
<tr><td colspan="4">试题6-(3)评价指标:数据分析—解释数据</td></tr>
<tr><td>教学内容:统计与概率</td><td>水平等级:水平3</td><td>题型:判断题</td><td>情境:公共情境</td></tr>
<tr><td colspan="4">评分编码</td></tr>
<tr><td>满分(3分)</td><td colspan="3">代码3:由于是判断题,全对满分,人口分布日趋老年化为主因,否、是、否、是、否、否</td></tr>
<tr><td>部分得分(2分)</td><td colspan="3">代码2:三道题及以上正确,得2分</td></tr>
<tr><td>部分得分(1分)</td><td colspan="3">代码1:一道题及以上正确,得1分</td></tr>
<tr><td rowspan="2">零分(0分)</td><td colspan="3">代码0:其他答案</td></tr>
<tr><td colspan="3">代码9:没有作答</td></tr>
</table>

参考文献

一、中文图书和学位论文等

[1] [美] 埃贝尔.掌握知识应该是首要的教育目标[C]//瞿葆奎.教育学文集·智育.北京:人民教育出版社,1993:43.

[2] 陈伯璋,张新仁,蔡清田,等.全方位的国民核心素养之教育研究("行政院国家科学委员会"专题研究计划成果报告)[R].台南市:致理管理学院教育研究院,2007.

[3] [美] G.波利亚.数学与猜想(第一卷)[M].李志尧,等译.北京:科学出版社,2001:67.

[4] 桂德怀.中学生代数素养内涵与评价研究[D].上海:华东师范大学,2011.

[5] 黄书光.中国基础教育改革的历史反思与前瞻[M].天津:天津教育出版社,2006:185-186.

[6] 姜启源,谢金星,叶俊.数学模型[M].3版.北京:高等教育出版社,2003.

[7] 康世刚.数学素养生成的教学研究[D].重庆:西南大学,2009.

[8] 孔企平.小学儿童如何学数学[M].上海:华东师范大学出版社,2001.

[9] 林崇德.中学能力发展与培养[M].北京:北京教育出版社,1992:24.

[10] 马云鹏.新课程理念下学科素养评价研究[M].长春:东北师范大学出版社,2007.

[11] [美] 全美数学教师理事会.美国学校数学教育的原则和标准[M].蔡金法,吴放,李建华,等译.北京:人民教育出版社,2004:8.

[12] 史宁中.数学思想概论(第1辑):数量与数量关系的抽象[M].长春:东北师范大学出版社,2008.

[13] 史宁中.数学思想概论(第2辑):图形与图形关系的抽象[M].长春:东北师范大学出版社,2008.

[14] 苏洪雨.学生几何素养的内涵与评价研究[D].上海:华东师范大学,2009.

[15] 王莲芬,许树柏.层次分析法引论[M].北京:中国人民大学出版社,1990:8.

[16] 香港课程发展议会.数学教育学习领域数学课程及评估指引(中四至中六)[M].香港:课程发展处,2007.

[17] 徐成凤.高一学生数学运算能力的调查研究[D].哈尔滨:哈尔滨师范大学,2015.

[18] 徐复,等.古代汉语大词典(辞海版)[M].上海:上海辞书出版社,2007:1497-1498.

[19] 徐稼红.中学数学应用与建模[M].苏州:苏州大学出版社,2001:1.

[20] 徐利治.数学与思维[M].大连:大连理工大学出版社,2008.

[21] 徐有表,陶文中,刘治平.数学教学与智能发展[M].北京:光明日报出版社,1991:24.
[22] 许嘉璐,曹才翰.中国中学教学百科全书・数学卷[M].沈阳:沈阳出版社,1991:28.
[23] 阳凌云.数学素质教育导论[M].长沙:湖南科学技术出版社,2005:2.
[24] 张炳江.层次分析法及其应用案例[M].北京:电子工业出版社,2014:26.
[25] 张焕庭.教育辞典[M].南京:江苏教育出版社,1989:671.
[26] 中华人民共和国教育部.九年制义务教育全日制初级中学数学教学大纲(试用修订版)[M].北京:人民教育出版社,2000:1.
[27] 中华人民共和国教育部.普通高中数学课程标准(实验稿)[S].北京:人民教育出版社,2003:1-2.
[28] 中华人民共和国教育部.全日制普通高级中学数学教学大纲(试用修订版)[M].北京:人民教育出版社,2000:1.
[29] 中华人民共和国教育部.义务教育数学课程标准(2011 年版)[S].北京:北京师范大学出版社,2012:1.
[30] 钟启泉.读懂课堂[M].上海:华东师范大学出版社,2015:23.
[31] [日] 佐藤学.课程与教师[M].钟启泉,译.北京:教育科学出版社,2003:206.

二、中文期刊和报纸文献等

[1] 本刊编辑部.核心素养:重构未来教育图景[J].人民教育,2015(7):1.
[2] 蔡清田.国民核心素养之课程统整设计[J].上海教育科研,2016(2):5-9.
[3] 蔡清田.核心素养在台湾十二年国民基本教育课程改革的角色[J].全球教育展望,2016(2):13-23.
[4] 蔡清田.台湾十二年国民基本教育课程改革的核心素养[J].上海教育科研,2015(4):5-8.
[5] 蔡清田.台湾十二年国民基本教育课程改革核心素养的回顾与前瞻[J].教育学术月刊,2015(10):105-111.
[6] 蔡文艺,周坤亮.以"核心素养"为中心的课程设计——苏格兰的经验和启示[J].辽宁教育,2014(7):87-90.
[7] 曹培英.从学科核心素养与学科育人价值看数学基本思想[J].课程・教材・教法,2015,35(9):40-48.
[8] 曹培英.小学数学学科核心素养及其培育的基本路径[J].数学教育学报,2017,37(2):74-79.
[9] 常磊,鲍建生.情境视角下的数学核心素养[J].数学教育学报,2017,26(2):24.
[10] 常珊珊,李家清.课程改革深化背景下的核心素养体系构建[J].课程・教材・教法,2015,35(9):29-35.
[11] 陈惠芳,刘晓萍.聚焦核心素养,改造数学课堂——基于区域的小学生数学核心素养评价体系的实践研究[J].小学数学教育,2016(12):10-12.
[12] 陈敏,吴宝莹.数学核心素养的培养——从教学过程的维度[J].教育研究与评论,2015(4):44-49.
[13] 陈敏.聚焦数学核心素养——第六届中国小学数学教育峰会综述[J].人民教育,

2015(23):46-47.
[14] 成尚荣.回到教学的基本问题上去[J].课程·教材·教法,2016,35(1):21-28.
[15] 成尚荣.基础性:学生核心素养之“核心”[J].人民教育,2015(7):24-25.
[16] 程先国.核心素养的内涵和培养着力点[J].专业·教学,2016(4):68-70.
[17] 褚宏启,张咏梅,田一.我国学生的核心素养及其培育[J].中小学管理,2015(9):4-7.
[18] 褚宏启.核心素养的概念与本质[J].华东师范大学学报(教育科学版),2016(1):1-3.
[19] 褚宏启.以核心素养引领教育教学改革[J].中国德育,2016(1):1.
[20] 代安荣.核心素养教育重点在“养”[J].教育论坛,2016,29(4):90-91.
[21] 董凯.立足课程标准,凸显数学思想,考查核心素养——2015年高考数学试卷总体评价[J].中国数学教育,2015(7):6-19.
[22] 董林伟,喻平.基于学业水平质量检测的初中生数学核心素养发展状况调查[J].数学教育学报,2017,26(1):7-13.
[23] 窦桂梅,胡兰.“1+X课程”与学生发展核心素养[J].人民教育,2015(13):13-16.
[24] 窦桂梅,汤卫红.核心素养的学校应答——以清华大学附属小学为例[J].中国德育,2016(1):32-34.
[25] 顿继安.基于核心素养的数学教学:基础、挑战与对策[J].中小学教材教学,2015(9):44-47.
[26] 顾明远.核心素养:课程改革的原动力[J].人民教育,2015(13):17-18.
[27] 顾沛.关于合情推理与逻辑推理的教学——以初中数学为例[J].中小学教材教学,2015(1):31-35.
[28] 桂德怀,徐斌艳.数学素养内涵之探析[J].数学教育学报,2008,17(5):22-24.
[29] 韩秀鹏.提高学生数学素养探析[J].黄冈师范学院学报,2007(6):62-63.
[30] 杭毅,侯正永.基于质量监测的初中学生数学运算发展状况的调查研究[J].数学教育学报,2017,26(1):25.
[31] 何小亚.数学核心素养指标之反思[J].中学数学研究,2016(7):1-4.
[32] 何小亚.学生“数学素养”指标的理论分析[J].数学教育学报,2015,24(1):13-20.
[33] 洪燕君,周九诗,王尚志,等.《普通高中数学课程标准(修订稿)》的意见征询——访谈张奠宙先生[J].数学教育学报,2015,24(3):35-39.
[34] 胡典顺.数学素养研究综述[J].课程·教材·教法,2010,30(12):50-54.
[35] 黄华.从PISA数学素养测试对国内数学教学的启示[J].上海教育科研,2010(5):8-11.
[36] 黄晓学.良好的数学教育——基于教学的视角[J].江苏师范大学学报(自然科学版),2016,34(1):24-27.
[37] 黄弋钊.数学建模与学生能力培养探讨[J].时代教育,2015(5):24.
[38] 黄友初.欧美数学素养教育研究[J].比较教育研究,2014(6):47-51.
[39] 简洪权.高中数学运算能力的组成及培养策略[J].中学数学教学参考,2000(2):14.
[40] 姜宇,辛涛.以核心素养模型推进课程全面深化改革[J].中国德育,2016(1):26-28.
[41] 蒋玉国,黄磊.开展数学课堂评价,落实核心素养目标[J].基础教育参考,2016(23):38-39.

[42] 教育部课程标准修订组.普通高中各学科核心素养一览表[EB/OL].http://learning.sohu.com/20160422/n445632409.shtml.
[43] 康世刚.中国西部地区中学生数学素养现状调查研究[J].数学教育学报,2014,23(5):36-40.
[44] 孔企平.国际数学学习测评:聚焦数学素养的发展[J].全球教育展望,2011(11):78-82.
[45] 赖配根.找到核心素养落地的"力量"[J].人民教育,2016(3):116-117.
[46] 李帆.核心素养,一枚改变教育内涵的"楔子"[J].人民教育,2015(24):18-20.
[47] 李贺,张卫明.基于质量检测的初中学生数学建模发展状况的调查研究[J].数学教育学报,2017,26(1):19.
[48] 李星云.基于数学核心素养的小学数学教师课程体系建构[J].教育理论与实践,2016,36(11):45-48.
[49] 李艺,钟柏昌.谈"核心素养"[J].教育研究,2015(9):17-23.
[50] 廖运章,卢建川.澳大利亚高中数学课程进展及特点分析[J].课程·教材·教法,2014,34(6):116-120.
[51] 廖运章.美国 NRC 数学素养观及其影响[J].外国中小学教育,2015(2):59-65.
[52] 刘达,徐炜蓉,陈吉.基于 PISA 2012 数学素养测评框架的试题设计一例[J].外国中小学教育,2014(1):15-21.
[53] 刘国飞,张莹,冯虹.核心素养研究述评[J].教育导刊,2016(3):5-9.
[54] 刘鸿儒,凌秋千.基于"个性化"教育向度的"核心素养"培育[J].现代教育管理,2015(8):95-99.
[55] 刘俊先.论数学史对提高数学素养的重要作用[J].教育与职业,2009(24):175-176.
[56] 刘磊.建构中国学生的核心素养[J].中国德育,2016(1):22-25.
[57] 刘晟.21 世纪核心素养教育的课程、教学与评价[J].华东师范大学学报(教育科学版),2016(3):38-45.
[58] 刘晓萍,陈六一.小学数学核心素养的构成要素分析[J].课程教学研究,2016(4):42-48.
[59] 刘新阳,裴新宁.教育变革期的政策机遇与挑战——欧盟"核心素养"的实施与评价[J].全球教育展望,2014(4):75-85.
[60] 刘义民.国外核心素养研究及启示[J].天津师范大学学报(基础教育版),2016,17(2):71-76.
[61] 刘喆,高凌飚,黄淦.数学师范生数学素养现状的调查研究[J].数学教育学报,2012,21(5):23-40.
[62] 刘喆,高凌飚.西方数学教育中数学素养概念之辨析[J].中国教育学刊,2011(07):40-43.
[63] 刘祖希.我国数学核心素养研究进展——从数学素养到数学核心词再到数学核心素养[J].中小学教材教学,2016(7):35-40.
[64] 柳夕浪.从"素质"到"核心素养"——关于"培养什么样的人"的进一步追问[J].理论探索,2014(03):5-11.
[65] 马云鹏.关于数学核心素养的几个问题[J].课程·教材·教法,2015,35(9):36-39.

[66] 倪明,熊斌,夏海涵.俄罗斯高中课程改革的特色——数学课程普通教育与英才教育并举[J].数学教育学报,2010,19(5):12-16.
[67] 潘文彬.指向核心素养:儿童问学课堂的意蕴[J].江苏教育研究,2016(4):20-24.
[68] 潘小明.关于数学素养及其培养的若干认识[J].数学教育学报,2009,18(5):23-27.
[69] 庞梅.学科特色课程:学科文化与学校特色的深度融合[J].中小学管理,2015(11):14-15.
[70] 彭翕成.例说数学核心素养[J].教育研究与评论(中学教育教学),2016(5):36-40.
[71] 彭小念.学生核心素养结构模型的建构及其评价[J].基础教育研究,2016(3):10-12.
[72] 钱丽欣.课程整合:回应未来社会对学生核心素养的期待[J].人民教育,2015(24):33-35.
[73] 人民教育编辑部.走向核心素养[J].人民教育,2015(7):14.
[74] 邵朝友,周文叶,崔允漷.基于核心素养的课程标准研制:国际经验与启示[J].全球教育展望,2015(8):14-30.
[75] 申屠永庆,缪仁票."五力"相成,评育结合:高中生核心素养培育的校本探索[J].中小学管理,2015(9):15-18.
[76] 盛思月,何善亮.论学科核心素养的构建途径——基于近年来核心素养主题研究成果的量化分析[J].教育参考,2016(2):12-20.
[77] 施久铭.核心素养:为了培养"全面发展的人"[J].人民教育,2014(10):13-15.
[78] 石鸥.核心素养的课程与教学价值[J].华东师范大学学报(教育科学版),2016(1):9-11.
[79] 史宁中,林玉慈,陶剑,等.关于高中数学教育中的数学核心素养——史宁中教授访谈之七[J].课程·教材·教法,2017,37(4):8-14.
[80] 史宁中,张丹,赵迪."数据分析观念"的内涵及教学建议[J].课程·教材·教法,2008,28(6):40-44.
[81] 史宁中.推进基于学科核心素养的教学改革[J].中小学管理,2016(2):19-21.
[82] 苏洪雨,江雪萍,桂鹏.基于几何问题情境的高中教师的数学素养研究[J].数学教育学报,2010,19(1):81-85.
[83] 孙河川,向琴群,金蕊.如何评价学生的学习效能和核心素养:以英国督导测评点为例[J].现代教育管理,2016(4):68-74.
[84] 孙露.美国"21世纪数学技能地图"内涵解读及启示[J].外国中小学教育,2015(10):17-24.
[85] 孙喜亭.民族素质与教育[J].北京师范大学学报(哲社版),1987(6):34-40.
[86] 索桂芳.核心素养评价若干问题的探讨[J].课程·教材·教法,2017,37(1):22-27.
[87] 索桂芳.核心素养评价若干问题的探讨[J].课程·教材·教法,2017,37(1):25.
[88] 汤卫红,姜国明.整合数学:改变学生的学习样态[J].人民教育,2015(13):30-32.
[89] 汤卫红.基于学生发展核心素养的课程设置——清华附小"1+X课程"设置特点探析[J].中小学教师培训,2015(8):33-35.
[90] 滕珺.21世纪核心素养:国际认知及本土反思[J].教师教育学报,2016,3(2):103-110.
[91] 王冰.提高学生数学核心素养的基本策略[J].大连教育学院学报,2016,32(1):39-40.

[92] 王红，吴颖民.放慢知识的脚步，回到核心基础[J].人民教育，2015(7)：18-21.
[93] 王林全.英国学校数学课程的新发展[J].数学教学，2014(6)：64-67.
[94] 王雪，马真真，刘晓玫.数学素养的意义与学校课程设计——日本的数学素养研究[J].小学教学，2012(12)：7-8.
[95] 王烨晖，辛涛.国际学生核心素养构建模式的启示[J].中小学管理，2015(9)：22-25.
[96] 王子兴.论数学素养[J].数学通报，2002(1)：6-9.
[97] 吴桂翎，辛涛，张文静.学校教育资源对学生数学素养预测效应的跨文化比较[J].心理科学，2012，35(2)：352-357.
[98] 吴晓红，郑毓信.新课程背景下学生数学素养问题探析[J].中国教育学刊，2012(04)：52-55.
[99] 夏雪梅.基于学生核心素养的学校课程建设：水平划分与干预实例[J].课程·教材·教法，2013，33(7)：11-16.
[100] 肖驰，赵玉翠，柯政.基于核心素养的课程政策——第十三届上海国际课程论坛综述[J].全球教育展望，2016(1)：113-120.
[101] 辛涛，姜宇，刘霞.我国义务教育阶段学生核心素养模型的构建[J].北京师范大学学报(社会科学版)，2013(1)：5-11.
[102] 辛涛，姜宇，王烨辉.基于学生核心素养的课程体系建构[J].北京师范大学学报，2014(1)：5-11.
[103] 辛涛，姜宇.核心素养模型的类型及结构[J].人民教育，2015(9)：55-56.
[104] 辛涛，姜宇.全球视域下学生核心素养模型的构建[J].人民教育，2015(9)：54-58.
[105] 辛涛，姜宇.以社会主义核心价值观为中心，构建我国学生核心素养体系[J].人民教育，2015(7)：26-30.
[106] 徐斌艳.德国高中数学教育标准的特点及启示[J].课程·教材·教法，2015，35(5)：122-127.
[107] 徐斌艳.关于德国数学教育标准中的数学能力模型[J].课程·教材·教法，2007，27(9)：84-87.
[108] 徐德同，钱云祥.基于质量监测的初中学生直观想象发展状况的调查研究[J].数学教育学报，2017，26(1)：22.
[109] 徐瑾劼."Literacy"：PISA 素养观背后的教育学立场[J].外国中小学教育，2012(1)：17-23.
[110] 徐亚培.新课标下初中数学建模教学方式初探[J].数理化解题研究.2007(6)：24.
[111] 学生核心素养研究课题组."学生核心素养研究"工作进展报告[R].北京：中华人民共和国教育部，2014.
[112] 杨孝斌，吕传汉.论数学教育对中小学生核心素养的培育[J].兴义民族师范学院学报，2015(5)：74-79.
[113] 叶金标，陈文胜.立足课堂教学，发展数学素养[J].内蒙古师范大学学报(教育科学版)，2014，27(4)：128-130.
[114] 殷容仪，赵维坤.基于质量监测的初中学生数学抽象发展状况的调查研究[J].数学教育学报，2017，26(1)：14.

[115] 尹小霞,徐继存.西班牙基于学生核心素养的基础教育课程体系构建[J].比较教育研究,2016(2):94-100.

[116] 余文森.从三维目标走向核心素养[J].华东师范大学学报(教育科学版),2016(1):11-13.

[117] 喻平.发展学生学科核心素养的教学目标与策略[J].课程·教材·教法,2017,(1):48.

[118] 喻平.数学核心素养评价的一个框架[J].数学教育学报,2017,26(2):19.

[119] 喻平.数学学科核心素养要素析取的实证研究[J].数学教育学报,2016,25(6):1-6.

[120] 詹万生.建构学生核心素养体系三问[J].中国德育,2016(5):10-13.

[121] 张爱平,马敏.基于质量监测的初中学生数据分析发展状况的调查研究[J].数学教育学报,2017,26(1):28.

[122] 张华.核心素养的课程与教学价值[J].华东师范大学学报(教育科学版),2016(1):7-9.

[123] 张华.论核心素养的内涵[J].全球教育展望,2016(4):10-24.

[124] 张建良,王名扬."高中数学新课标"对数学教师的数学素养提出了高要求[J].数学教育学报,2005,14(3):87-89.

[125] 张俊珍.基于学生核心素养的中小学数学课程衔接研究[J].教育理论与实践,2016,36(22):56-60.

[126] 张胜利,孔凡哲.数学抽象在数学教学中的应用[J].教育探索,2012(1):68-69.

[127] 张维忠,陆吉健,陈飞伶.南非高中数学素养课程与评价标准评介[J].全球教育展望,2014(10):38-47.

[128] 张维忠,陆幸意.台湾《数学素养向度建议文》评介[J].浙江师范大学学报(自然科学版),2014,37(4):416-420.

[129] 张亚静.数学素养:学生的一种重要素质——基于数学文化价值的思考[J].中国教育学刊,2006(3):65-67.

[130] 张义兵.美国的"21世纪技能"内涵解读——兼析对我国基础教育改革的启示[J].比较教育研究,2012(5):86-89.

[131] 章飞.小学生数学核心素养培养的一些思考[J].江苏教育(小学教学),2016(5):15-17.

[132] 章建跃.本原性问题与数学素养[J].中小学数学,2015(5).

[133] 郑强.数学素养与数学教学[J].山东教育学院学报,2006(5):1-3.

[134] 钟启泉."核心素养"赋予基础教育以新时代的内涵[J].上海教育科研,2016(2):1.

[135] 钟启泉.单元设计:撬动课堂转型的一个支点[J].教育发展研究,2015(24):1-5.

[136] 钟启泉.核心素养的"核心"在哪里——核心素养研究的构图[N].中国教育报,2015-04-01(7).

[137] 钟启泉.基于核心素养的课程发展:挑战与课题[J].全球教育展望,2016(1):3-25.

[138] 周健明.重视数学思想方法的教学,提高学生数学素养[J].辽宁教育研究,2001(5):41-42.

[139] 周雪兵.基于质量监测的初中学生逻辑推理发展状况的调查研究[J].数学教育学报,2017,26(1):16.

[140] 朱德江.小学生数学素养的构成要素与培养策略[J].学科教育,2004(7):27-31.

[141] 朱德全.数学素养构成要素探析[J].中国教育学刊,2002(5):49－51.

[142] 朱立明.基于深化课程改革的数学核心素养体系构建[J].中国教育学刊,2016(5):76－80.

[143] 朱向峰.从蒲公英课程走向核心素养培育[J].江苏教育研究,2016(2):86－90.

[144] 朱小蔓.将学生核心素养的发展作为小学教育的使命[J].人民教育,2015(13):19－21.

[145] 庄惠芬.小学数学学科关键能力的培育策略[J].教育理论与实践,2015,36(35):59－60.

[146] 左璜.基础教育课程改革的国际趋势:走向核心素养为本[J].课程·教材·教法,2016,36(2):39－46.

三、英文文献

[1] Biggs, J. B. & Collis, K. F. Evaluating the Quality of Learning: The SOLO Taxonomy(Structure of Observed Learning Outcomes)[M]. New York: Academic Press, 1982.

[2] Biggs, J. B. & Collis, K. F. Multimodal Learning and the Quality of Intelligent Behaviour [M]. In H. Rowe(Ed.), Intelligence, Reconceptualization and Measurement. New Jersey: Laurence Erlbaum Assoc, 1991.

[3] Carmel Diezmann & Tom Lowrie. The Role of Information Graphics in Mathematical Proficiency[J]. The 31st Annual Conference of the Mathematics Education Research Group of Australasia, 2008(2): 1－4.

[4] Caroline Dupeyrat , Christian Escribe , Nathalie Huet & Isabelle Régner. Positive Biases in Self-assessment of Mathematics Competence, Achievement Goals, and Mathematics Performance[J]. International Journal of Educational Research, 2011 (50): 241－250.

[5] Caroline Long, Sarah Bansilal & Rajan Debba. An Investigation of Mathematical Literacy Assessment Supported by an Application of Rasch Measurement[J]. Original Research, 2014, 35(1): 1－17.

[6] Christian Hirsch. Mathematical Modeling: The Core of the Common Core State Standards(2012)[EB/OL]. http://www. nctm. org/uploaded Files/Lessons_and_Resources/Core_Math_Tools/CMT-Chicago-2012-Hirsch. pdf, 15/02/2014: 5－6.

[7] Çiğdem İş Güzel & Giray Berberoğlu. Students' Affective Characteristics and Their Relation to Mathematical Literacy Measures in the Programme for International Student Assessment [J]. Eurasian Journal of Educational Research, 2010(40): 93－113.

[8] Cockcroft Committee. Mathematics Counts: A Report into the Teaching of Mathematics in Schools[M]. London: HMSO, 1982.

[9] Curriculum and Assessment Policy Statement(CAPS): Mathematical Literacy(Grades 10－12)[M]. Republic of South Africa: Department of Basic Education, 2012.

[10] David Carr. Education, Knowledge and Truth: Beyond the Postmodern Impasse[M]. London: Routledge, 1998: 20.

[11] Denisse R. Thompson & Michaele F. Chappell. Communication and Representation as

Elements in Mathematical Literacy[J]. Reading and Writing Quarterly, 2007(23): 79 - 196.

[12] Department of Education(DOE). National Curriculum Statement Grades 10 - 12 (General) Mathematical Literacy[J]. Pretoria: Department of Education, 2003.

[13] Department of Education and Skills. Literacy and Numeracy for Learning and Life: The National Strategy to Improve Literacy and Numeracy among Children and Young People 2011—2020[M]. Ireland: Department of Education and Skills, Marlborough Street, Dublin 1, Ireland, 2011.

[14] DoE. Revised National Curriculum Statement Grades 10 - 12(General) Mathematical Literacy[M]. Pretoria: DoE, 2003.

[15] English, L. D. Priority Themes and Issues in International Research on Mathematics Education. In L. D. English (Ed.), Handbook of International Research in Mathematics Education[M]. Mahwah, NJ: Lawrence Erlbaum/National Council of Teachers of Mathematics, 2002: 3 - 15.

[16] Erica D. Spangenberg. Thinking Styles Of Mathematics and Mathematical Literacy Learners: Implications For Subject Choice[J]. Original Research, 2012, 33: 1 - 12.

[17] Esra Azapagasi Ilbagi & Levent Akgun. An Investigation of the Mathematical Literacy of Students Aged 15 in Terms of Pisa 2003 Mathematical Literacy Questions: Results from Turkey[J]. International Journal of Progressive Education, 2013(9): 194 - 217.

[18] Eurydice Network. Developing Challenges and Opportunities for Policy at School in Europe: Key Competences[EB/OL].(2011 - 2012)[2013 - 09 - 01]. http://eacea. ec. europa. eu/education/eurydice/documents/thematic_reports/145EN. pdf.

[19] Eva Jablonka. Mathematical Literacy. In Alan J. Bishop. Second International Mathematics Education[M]. Dordrecht: Kluwer Academic Publisher, 2003: 75 - 77.

[20] Gülcin Yilmazer & Melek Masal. The Relationship Between Secondary School Students' Arithmetic Performance and their Mathematical Literacy[J]. Procedia-Social and Behavioral Sciences, 2014(152): 619 - 623.

[21] Hakan Koğar. Examination of Factors Affecting PISA 2012 Mathematical Literacy through Mediation Model[J]. Education and Science, 2015(40): 45 - 55.

[22] Halasz. G. A. Michel. Key Competences in Europe: Interpretation, Policy Formulation and Implementation[J]. European Journal of Education, 2011, 46(3): 289 - 306.

[23] Herbert, H. & Mike, K. Levels of modeling competencies. Modelling and Applications in Mathematics Education: The 14th ICMI Study[M]. Springer, 2007: 225 - 232.

[24] I. V. S. Mullis, M. O. Martin, P. Foy, A. Arora(2011), TIMSS 2011 International Results in Mathematics[EB/OL].[2012 - 12 - 12]. http://timss and pirls. bc. edu/index. html#: 10 - 13.

[25] İbrahim Güneş, Z Özsoy-Güneş, Y Derelioğlu & FG Kırbaşlar. Relations Between Operational Chemistry and Physics Problems Solving Skills and Mathematics Literacy

Self-efficacy of Engineering Faculty Students [J]. Procedia-Social and Behavioral Sciences, 2015(174): 457 - 463.

[26] International Life Skills Survey (ILSS). Policy Research Initiative [S]. Statistics Canada, 2000: 16.

[27] J. L. Geldenhuys, C. Kruger & J. Moss. Selected South African Grade 10 Learners' Perceptions of Two Learning Areas: Mathematical Literacy and Life Orientation[J]. Africa Education Review, 2013(10): 298 - 322.

[28] Jan de Lange. Mathematical Literacy for Living From OECE-PISA Perspective[J]. Tsukuba Journal of Educational Study in Mathematics, 2006: 25.

[29] Jeremy Kilpatrick. Understanding Mathematical Literacy: The Contribution of Research[J]. Educational Studies in Mathematics, 2001(47): 101 - 116.

[30] Jesse L. M. Wilkins. Preparing for the 21st Century: The Status of Quantitative Literacy in the United States[J]. School Science and Mathematics, 2000, 100(8): 405 - 418.

[31] Kaiser, G. & Willander, T. Development of Mathematical Literacy: Results of an Empirical Study[J]. Teaching Mathematics and its Applications, 2005, 24(2): 48 - 60.

[32] Katja Lengnink & Darmstadt. Reflecting Mathematics: an Approach to Achieve Mathematical Literacy[J]. ZDM, 2005, 37(3): 246 - 249.

[33] Kemal Ozgen. An Analysis of High School Students' Mathematical Literacy Self-efficacy Beliefs in Relation to Their Learning Styles[J]. Asia-Pacific Edu Res, 2013, 22: 91 - 100.

[34] Kongju Mun, Hyunju Lee, Sung-Won Kim, Kyunghee Choi, Sung-Youn Choi & Joseph S. Krajcik. Cross-Cultural Comparison of Perceptions on The Global Scientific Literacy with Australian, Chinese, and Korean Middle School Students [J]. International Journal of Science and Mathematics Education, 2015(13): 437 - 465.

[35] Miller L. D. & Mitchell C. E. Using Quality Control Activities to Develop Scientific and Mathematical Literacy[J]. School Science and Mathematics, 1995, 95(2): 58 - 60.

[36] Ministry of Education, Ontario. The Ontario Curriculum Grades 11 and 12 (Mathematics)[M]. Canada: Queen's Printer for Ontario, 2007.

[37] Ministry of Education, Singapore, Mathematics Syllabus(Secondary)[S]. Singapore: Author, Curriculum Planning, 2007: 2 - 5.

[38] Ministry of Education, Singapore[EB/OL]. http://www. seab. gov. sg/syllabus School.

[39] Miriam Amit & Michael N. Fried. High-Stakes Assessment as a Tool for Promoting Mathematical Literacy and the Democratization of Mathematics Education[J]. Journal of Mathematical Behavior, 2002(21): 499 - 514.

[40] Mullis I. V. S, Martin M. O, Ruddock G. J, O Sullivan C. Y, Arora A, Erberber E. TIMSS2007 Assessment Frameworks[M]. US: TIMSS & PIRLS International Study Center, Lynch School of Education, Boston, Boston Collge, 2009: 3 - 38.

[41] Necdet Taskin & Belma Tugrul. Investigating Preschool Teacher Candidates' Mathematics Literacy Self-sufficiency Beliefs on Various Variables[J]. Procedia Social and Behavioral Sciences, 2014(116): 3067 - 3071.

[42] OECD. Learning for Tomorrow's World First Results from PISA 2003[EB/OL]. http://www. pisa. oecd. org/pages/. 2006.

[43] OECD. PISA 2012 Assessment and Analytical Framework: Mathematics, Reading, Science, Problem Solving and Financial Literacy[M]. Paris: OECD Publishing, 2013: 38.

[44] OECD. The PISA 2003 Assessment Framework: Mathematics, Reading, Science and Problem Solving Knowledge and Skills[M]. Mathematical Literacy, 2003: 26 - 30.

[45] OECD. PISA2015 Draft Collaborative Problem Solving Framework[EB/OL]. http://www. oecd. org/pisa/pisa products/pisa2015 framewords. htm, 2016 - 06 - 26.

[46] OECD. The Definition and Selection of Key Competencies: Executive Summary[EB/OL].[2005 - 05 - 27]. http://www.oecd.org/pisa/35070367.pdf.

[47] Paulo Abrantes. Mathematical Competence for All: Options, Implications And Obstacles[J]. Educational Studies in Mathematics, 2001(47): 125 - 143.

[48] Pavel Zikl, Klára Havlí č ková, Nikola Holoubkovác, Kamila Hrní č kovád & Michaela Volfová. Mathematical Literacy of Pupils with Mild Intellectual Disabilities [J]. Procedia-Social and Behavioral Sciences, 2015, 174: 2582 - 2589.

[49] Renuka Vithal & Alan J. Bishop. Mathematical Literacy: A New Literacy or A New Mathematics? [J]. Pythagoras, 2006(64): 2 - 5.

[50] S. Bansilal, B. Goba, L. Webb, A. James & H. Khuzwayo. Tracing the Impact: A Case of A Professional Development Programme in Mathematical Literacy[J]. Africa Education Review, 2012(9): 106 - 120.

[51] S. Howie & T. Plomp. Mathematical Literacy of School Leaving Pupils in South Africa[J]. International Journal of Educational Development, 2002(22): 603 - 615.

[52] Shirley M. Matteson. Mathematical Literacy and Standardized Mathematical Assessments[J]. Reading Psychology, 2006(27): 205 - 233.

[53] Sinead Breena, Joan Cleary & Ann O'Shea. An Investigation of the Mathematical Literacy of First Year Third-Level Students in the Republic of Ireland [J]. International Journal of Mathematical Education in Science and Technology, 2009 (40): 229 - 246.

[54] Steen, L. A.(Ed.). Mathematics and Democracy: The Case for Quantitative Literacy [J]. New Jersey: The Woodrow Wilson National Fellowship Foundation, 2001: 56.

[55] Tamsin Meaney. Weighing Up the Influence of Context on Judgements of Mathematical Literacy[J]. International Journal of Science and Mathematics Education, 2007(5): 681 - 704.

[56] The European Parliament and the Council of the European Union. Recommendation of the European Parliament and of the Council of 18 December 2006 on Key Competences for Lifelong Learning[J]. Official Journal of the European Union, 2009(8).

[57] The National Governors Association Center for Best Practices(NGA Center)and the Council of Chief State School Officers(CCSSO). Common Core State Standards for Mathematics [EB/OL]. http://www. maine. gov/education/lres/math/Standards. html.

[58] The Organization for Economic Co-operation and Development (OECD). OECD Programme for International Student Assessment (PISA) [EB/OL]. http://www. oecd.org/pisa/about pisa.

[59] Timo Ehmke, Elke Wild & Thiemo Müller-Kalhoff. Comparing Adult Mathematical Literacy with PISA Students: Results of a Pilot Study[J]. ZDM, 2005(37): 159 - 167.

[60] TIMSS 2011 International Results in Mathematics[EB/OL]. http://timss. bc. edu/timss 2011/downloads/T11_IR_M_Executive_Summary.pdf.

[61] Turner, R. Exploring Mathematical Competencies[J]. Research Developments, 2011. 24. Articla. 5.

[62] UNESCO Education Sector. The Plurality of Literacy and its Implications for Policies and Programs: Position Paper[M]. Paris: United National Educational, Scientific and Cultural Organization, Citing an International Expert Meeting in June 2003 at UNESCO, 2004: 13.

[63] Vicki N. Tariq, Pamela Qualter, Sian Roberts, Yvon Appleby & Lynne Barnes. Mathematical Literacy in Undergraduates: Role of Gender, Emotional Intelligence and Emotional Self-efficacy[J]. International Journal of Mathematical Education in Science and Technology, 2013(44): 1143 - 1159.

[64] Voogt, J. & Roblin N. A comparative analysis of international frameworks for 21st century competences: Implications for national curriculum policies[J]. Journal of Curriculum Studies, 2012(44): 3, 299 - 321, 309.

[65] Werner Blum, Peter L, Galbraith, etc. Modeling and Applications in Mathematics Education[R]. The 14th ICMI Study Springer Science and Business Media, LLC, 2007: 26.

[66] Wolff-Michael Roth, Kadriye Ercikan, Marielle Simon & Romeo Fola. The Assessment of Mathematical Literacy of Linguistic Minority Students: Results of a Multi-method Investigation[J]. Journal of Mathematical Behavior, 2015(40): 1 - 18.

后　记

时光荏苒、岁月如歌

在本书即将付梓之时，万般回忆，涌上心头。2006 年的冬天，历历在目，我走在“东方最美丽的校园”——南京师范大学随园校区，一遍又一遍地问自己：“真的就这么放弃读博了吗?”万般不舍，只言再见。竟没想到，再见已是 8 年。2013 年的冬天，我一边哺乳一边参加考试，失败之后的沮丧难以言表，但更坚定了我求学的决心。2014 年的冬天，我执着地仰望着学术圣殿，终于敲响了它的大门。三年的求学时光转瞬即逝，既美好、短暂，又艰辛、漫长。

师恩厚重、永驻心中

感谢恩师喻平教授，先生学术渊博、勇于创新、不断思考。在科学研究中，您聪明睿智、执着严谨；在课堂教学中，您幽默开明、民主公正；在日常生活中，您豁达淡定、不疾不徐。认识先生以来，不管什么问题，一封邮件、一个微信、一个电话，先生总是第一时间给予关怀与指导。从入学、中期检查，到参加会议、发表论文；从选题、开题，到完成初稿、最终定稿，整个过程，无一不得益于先生的启迪与点拨。在与恩师及师母的相聚中，有太多的精彩瞬间，无法用语言来表达，但求牢记于心、细品长思，作为我数学教育研究路上的指引灯。

感谢在读书求学期间遇到的所有教授和专家，博士学习期间，有幸聆听了李如密、张乐天、吴永军、李星云等教授的课，教授们的课堂让我受益匪浅，感受着那份灵动、慈爱、厚重，徜徉在知识的海洋中，是一种幸福。

感谢在论文写作、中期检查、论文开题、论文答辩等关键环节，指导我的涂荣豹教授、黄伟教授、徐文彬教授、宁连华教授、李善良教授、何善亮教授、顾继玲副教授等，感谢你们给予我学业上的帮助、指导。

感谢在本科、硕士研究生期间，培养我的季素月教授、姚林教授、朱家生教授、黄晓学教授、吴晓红教授等，老师们言传身教、授之以渔，带领我走上数学教育研究之路，谆谆教诲犹在耳畔。

同窗情深、友爱无价

感谢师门中的每一位师兄、师姐、师弟、师妹，虽然囿于篇幅，不能一一列出大家的名字，但在这个大家庭中，欢聚的时光充满着学术交流与碰撞、快乐分享与感悟——这样的学术共同体，让我们亲密无间。

感谢所有的同学，你们的才华与努力，值得我永远学习。孙露既是我的硕士师妹又是我的博士同窗，美好的缘分，让我们携手走过艰苦的学习时光，互相关心、爱护、鼓励和帮助，共同战胜困难，努力前行。

亲情可贵、无以回报

读书、工作期间，最为亏欠的，是家人！感谢我的父亲、母亲、公公、婆婆，他们总是默默承担起家庭的事务、孩子的抚养，道一句："你去忙吧，家里放心，有我们呢。"感谢我的丈夫阎玮，为了我的梦想，他承担了家庭重担和孩子的养育，并为我的学习提供了许多帮助！感谢我聪明可爱的儿子阎灏辰，自他出生以来，我就一直在读书，他用稚嫩的语言，对我说，"妈妈，你要认真写作业，不能被老师批评"，给我的学习、工作加油鼓劲，更为我的生活增添了无穷乐趣。家人们给予我的宽容、理解和支持，我无以为报，唯有真情陪伴！

读书是一种情怀和精神，更是一种生活方式和人生态度，期待自己永远行走在读书路上。

陈 蓓

2021 年 3 月